AF178165

Rowohlt Verlag GmbH, Kirchenallee 19, 20099 Hamburg

Kontaktadresse nach EU-Produktsicherheitsverordnung:
produktsicherheit@rowohlt.de

Lutz Pfannenstiel begann seine Karriere im Kader der U17-Nationalmannschaft und beim 1. FC Bad Kötzting. Mit 20 entscheidet er sich gegen das Amateurteam des FC Bayern und für einen Profiverein in Malaysia – der Beginn eines abenteuerreichen Lebens als Fußball-Globetrotter. Als er 2000 in Singapur bei Geylang United spielt, wird er wegen Korruption angeklagt und landet für drei Monate unschuldig im Gefängnis. Zu diesem Zeitpunkt ist er in Singapur ein Star, doch der Prozess verschlingt fast sein komplettes Vermögen. Anschließend spielt er vier Jahre in der ersten Liga Neuseelands. Von dort wird er an einen englischen Verein ausgeliehen – und muss nach dem Zusammenprall mit einem Gegenspieler auf dem Platz wiederbelebt werden. Es folgen Einsätze in Norwegen, Kanada, Albanien und schließlich Brasilien, die Station, der er seinen Titel als «Welttorhüter» verdankt. Mehr Informationen unter www.lutz-pfannenstiel.de

Christian Putsch studierte Politikwissenschaft in Marburg und Berlin. Er war als Redakteur für *Die Welt* in Berlin tätig und arbeitet nun als Korrespondent für die Zeitung mit den Schwerpunkten Politik, Wirtschaft und Sport in Johannesburg, Südafrika. Er ärgert sich, dass Lutz niemals für den 1. FC Köln gespielt hat. Informationen zu seinen Recherchen gibt es unter www.christianputsch.de

Unhaltbar

Meine Abenteuer als Welttorhüter

Lutz Pfannenstiel

mit Christian Putsch

ROWOHLT TASCHENBUCH VERLAG

6. Auflage November 2021

Originalausgabe
Veröffentlicht im Rowohlt Taschenbuch Verlag,
Reinbek bei Hamburg, Oktober 2009
Copyright © 2009 by Rowohlt Verlag GmbH,
Reinbek bei Hamburg
Umschlaggestaltung ZERO Werbeagentur, München
Fotonachweis picture-alliance/dpa; FinePic; privat
Fotos im Innenteil: privat
Buchgestaltung Anja Sicka, Hamburg
Satz Pinkuin Satz und Datentechnik, Berlin
Druck und Bindung BoD - Books on Demand GmbH,
Norderstedt, Germany
ISBN 978 3 499 62508 4

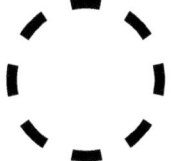

Prolog 9   **1** Der Traum von Ratko Svilar 11 **2** In die Welt geschwemmt 30   **3** Zwischen Vuvuzela-Trompeten 50 **4** Im Meditationszug durch Finnland 71   **5** Der Tor im Tor 103   **6** Alles auf null 155   **7** Alles schwarz, alles hell 184   **8** Road-Trip durch Kanada – ein Jahr auf der Straße 195   **9** Existenzgründer in Armenien gesucht 218 **10** Brasilien – den letzten Schritt singend 236   Epilog «Ein großes Ziel – für uns alle» 250

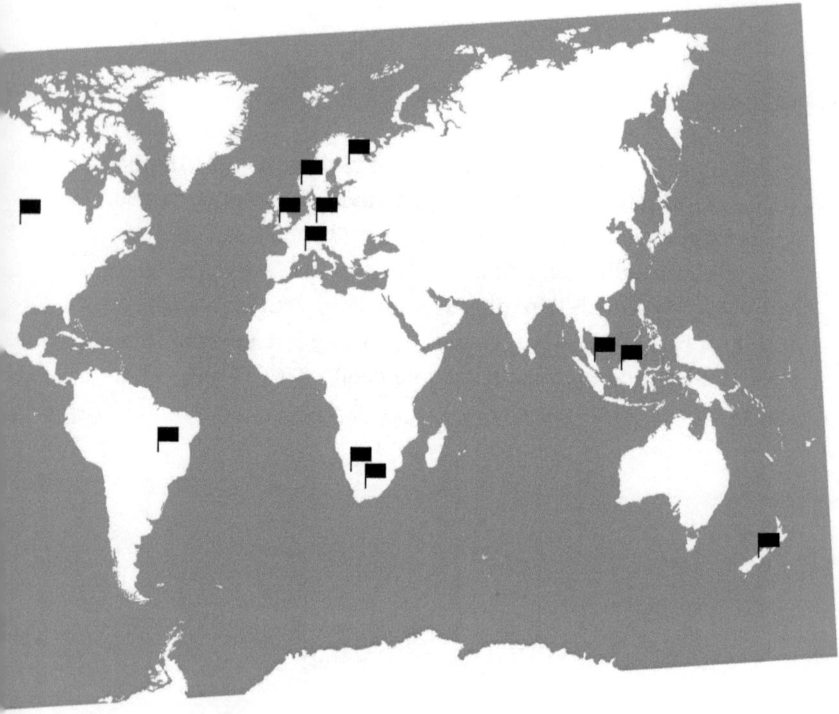

ZEITRAUM	VEREIN	LAND
2009	Ramblers FC	Namibia
2009	Manglerud Star	Norwegen
2008	Flekkerøy IL	Norwegen
2008	Hermann Aichinger	Brasilien
2007	Vancouver Whitecaps	Kanada
2007	Bærum SK	Norwegen
2006 – 2007	FK Vllaznia Shkoder	Albanien
2004 – 2006	Otago United FC	Neuseeland
2004	Calgary Mustangs	Kanada
2003	Bærum SK	Norwegen
2003	Dunedin Technical	Neuseeland
2002 – 2003	Bradford PA AFC	England
2002	ASV Cham	Deutschland
2002	Dunedin Technical	Neuseeland
2001 – 2002	Huddersfield Town	England
2001	Bradford PA AFC	England
2001	Dunedin Technical	Neuseeland
1999 – 2000	Geylang United	Singapur
1998 – 1999	Wacker Burghausen	Deutschland
1998	Haka Valkeakoski	Finnland
1997	TPV Tampere	Finnland
1997	Sembawang Rangers	Singapur
1996	Orlando Pirates	Südafrika
1995 – 1996	Nottingham Forest	England
1995	Wimbledon FC	England
1994	Penang FA	Malaysia
1992 – 1994	1. FC Kötzting	Deutschland

PROLOG

Fast alles ist von Schwärze erfüllt. Draußen ist es hell, strahlender Sonnenschein, aber in diesem Bus gibt es keine Fenster. Kein Blick zur Außenwelt ist möglich, nicht einmal zum Fahrer. Eine schwache Glühbirne lässt die anderen Gefangenen als düstere Umrisse erscheinen, die sich in den Kurven an den Stangen festhalten, so gut es eben geht mit Handschellen.

Es stinkt bestialisch. Dicht gedrängt stehen wir beieinander, können kaum einen Schritt zur Seite tun. Zwölf Mann auf nur acht Quadratmetern. Schwüle Luft mischt sich mit Adrenalin, Angstschweiß. Einige hier haben gemordet, einige vergewaltigt. Ich hatte Fußball gespielt. Wie lange dieser Gefängnisbus schon fährt, frage ich mich. Es kommt mir wie eine Ewigkeit vor, mit jeder Minute entfernt sich mein altes Leben um Jahre.

Ich spüre, wie sich das Metall in meine Handgelenke bohrt, der Gerichtsaufseher hat die Handschellen mit heftigem Druck einrasten lassen. Immerhin bin ich an keine der Stangen angekettet. Nur vier Chinesen sind das, schweigend stehen sie da und starren in die Dunkelheit. Ich präge mir ihre Gesichter ein, sie scheinen hier am meisten auf dem Kerbholz zu haben. Einige rauchen, sie müssen den Tabak irgendwie in den Bus geschmuggelt haben. Neben mir steht ein junger Asiate, sein Haar ist millimeterkurz geschoren. Er fummelt an seiner Armbanduhr rum. Sie öffnet sich wie eine Taschenuhr und gibt ein bisschen weißes Pulver frei. Eine Notration Koks, die letzte für Jahre, die letzte vielleicht überhaupt. In aller Ruhe schnieft er sie.

Hier bin ich also. In einem Gefängnisbus auf dem Weg ins Queenstown Remand Prison von Singapur. Drei Monate in einem der berüchtigtsten Zuchthäuser der Welt. Sollte meine Weltreise als Fußballprofi wirklich hier enden, am Nachmittag des 7. Januar 2001? Der Sport hatte mir die halbe Welt gezeigt, hatte mich an wundervolle Plätze und zu wunderbaren Menschen geführt. Nun bringt er mich ins Gefängnis, in die Verbannung. Mir klingen die strengen Worte der Richterin von vor einer Stunde noch in den Ohren: Es sei erwiesen, dass ich an Plänen für Spielmanipulationen beteiligt gewesen sei. Ein absurder Vorwurf, aber was zählte das jetzt noch? Nichts. Ob ich jemals wieder Profifußball spielen darf? Meine Anwälte konnten mir das nicht versprechen.

Der Bus macht eine scharfe Linkskurve. Ich muss mich an einer der Stangen festhalten. Draußen laufen Menschen, die mir vor einigen Monaten noch zugejubelt und mich zum Torwart des Jahres in Singapur gewählt haben. Und die zuletzt nur noch mit dem Finger auf mich gezeigt haben. Kelong! Betrüger! Das schmerzte, fast mehr noch als die Gefängnisstrafe, die vor mir liegt. Wie könnte ich jemals etwas verraten, das ich so sehr liebe wie den Fußball? Wie würde meine Familie diese Zeit überstehen? Und Anita – würde sie wirklich zu mir stehen, wie sie es mir unter Tränen im Gerichtssaal versprochen hat?

Der Bus hält abrupt. Zwei Wärter reißen die Tür auf, das Sonnenlicht blendet. Wir sind mitten im Gefängnishof. Schäferhunde stehen schon bereit. Wer auch immer Drogen in den Gefängnisbus schmuggeln konnte, egal an welcher Körperstelle – hier würden sie entdeckt werden. «Ausziehen», schreit einer im Militärs-Ton. Ich weiß, was auf uns zukommt, ich saß hier schon in Untersuchungshaft. Die Schäferhunde laufen zwischen uns Gefangenen entlang. Dann kommt ein Wärter. «Mund öffnen.» Er zieht mit seinen Gummihandschuhen meine Zunge heraus. Keine Drogen. Er untersucht jede meiner Körperöffnungen nach illegalen Substanzen. So entwürdigt wie jetzt habe ich mich noch nie gefühlt. Nach einer halben Stunde sind zwei braune, kurze Hosen, zwei weiße T-Shirts und durchsichtige Flip-Flops alles, was ich besitze. Und der Rest von einem Traum so gerade noch am Leben. Doch der Reihe nach.

DER TRAUM VON
RATKO SVILAR

Ich traf Ratko Svilar nie. Doch den Moment, als ich ihn das erste
Mal sah, werde ich nie vergessen. Der kleine Farbfernseher in
meinem Zimmer war auf Flüsterlautstärke gestellt, so wie meistens nachts, wenn Eurosport die Tore aus den kleinen Fußball-
Ligen übertrug – während meine Mutter mich seit Stunden im
Schlaf wähnte. Die Spieler waren auf dem winzigen Bildschirm
selten besser als afrikanische Flug-Ameisen zu erkennen. Mit
dem Gesicht ging ich so nah an das Gerät heran, bis ich sie nur
noch verschwommen sah. Nach ein paar Minuten schmerzten
mir die Augen, aber ich wollte mir keine Bewegung der Torhüter
entgehen lassen, wie sie ihre Mitspieler dirigierten, fluchten
und den Bällen hinterherhechteten.

«… doch wieder boxt Ratko Svilar den Ball aus der Gefahrenzone», flüsterte der Reporter in das Jugendzimmer. «Ohne seinen
Torhüter würde der FC Antwerpen wohl fünf Plätze schlechter
dastehen.» Ratko Svilar, was für ein Name. Ich sah den riesigen
Serben mit den langen, dreckverschmierten Haaren und dem
finsteren Blick in Zeitlupe einem Schuss nachspringen. In diesem Moment wusste ich, dass auch ich eines Tages ein Profi-
Torwart sein würde.

«Ich mache es wie Ratko Svilar», begrüßte ich am nächsten
Morgen meine Mutter am Frühstückstisch, als kenne sie diesen
Svilar schon seit Jahren. Aber sie wusste längst, dass sie einen

11

nicht gerade ganz normalen zwölfjährigen Jungen aufzog. «Der Torhüter?», fragte sie, ohne groß aufzublicken. Ich war beeindruckt, dass sie den Schlussmann des FC Antwerpen kannte. Meine Mutter lächelte. In dieser Zeit erzählte ich täglich von berühmten Torhütern – ihr war irgendwann aufgefallen, dass ich nie Mittelfeldspieler lobte. Doch das kam mir nicht in den Sinn. «Ja, wie Svilar», fuhr ich fort, «wenn ich es in der Bundesliga nicht schaffe, dann gehe ich halt in ein anderes Land und werde dort Profi. Svilar kommt ja auch aus Serbien und spielt jetzt in Belgien.» Wieder lächelte meine Mutter. «Ja, Lutz. Du musst nur noch kurz vorher zur Schule gehen. In einer Viertelstunde fängt der Unterricht an.» Sie war ganz gut darin, mich aus meinen Tagträumen zu wecken. Zwölf Minuten später brach ich auf, der Weg zur Schule dauerte drei Minuten, ich wollte keine mehr als nötig verschwenden.

Nachts hatte es geschneit in Zwiesel, meinem Heimatort im Bayerischen Wald. Als ich vor die Tür unseres Hauses trat und das viele Weiß sah, verschlechterte sich meine Laune schlagartig. Die letzten Wintersportler stapften an diesem Märztag durch den 20 Zentimeter tiefen Schnee, und mittendrin lief ein griesgrämiger Junge, den nur ein Gedanke quälte: «Das Training fällt aus.» Jeden Winter war es das gleiche Drama. Auf dem Weg zur Schule machte ich an solchen Tagen den Umweg über den Fußballplatz des SC Zwiesel, und meine Befürchtungen bestätigten sich. Der Platzwart hatte schon das verhasste Schild in den Schnee gerammt: «Betreten des Sportplatzes verboten.»

Am Nachmittag schneite es so sehr, dass die Autos nur im Schritttempo fahren konnten. Ich schloss die Haustür auf, zog meine Gummistiefel an und lief los, in der einen Hand einen Ball, in der anderen eine Schneeschaufel. Eilig sprintete ich den kleinen Berg auf der anderen Straßenseite hinunter zum Platz, kletterte über das Tor und schippte den Schnee aus dem Strafraum.

Auf dem Weg zum Platz hatte ich bereits die Spuren von

Gerd Bielmeier im Schnee gesehen. Er war eigentlich immer da. Einsam lief «Bill der Indianer», wie er wegen seiner langen schwarzen Haare genannt wurde, seine Runden. Er war Schichtarbeiter in einer großen Zwieseler Glasfabrik, dem wichtigsten Arbeitgeber der Region. Morgens fing er um sechs Uhr an, ab 14 Uhr bestimmte dann der Fußball sein Leben, jeden Tag, jede Woche. Seine Gene hatten ganz offenbar den gleichen Defekt wie meine – da spielte es auch keine Rolle, dass er schon über 30 Jahre alt war. Jeden Tag lief er zwei Stunden auf dem Sportplatz, meist allein, schoss ein paar Bälle auf das leere Tor und lief weiter, immer weiter.

«Soll ich dir ein paar auf dein Tor schießen?», fragte der Indianer, als ich den gröbsten Schnee im Strafraum entfernt hatte. Ich warf die Schaufel in einen der riesigen weißen Berge und lief ins Tor. Zwei Verrückte im Schnee. Der eine schießt, der andere hält. Und beide können nichts anderes, wollen nichts anderes.

Eine Stunde später kam mein Vater direkt von der Arbeit zum Sportplatz und löste Bill den Indianer ab. Geduldig kickte nun er einen Ball nach dem anderen auf mich zu, und ich flog. Mal nach rechts, mal nach links. Er hätte mich kaum glücklicher machen können. Manchmal schaute er mich abends einfach nur kopfschüttelnd an, wenn ich am Wohnzimmerfenster stand und finster darauf wartete, dass es endlich zu regnen anfing. Ich mochte die Nässe, denn sie schwemmte den Schnee davon. Doch im Videotext stand: «Bayerischer Wald: in Höhenlagen weiter Schneefall.» 50 Zentimeter hoch lag dieser alles verlangsamende, weiße Mantel oft über der Stadt. Ich hasste es.

Trotzdem verging kein Tag ohne Fußball. Wirklich kein Tag. Auf ihn zu verzichten kam Schmerz gleich. Als ich meine Erstkommunion feierte, fragte mich der Bischof nach meinem Berufswunsch. Es gebe für mich nur die Möglichkeit, Fußballprofi zu werden, antwortete ich. Wenn ich krank war, versteckte ich das mit schauspielerischen Glanzleistungen. Als ich acht Jahre alt war, musste ich mich eine ganze Nacht lang wegen eines Magen-Darm-Virus übergeben. Am nächsten Tag war Rosenmontag. Fußball spielten wir dennoch, in der Halle, verkleidet mit Faschingskostümen. Kreidebleich stand da ein kleiner Junge mit einer Hexenmaske im Tor, der sich irgendwann umdrehte, sich hektisch die Maske vom Kopf riss und hinter das Tor kotzte. «Willst du nicht lieber aufhören?», fragte mein Vater, der damals meine Mannschaft trainierte. «Auf keinen Fall», antwortete ich und spielte durch. Als die anderen duschten, kehrte ich mit einem Eimer und Papier zurück und machte sauber.

Wenn mein Vater keine Zeit hatte oder kein Training war, sprang ich beim Spiel gegen die Jungs der Nachbarsiedlung auf der Straße herum, bis Arme und Beine mit Schürfwunden und blauen Flecken übersät waren. Mein Gemütszustand hing allein davon ab, wie viele Bälle ich an der Überquerung der Torlinie hindern konnte. Bei Flanken im Training warf ich mich manchmal so heftig zwischen Abwehr und Sturm, dass meine Freunde regelmäßig mit blutigen Nasen nach Hause gingen. So hat es Ratko Svilar früher bestimmt auch gemacht, dachte ich. «Der kleine Pfannenstiel, das ist ein Verrückter», sagten die Leute damals schon. Ich fand, das war ein Kompliment. Wahrscheinlich müssen Torhüter so sein.

Der Platzwart sah in den Wintermonaten oft, wie ich seinen Platz betrat, obwohl er das mit seinem Schild doch für alle sichtbar verboten hatte. Er hielt mich nie davon ab, genauso wenig wie mein Vater. Wie hätte er auch? In den sechziger Jahren war er der beste Torwart gewesen, den der Ort mit seinen 12 000 Einwohnern hervorgebracht hatte. In der bayerischen Jugendauswahl war er die Nummer zwei hinter einem gewissen Sepp Maier. Den einen machte das Leben zu einem guten Architekten, den anderen zum besten Torwart der Welt. Schon in der Bayernauswahl hatte meistens der Maier gespielt und der Pfannenstiel genervt auf der Bank gesessen. Mein Vater erklärte das gern mit der Lobby des FC Bayern, er witterte eine Verschwörung. Vielleicht, könnte man anmerken, war der spätere Torhüter der deutschen Weltmeister von 1974 auch einfach ein bisschen talentierter als er, wer weiß das schon. Mit diesem Argument darf man einem Pfannenstiel jedenfalls nicht kommen. Auf dem Platz war mein Vater, der als Architekt später wegen seiner Besonnenheit geschätzt wurde, ein Verrückter – einer, vor dem auch die eigenen Abwehrspieler Angst hatten.

Die älteren Leute erkannten schon bei meinem ersten offiziellen Liga-Spiel als Torwart im Nachbarort Bodenmais, dass ich genauso tickte wie mein Vater. Ich bekam damals, gerade sieben Jahre alt, kurz vor Schluss ein Gegentor. Ich hatte keine Chance gehabt, den Ball abzuwehren, aber es schmerzte, so wie es noch Hunderte Male in meinem Leben schmerzen sollte, die Gegenspieler jubeln zu sehen, den Ball aus dem Netz zu holen, während meine Mitspieler mit hängenden Schultern zum Mittelkreis schlichen. «Ihr blinden Idioten», rief ich heulend meiner Abwehr zu, «hört doch auf, Fußball zu spielen.» Nach dem Spiel lief ich auf ein nahe gelegenes Feld, wo mich keiner sehen konnte. Eine halbe Stunde lang weinte ich, bevor ich mich auf den Nachhauseweg machte.

Der Tag, an dem der Vater meines Jugendfreundes Tobias Probst ein Holztor in seinem Garten zimmerte, gehört zu den schönsten in meinem Leben. Nachdem wir lange genug auf dem matschigen Rasen herumgerutscht waren, lehnten Tobias und ich an den Pfosten, beide mit einer Limonade in der Hand, und ließen unsere Weltklasse-Aktionen Revue passieren. In der Nacht hatte Eurosport ein paar Bilder aus der brasilianischen Liga gezeigt und für ein paar Stunden meine Gedanken an Ratko Svilar verdrängt. «Tobi», sagte ich, «lass uns einen Schwur machen.» Tobi schaute auf und rückte näher. «Eines Tages», fuhr ich feierlich fort, «spielen wir beide in der ersten brasilianischen Liga bei Flamengo de Janeiro und werden steinreich.» Mein Freund fand den Plan gut, und im Alter von acht Jahren gibt es keine unerreichbaren Ziele. Wir hatten beide keine Zweifel. Feierlich hoben wir Zeige- und Mittelfinger: «Ich schwöre.» Das mit dem steinreich hat nicht ganz geklappt. Aber den Part mit Brasilien löste ich über 20 Jahre später ein.

Je besser ich wurde, desto mehr konzentrierte ich mich auf den Sport. Stundenlang stand ich im örtlichen Sportgeschäft und probierte Torwarthandschuhe an. Der Besitzer, Werner Kuhndörfer, verdrehte die Augen, wenn er mich nur in der Nähe seines Ladens sah. Als meine Mitspieler während der WM 1990 in Italien Lothar Matthäus oder Andreas Brehme wie Halbgötter verehrten, sprach ich nur davon, wie Thomas N'Kono Kamerun mit seinen Paraden ins Viertelfinale brachte. Oder wie unfassbar die Reaktionen von Costa Ricas schnauzbärtigem Torwart Conejo auf der Linie waren. Sie waren meine Stars, und ich studierte auf Video jede ihrer Bewegungen. So, wie ich alles studierte, was mich meinem Traum näherbringen konnte. In einem Sportmagazin las ich, dass es ungesund sei, bei über 40 Grad zu baden. Fortan verzichtete ich am Freitag vor dem Spiel ganz auf das Baden. Das fiel gar nicht mal unangenehm auf, weil ich am Tag vor dem Spiel ohnehin nicht wegging, um am nächsten Tag auch wirklich ausgeruht zu sein. Du musst nur alles richtig machen, sagte ich mir, dann wirst du ein echter Profi. Wie Ratko.

Nur meine Körpergröße wollte nicht so recht mitspielen. Als ich 13 Jahre alt war, galt ich technisch als der beste Torwart meines Alters in Bayern. Doch ich war nur 1,60 Meter groß und spielte für den kleinen SC Zwiesel. Ein Provinzclub, zu dem sich die Talentspäher des bayerischen Fußballverbands eher selten verirrten. Der Torhüter des FC Bayern dagegen konnte zwar kaum einen Ball fangen, war aber schon 1,80 Meter groß und wurde nominiert. Während er bei den Spielen der Auswahl an einem Ball nach dem anderen vorbeigriff, kickte ich frustriert einen alten Lederball gegen ein unschuldiges Garagentor in Zwiesel. Ich fühlte mich, als habe man alle Ungerechtigkeit dieser Welt auf meine schmalen Schultern geladen.

Ich weiß nicht, ob man schneller wächst, wenn man sich jeden Tag misst. Aber einen Test war es wert. Also stellte ich mich mit einem Maßband jeden Tag an den Türbalken zur Küche und notierte den Wert fein säuberlich in einem Heft, auf den Millimeter genau. Jede Woche, Strich für Strich. Ich will das nicht als ursächlich bezeichnen, aber in den folgenden zwei Jahren wuchs ich um fast 20 Zentimeter. Damit war die letzte Hürde genommen: Als der Anruf des Trainers der Bayernauswahl kam und ich nach einigen Spielen auch in den Kader der Jugendnationalmannschaft berufen wurde, war ich mir endgültig sicher, auf dem Weg zum Weltklassetorwart zu sein. Ob in Brasilien oder der Bundesliga, war mir egal.

Es war, als führe ein enger, steiler Tunnel immer geradeaus in Richtung Paradies. Für Blicke nach links oder rechts ließ er keinen Raum, und ich musste mich auf den Anstieg konzentrieren. Alle wussten, dass ich so denke. Inzwischen hatte ich meine erste feste Freundin, Karin. Sie war bildhübsch und witzig und öffnete mir die Augen immerhin einen Spaltbreit für die Dinge jenseits des Fußballs. Wir verbrachten eine wunderschöne Zeit miteinander. Und doch war ihr schnell klar, dass der Fußball bei mir in den kommenden 20 Jahren die Hauptrolle spielen würde.

Nach einem Spiel bei der Jugendmannschaft von 1860 München, den Löwen, fing mich der gegnerische Trainer ab. «Lutz, du bist ein Guter», sagte er, «komm zu uns ins Internat. Bessere Entwicklungschancen kriegst du nirgendwo sonst.» Mich hatte er in Sekunden überredet, die schwierigere Aufgabe war, meine Mutter zu überzeugen. Sie war eine Weltklassemutter, aber eine vorsichtige. Ihr ganzes Leben hatte sie in Zwiesel verbracht. Ein glückliches Leben, aber auch immer voller Sorge vor Neuem, Ungewissem. Ich hätte sie nie überzeugen können, mich im Alter von 16 Jahren nach München ziehen zu lassen.

Also ging ich zu meinem Vater. Während sein einstiger Rivale Sepp Maier zu einem der ersten bayerischen Fußballmillionäre geworden war, hatte er über den zweiten Bildungsweg Architektur studiert. Trotzdem: Im Herzen war er einer von denen geblieben, die sich auf dem Fußballplatz so zu Hause, so lebendig fühlen wie an keinem anderen Ort. Er hätte alles dafür getan, um mir bei der Erfüllung meines Traumes zu helfen. Und er wusste, was in mir vorging. 20 Jahre zuvor hatten ihn die gleichen Gefühle gequält.

Nachdem ich ihn tagelang bedrängt hatte, stand unser Plan fest. «Wir schauen bei den Löwen vorbei. Die spielen heute Nachmittag», sagten wir zu meiner Mutter, als wir an einem Sonntagvormittag zur Haustür hinausgingen und uns auf den Weg Richtung München machten – zum Gespräch mit dem Jugendkoordinator von 1860. «Schon recht», rief sie uns hinterher. Unser Plan stand auf wackeligen Füßen, schließlich spielten die Löwen, wie der Verein genannt wird, an diesem Tag gar nicht. Doch auch wenn meine Mutter mit den beiden wohl fußballverrücktesten Männern des Ortes unter einem Dach lebte, interessierte sie sich für diesen Sport kaum. Sie hatte von Spielplänen keine Ahnung. Wenn erst alles unterschrieben ist, dachten wir, würde sie uns schon machen lassen.

Es war bereits dunkel, als wir wieder zur Tür hereinkamen. In der Luft lag dieser herzhafte Geruch, der mich auch heute noch schlagartig zu Hause fühlen lässt, egal, aus welchem Teil der Erde ich gerade anreise. Mutter hatte Gulasch gemacht, mit Nudeln und einer Soße, die nur sie beherrscht. «Wie ist das Spiel ausgegangen?», rief sie von der Küche herüber. Als wir schwiegen, kam sie uns lächelnd entgegen. «Was ist denn los?» Wir drucksten ein wenig herum, bevor wir beichteten. Der Vertrag sei unterschrieben, ich würde in einigen Wochen nach München ziehen.

Es folgte eine zweistündige Predigt, nein, eher ein Orkan. Danach wusste ich: Ohne Abitur in der Tasche würde sie mich nicht aus dem Haus lassen. Ein Anruf in München, und der Traum vom Leben im Fußball-Internat war beendet. Letztlich unterschrieb ich beim FC Vilshofen, einem Verein, der ebenfalls in der höchsten Jugendklasse spielte. Damit erfüllte ich die Forderungen des Verbandes und meiner Mutter, denn ich konnte zu Hause wohnen bleiben. Die Rechnung für den misslungenen Plan zahlte mein Vater. Der fuhr mich jetzt fünfmal pro Woche 70 Kilometer zum Training und wieder zurück. Er lächelte den ganzen Tag, als ich dank einer Ausnahmegenehmigung schon im Alter von 17 Jahren den Führerschein bekam.

Auf der Fachoberschule hatte ich mit dem knallroten BMW, den ich mir schon zwei Wochen vor der Fahrprüfung gekauft hatte, endgültig die Grenze zum Größenwahn überschritten. Wie selbstverständlich parkte ich auf dem Lehrerparkplatz. An einem kalten Dezembertag blaffte mich mein Physiklehrer Wiesinger an, als ich zur Klassentür hereinkam: «Sehen Sie das Schild? Nur für Lehrkräfte!» Er zählte zu jenen Menschen, die alles, was mit Fußball zu tun hatte, abgrundtief hassten, und begegnete auch mir nicht gerade mit überhöhter Achtung, vermutlich wegen der Dutzende Fehltage, die ich schnell angesammelt hatte. Ich nickte lächelnd, während die Blicke meiner Mitschüler auf mich gerichtet waren. «Sind Sie eine Lehrkraft?», rief er. Ich schüttelte den Kopf. Der Lehrer nickte triumphierend, er genoss seine Macht. «Dann gehen Sie raus und schauen Sie das Schild so lange an, bis ich das Gefühl habe, dass auch Sie das kapiert haben.»

Ich jubelte innerlich und schob lächelnd meinen Stuhl zurück. Große Auftritte wie diesen habe ich schon damals geliebt. Ich ging durch den Schnee, stellte mich vor das Schild, zog mir den Pullover aus und starrte mit nacktem Oberkörper das Schild an. «Was machen Sie denn da?», rief Wiesinger vom Fenster aus herüber. «Ich werde gerade krank», schrie ich zurück, während ich mir noch eine Handvoll Schnee auf den Kopf legte, «und ich freue mich auf das Gespräch mit Ihnen und dem Rektor.» Erschrocken rief er mich zurück in die Klasse, wo meine Mitschüler sich vor Lachen kaum halten konnten. Von da an ließ er mich meistens in Ruhe.

Irgendwie habe ich das Fachabitur dann doch bekommen und

konnte das Fußballerleben endlich so genießen, wie ich es mir immer vorgestellt hatte. Mit dem 1. FC Bad Kötzting verpflichtete mich 1991 ein erfolgreicher Viertligist, der so gut zahlte, dass ich davon leben konnte. Ein paar Kilometer weiter hatte in der Tschechoslowakei gerade die sogenannte «samtene Revolution» stattgefunden, der Eiserne Vorhang war unblutig gefallen. Unser Nachbar hieß nun Tschechien und sorgte in der Region für Globalisierung, lange bevor viele Glasbläsereien vor der Konkurrenz chinesischer Billigimporte kapitulieren mussten. Wir hatten plötzlich sechs Tschechen in der Mannschaft, sie hatten alle Profi-Niveau. Vor einem Jahr hatten sie noch in der ersten tschechischen Liga bei Škoda Pilsen für ein Gehalt von umgerechnet rund 100 Euro gespielt. Nun spielten sie in der vierten deutschen Liga und verdienten ein Vielfaches.

Die Sonne brannte, als ich an einem Julinachmittag das erste Mal den Trainingsplatz betrat. Mir war mulmig zumute, die bisherige Nummer eins, Václav Lavicka, war demonstrativ schon ein paar Minuten vor mir auf das Feld gegangen. Früher war er einmal zweiter Torwart in der tschechoslowakischen Nationalmannschaft gewesen. Als ich in Richtung des 1,95 Meter großen Hünen ging, verbarg ich meine panische Angst hinter einem Gesicht, das jede Pokerrunde beeindruckt hätte.

Berühmte Torwartduelle hatten mich immer fasziniert. Hans Tilkowski verwüstete sein Hotelzimmer, als er nach dem Abschlusstraining vor dem ersten WM-Spiel 1962 erfuhr, dass sein Konkurrent Wolfgang Farian das Tor für Deutschland hüten würde. Gespannt hatte ich auch die Pöbeleien von Uli Stein bei der WM 1986 verfolgt, der Toni Schumacher nicht den Vortritt lassen wollte und schließlich nach Hause fliegen musste. Und selbst den chronisch lustigen Sepp Maier beschäftigte der Kampf vor der WM 1974 gegen Gladbachs Wolfgang Kleff so sehr, dass er eines Tages vor Journalisten scherzte: «Meinen Hund habe ich weggegeben. Weil der immer ‹Kleff, Kleff› gemacht hat.» Nun steckte ich plötzlich selbst in einem solchen Duell.

Auch wenn ich damals nur in der vierten Liga spielte – ich kämpfte mit den gleichen Gefühlen wie meine berühmten Vorbilder. Dort stand also Václav Lavicka mit seinem breiten Kreuz und würdigte mich keines Blickes. Die Konkurrenz zwischen Torhütern hat etwas Absolutes – wer den Kampf in der Saisonvorbereitung um den Stammplatz verliert, hat kaum eine Chance auf einen Einsatz in der Saison. Ein Innenverteidiger kann vielleicht auch auf der Außenbahn eingesetzt werden, dem Torwart bleibt nur die Bank und vielleicht die geheime Hoffnung auf eine Verletzung oder Schwäche des anderen.

Technisch war Lavicka gleichwertig, aber er war schon 35 Jahre alt. Der Tscheche hatte Erfahrung und wusste, dass er sein Training dosieren musste. Doch so logisch funktioniert die Psychologie unter Torhütern nicht. «Komm schon, alter Mann», rief ich ihm nach zwei Stunden in der Sommerhitze zu, «noch 50 Schüsse.» Schweigend schossen wir uns abwechselnd Ball für Ball zu. Immer wieder zum Ball hechten, sich auf dem staubigen Rasen abrollen und wieder hochhetzen. Die anderen Spieler hatten das Feld längst verlassen, doch keiner von uns wollte Schwäche vor dem anderen zeigen. Wir sprachen kaum ein Wort miteinander, nicht beim Essen und nicht in der Umkleide. Eigentlich war er ein ganz netter Kerl – wäre da nicht dieser Gedanke in meinem Kopf gewesen: «Wenn ich den Alten nicht packe, packe ich es nirgendwo.» Irgendwann fiel Lavicka in ein Formtief. Er hatte einfach zu viel trainiert, und so war ich es, der beim ersten Saisonspiel im Tor stand.

Die Tage glichen einander, was durchaus angenehm war. Wenn ich morgens um zehn Uhr aufstand, hatte meine Mutter mir bereits das Frühstück zubereitet – auf dem Tisch lag die Zeitung, der Sportteil aufgeschlagen. Eine Angewohnheit, die sie zum Glück auch heute noch beibehalten hat. Mittags fuhr ich die 40 Kilometer nach Kötzting und präsentierte mich erst einmal im Freibad. Keine Ahnung, ob Oliver Kahn jemals vor irgendwelchen Mädchen Saltos geschlagen hat – ich habe es jeden Tag gemacht. Am Nachmittag eine Trainingseinheit, und mein Arbeitstag war erledigt. Die Fachhochschule in Deggendorf, an der ich BWL studieren wollte, öffnete erst ein Jahr später. Ich lebte mit ruhigem Gewissen.

Doch an dem Tag, als die Universität schließlich ihre Tore öffnete, war mir rasch klar, dass ich nicht für den Hochschulbetrieb geschaffen war. Im Foyer drängelten sich die 40 Gründungsstudenten – viele waren sehr nett, es gab allerdings auch ein paar 19-Jährige mit gebügelten Hemden und Seitenscheitel, die von Karrieren in Unternehmensberatungen träumten, sich aber zu Hause die Socken von Mama bügeln ließen. Einen Tisch weiter waren drei Studenten schon von zu Hause ausgezogen. «Muss ich für eine Putzfrau mehr als acht Mark pro Stunde einplanen?», fragte der eine lässig in die Runde. «Für eine aus Tschechien nicht», antwortete ein anderer voller Arroganz. Vielleicht lag es am Ambiente, dass sich die vermeintliche Elite von morgen schon jetzt als die Top-Elite von heute aufführte. Die Fachhochschule war in der Schauffler-Villa untergebracht, einer ehemaligen Privatklinik.

Gelangweilt lehnte ich mich in der Eröffnungsvorlesung zurück, es fühlte sich ein wenig an wie auf der Ersatzbank beim Fußballspiel. Nein, viel schlimmer. Auf der Auswechselbank kann man aufspringen, wenn etwas Aufregendes passiert. In der Vorlesung kann man nicht aufspringen, und es passiert auch nichts Aufregendes. Immer weiter rutschte ich mit verschränkten Armen Richtung Stuhlkante, wie ein beleidigter Nationalspieler, der auf der Bank einfach nichts verloren hat, während vorne ein langweiliger Mann im hässlich orangefarbenen Karo-Hemd darüber redete, wie weit es die Anwesenden bereits gebracht hätten. «Jeder Einzelne, meine Damen und Herren», dozierte er mit seiner viel zu hohen Stimme, «entscheidet über die Zukunft dieses Landes.» Amen.

Frustriert blickte ich an die Decke. Neonleuchten. Dann nach links: Eine hübsche blonde Studentin hielt jedes Wort mit ihrem

Bleistift fest. Als ich schließlich nach rechts blickte, sah ich drei Plätze weiter den Einzigen im Saal, der genauso weit herunterge-rutscht war wie ich – die Augenlider schwer, die Arme über dem ausgefransten T-Shirt verschränkt. Durchtrainiert war er und beinahe zehn Jahre älter als die anderen im Raum. Irgendwie kam er mir bekannt vor, und die nächsten zehn Minuten dachte ich ausschließlich darüber nach, woher ich ihn kannte. Es war Hans Wurzer, der zu den großen Fußballtalenten im Bayerischen Wald gehört hatte, bevor er sich einen Kreuzbandriss zuzog. Heute resultiert daraus selten mehr als ein halbes Jahr Pause, aber in den achtziger Jahren wurden Fußballer beim Klang des Wortes noch kreidebleich. Ein Kreuzbandriss bedeutete oft das Karriere-Ende. Zumindest war es das Ende für Hans' Profiambi-tionen – fortan spielte er nur noch in den unteren Ligen.

«Du bist doch der Wurzer-Hans», sprach ich ihn an, nachdem der Professor endlich geendet und wir uns aus unseren Stühlen hochgequält hatten. «Ja», sagte er, «und du der Pfannenstiel, oder?» Er hatte beim Bundesgrenzschutz angeheuert und war gerade erst nach zwei Jahren aus dem Libanon zurückgekehrt – den Überblick über die bayerische Fußballszene hatte er aber auch während seiner Zeit im Ausland nie verloren. «Bist auf dem Sprung in die Bundesliga, hab ich gehört», fuhr er fort. «Schau'n mer mal», antwortete ich in bester Beckenbauer-Ma-nier. Dass wir nicht die klassischen BWL-Studenten werden würden, war uns sofort klar. Dass ich mein Studium erst zehn Jahre später beenden würde – von Neuseeland aus –, ahnte ich damals nicht.

Schnell kristallisierte sich eine Gruppe von zehn Studenten heraus, die bei den Frauen mehr Erfolg hatte als bei Klausuren. Dabei führten wir uns in der Fachhochschule auf wie Diego Ma-radona in der argentinischen Nationalmannschaft – als gehöre uns der Laden. Ich kann nicht behaupten, dass ich mich dabei zurückgehalten hätte. Es macht natürlich einen Unterschied, ob einem am Wochenende 60 000 Zuschauer in der Bundesliga oder wie mir nur 1000 in der vierten Liga zujubeln – aber man fühlt sich trotzdem wie ein Star. Wie einer, der nicht versteht, warum er trotzdem in die Informatik-Vorlesung muss.

Als ich am ersten Tag der Veranstaltung den Saal betrat, war mir klar, dass ich einen neuen Lieblingsfeind gefunden hatte. Professor Rummler war klein, humor- und frisurlos und schielte ganz schrecklich. Es sollte eine Zeitlang dauern, bis ich ihn mochte. Zunächst einmal fiel mir nur auf, dass er gern und laut schrie: «Alles Idioten. Was wollt ihr hier?», echauffierte er sich oft. «Wenn das die Elite sein soll, dann gute Nacht, Deutschland.» Ich war, wie meist in den folgenden Monaten, eine Viertelstunde zu spät gekommen. Der Dozent musterte mich abfällig, sein Blick blieb schließlich an meinen Haaren hängen. Schon damals hatte ich sie hinten zum Pferdeschwanz gebunden, dazu mit reichlich Gel nachgeholfen – die Frisur gefällt nicht jedem, aber sie ist zu meinem Markenzeichen geworden.

«Den Prozess würden Sie gewinnen», sagte er in meine Richtung. Ich blickte auf, während ich mich auf den nächstbesten Platz setzte. «Welchen?», fragte ich ihn. «Na, den gegen Ihren Friseur», stänkerte der Mann. Das ließ ich nicht auf mir sitzen. «Du würdest deinen auch gewinnen», erwiderte ich, den Dozenten wie selbstverständlich duzend, «den gegen deinen Augenarzt.» Als devotester Student in der Geschichte Deggendorfs bin ich vermutlich nicht in Erinnerung geblieben. Aber das war unsere Art zu kommunizieren, und irgendwie schafften wir es nach ein paar Monaten sogar, eine gewisse Sympathie füreinander aufzubringen, am Ende verband uns eine Art Hassliebe.

Ich war Student und Torwart in der vierten Liga, in Gedanken spielte ich aber längst in der Bundesliga. Ich hielt konstant gut, und nach ein paar Monaten ratterte ein Schreiben des VfL Bochum durch das uralte Fax-Gerät des 1. FC Kötzting. «Aufgrund seiner Leistungen in der aktuellen Saison möchten wir Ihren Spieler gern zum Probetraining einladen.» Anfang der neunziger Jahre hatte der Verein seinen Ruf als unabsteigbare

Mannschaft verspielt, war aber gerade wieder in die erste Liga aufgestiegen. Ich witterte meine große Chance. Die Informatik-Vorlesung am kommenden Tag fand diesmal ohne den Studenten mit Pferdeschwanz in der letzten Reihe statt.

Dabei hätte ich mir diese Woche in Bochum eigentlich sparen können. Zweimal täglich schuftete ich mit den beiden Torhütern Ralf Zumdick und Andreas Wessels – nur um am Ende zu erfahren, dass der Verein lediglich einen Mann für die Amateurmannschaft suchte. «Nein, das kommt für mich nicht in Frage», sagte ich. Mit der gleichen Perspektive hatte mich bereits der 1. FC Nürnberg verpflichten wollen. «Entweder ihr macht mich zum Profi, oder ich komme nicht.» Trainer Jürgen Gelsdorf stand wortlos auf, gab mir kurz die Hand und ging zur Tür hinaus. Ralf Zumdick begleitete mich noch zur Tür. «Du findest schon deinen Weg», sagte er zum Abschied.

Vor der Tür lehnte ein Mann mit einem Designeranzug. Ich kannte ihn nicht. «Und?», fragte er, als würden wir uns schon Jahre kennen, «haste unterschrieben?» Jetzt fiel mir ein, dass ich ihn bei der Trainingseinheit gesehen hatte, er stand neben ein paar Rentnern am Spielfeldrand. «Nein», nuschelte ich, «die wollten mich nur als Amateur.» Der Mann bewegte seinen schmächtigen Körper einen Schritt auf mich zu. «Wenn du wirklich Profi werden willst», sagte er so eindringlich wie ein Vater, der den Sohn bei der Berufswahl berät, «dann geh nach Malaysia. Ich habe dich gesehen, du bist gut. Ruf mich an, und du lebst in zwei Wochen in einem Traumhaus am Meer mit 5000 Dollar jeden Monat in der Tasche.» Er streckte mir eine Visitenkarte entgegen. «Agentur für Fußballmanagement» stand dort, darunter kurz und knapp: «Berater». Es war mein erster Kontakt mit einem professionellen Spielervermittler. «Danke», murmelte ich und stieg in meinen BMW. Auf der Rückfahrt bekam ich den Gedanken nicht mehr aus dem Kopf. In zwei Wochen könnte ich Profi sein …

Ein paar Tage später wählte ich die Nummer. «Ich wusste, dass du anrufst», gab sich der Spieleragent vertraut, «ich habe bereits zwei Vereine, die dich sehen wollen.» «Geben Sie mir etwas Zeit», antwortete ich und legte auf. Nachts lag ich wach. Über die Amateurmannschaft eines Bundesligisten in den bezahlten Fußball zu kommen galt als der normale Weg für Talente. Sollte ich wirklich den geraden Weg verlassen für ein Abenteuer? Ich starrte minutenlang an die Decke. Aber war nicht Ratko Svilar auch eines Tages einfach von Serbien aus aufgebrochen? Und: warum eigentlich nicht?

Am nächsten Nachmittag hatte ich mein Auto kaum auf dem Vereinsgelände von Kötzting abgestellt, als mir Michael Plötz aus der Geschäftsstelle entgegengelaufen kam. Er war der sportliche Leiter des Vereins, in der Hand hielt er ein weiteres Fax. Absender: FC Bayern München e.V. Der Rekordmeister hatte tatsächlich seine Späher in die Provinz geschickt, und ich musste einen guten Tag erwischt haben. Noch eine Woche Probetraining. Malaysia musste warten.

Das prasselnde Geräusch, das Hunderte Stollen unter Fußballschuhen erzeugen, klingt beim FC Bayern anders als in anderen Kabinen. Irgendwie klarer, hallender. Vielleicht liegt es an den edlen Fliesen, vielleicht aber auch daran, dass hier weniger gesprochen wird als bei anderen Vereinen. Jeder der Profis war für sich gesehen ein mittelständisches Unternehmen mit Millionenumsatz, dementsprechend nüchtern erschien mir die Atmosphäre. Ich ging an dem legendären Einwurfschacht vorbei: Nach dem Training werfen die Spieler hier ihre pottdreckigen Schuhe rein, selber geputzt hatte hier seit Vertragsunterzeichnung niemand. Sie standen einfach am nächsten Morgen wieder glänzend am festen Kabinenplatz, zusammen mit der frischgewaschenen Trainingskleidung. Dieser Schacht hatte zum leicht großkotzigen Image des Vereins ein klein wenig beigetragen, er war ein weiteres Mosaiksteinchen in diesem Bild. Doch ich lächelte insgeheim, als ich ihn sah. Für mich war er der Inbegriff des Profitums.

Spieler wie Lothar Matthäus hatten ihren festen Sitzplatz in der Kabine. Es ist keine gute Idee, auch nur ein Handtuch in die Nähe von solchen Alphatieren zu legen. Die Zeitungen spekulieren viel über Hierarchien in Mannschaften, doch sie haben keine Ahnung. In der Umkleide – eine der letzten No-go-Areas, eine Tabuzone für Journalisten – zeigt sie sich. Bodo Illgner hatte beim 1. FC Köln unter einer Dusche ein Messingschild mit seinem Namen montiert. Solange der muskelbepackte Nationaltorhüter nicht geduscht hatte, war sie für seine Mitspieler tabu. Man tut gut daran, sich in der Kabine eines fremden Vereins erst einmal vorsichtig zu verhalten.

Meine Trainingskleidung war neben der eines grimmig dreinblickenden Spielers aufgehängt worden, der gerade vom Karlsruher SC nach München gekommen war. Oliver Kahn gab mir die Hand. «Du bist der Testmann, oder?», fragte er. «Ja», sagte ich, «mal sehen, was geht.» Kahn nickte kurz und band sich dann weiter seine Schuhe zu. Zwei Stunden trainierte ich mit ihm und Torwart-Trainer Sepp Maier und kämpfte, als hätte ich nur diese eine Chance. Und doch hatte ich Probleme, mit der Intensität Kahns mitzuhalten. Bis zu diesem Tag hielt ich mich für verbissen. Aber wenn dieses Wort noch nicht erfunden gewesen wäre, hätte es für jenen Typ erfunden werden müssen, der da neben mir seine Übungen machte. Kahn konzentrierte sich auf jeden Ball, als ginge es um die Meisterschaft. In der Mittagspause aß ich die Nudeln pur, weil ich das für gesünder hielt. Am Abend ging ich um neun Uhr ins Bett. Ich wollte alles richtig machen.

Am Ende des Probetrainings empfing mich der Leiter von Bayerns Amateurabteilung in einem kargen Besprechungsraum. Ein paar Stühle, ein Tisch, Blick auf den Parkplatz. Ich hatte meinen Anwalt Wolfram Zimmermann dazubestellt, schon allein, um professioneller zu wirken. Von Fußball hatte er mäßig Ahnung, aber das gehörte damals ohnehin nicht zu den prägenden Eigenschaften der sich entwickelnden Berufsgruppe von

Spielerberatern. «Für die Profis kommst du momentan noch nicht in Frage», sagte der Manager und traf mich mit diesen Worten wie mit der Faust ins Gesicht. «Du spielst und trainierst bei den Amateuren, ab und zu kannst du bei den Profis mittrainieren.» Er sprach, als sei der Vertrag vor ihm längst unterschrieben, und damit hatte er natürlich recht: Ein Angebot der Bayern lehnt man nicht ab, auch nicht für die Amateure. Ein besseres Sprungbrett in den Profifußball gibt es nicht in Deutschland.

In meine Gehirnwindungen schaffte es aber nur die eine Botschaft: Für die Profis bist du nicht gut genug. «Ihr wollt mich also nicht für die Profis?», fragte ich. Der Manager schaute erstaunt auf. «Junge, du bist jung. Und wir haben mit Sven Scheuer einen guten Ersatzmann für Oliver Kahn. Aber deine Zeit kommt, vertrau mir.» In meinem Kopf hörte ich nur die Stimme des Fremden aus Bochum: «Innerhalb von zwei Wochen bist du Profi in Malaysia», klang es wie ein Echo, «… nur zwei Wochen … Haus am Meer.» Manager und Anwalt blickten mich fragend an – ich war so in meine Gedanken vertieft, dass ich nicht geantwortet hatte. «Nein, es tut mir leid», sagte ich schließlich und registrierte aus den Augenwinkeln, wie mein Anwalt zusammenzuckte, «das kommt für mich nicht in Frage. Ich habe ein Profiangebot vorliegen.» Ich stand auf und verabschiedete mich. «Nein, nein, setz dich, Lutz», sagte mein Anwalt. Lautstark redete er auf mich ein. Erfolglos. «Sag doch auch mal was», bat er meinen guten Freund Werner Neissendorfer, der uns begleitet hatte. «Kennst ihn doch», sagte er, «wenn er nicht will, dann will er nicht.» Als wir in das Auto einstiegen, fluchte der Anwalt noch immer.

Zurück in Zwiesel, rief ich Hans an. Er hatte in den vergangenen acht Monaten oft davon geredet, zusammen mit mir in den Libanon zu gehen. Dort gebe es auch guten Fußball, er könne dann als mein Torwart-Trainer arbeiten. «Steht dein Angebot noch?», fragte ich ihn. «Welches Angebot?» «Na, du wolltest doch mit mir ins Ausland», sagte ich. «Würdest du auch mit nach Malaysia kommen?» Hans schwieg am anderen Ende der Leitung. Ihm war die Enge des Bayerischen Waldes nach zwei Jahren längst zur Last geworden. In ein paar Sätzen erklärte ich ihm die Situation, da unterbrach er mich: «Na, dann mal los.» Er war so ziemlich der einzige Mensch in Bayern, der mich in den kommenden Wochen nicht für komplett verrückt hielt.

Die wenigen Wochen bis zur Abreise vergingen wie Sekunden. Wenn wir nicht gerade trainierten oder eine unserer zahlreichen Abschiedspartys feierten, telefonierte Hans fast ununterbrochen mit drei malaysischen Vereinen, die dem Bochumer Spielerberater blind zu vertrauen schienen und die Kosten für den Flug auslegten. Man werde sich «auf jeden Fall» einig, versprach jeder einzelne Verein, rund 5000 Dollar pro Monat wollten sie zahlen. Ihr Mann in Deutschland hatte mich etwas vollmundig als Top-Talent von Bayern München gepriesen, erfuhr ich später. Während ich mich zum ersten Mal in meinem Leben um Visum-Angelegenheiten kümmern musste – eine Disziplin, in der ich inzwischen Weltklasseformat habe –, zerrissen sich die Menschen in meiner Heimat das Maul. Warum? Immer wieder fragten sie mich: Warum ausgerechnet nach Malaysia? Ich lachte meine Kritiker aus, auch wenn mir der Abschied schwerfiel. «Der Pfannenstiel ist ein Verrückter», sagten die Leute. Ich fand erneut, wie damals als Achtjähriger, dass das gar keine so große Beleidigung war. Die meisten, die das behaupteten, waren niemals Fußballprofi geworden und würden es auch nicht mehr werden. Ich dagegen würde mir diesen Traum in nicht einmal einer Woche erfüllt haben. Profi. Wie Ratko.

IN DIE WELT
GESCHWEMMT

Kuala Lumpur empfing uns, als wolle uns die Stadt mit voller Wucht zurückstoßen. Wie eine Wand schlug uns die schwüle Hitze am Sultan-Abdul-Aziz-Shah-Flughafen entgegen. Sie betäubte uns nach der zwölfstündigen Reise, obwohl die Sonne gerade erst aufgegangen war. Die Monsun-Winde hatten heiße Feuchtigkeit in die Stadt getrieben, und wir tauchten in das hektische Treiben der Flughafenhalle ein. Schweiß lag in der Luft, Familien hetzten mit ihren Kindern an uns vorbei, Wasser- und Süßigkeitenverkäufer versuchten, die knarzenden Lautsprecherdurchsagen und das Gebrodel der Massen zu übertönen. 15 Millionen Passagiere pro Jahr nutzten damals den Flughafen in Malaysias Hauptstadt, maximal die Hälfte wäre wohl nach westlichen Bestimmungen erlaubt gewesen. Völlig übermüdet drängte ich mich mit Hans an den Warteschlangen vorbei. Wie auf den Hunderten Flügen, die mir noch bevorstehen sollten, hatte ich kein Auge zugetan.

Der Taxifahrer schmiss meinen Koffer und die Sporttasche mit den zehn Paar Torwarthandschuhen in den verbeulten Kofferraum und reihte das Auto in die Blechlawine ein, die jeden Morgen in Richtung Kuala Lumpur rollte. Aus dem Radio drangen schrille Töne. Für mich hörte es sich an, als würde sich eine Armee von Blockflöten-Spielern mit Hunderten Xylophon-Spielern duellieren. «Gamelan-Musik. Wir spielen das bei jeder

Familienfeier», rief der Fahrer nach hinten, «Hochzeit, Taufe, Scheidung. Immer, immer.» Er kicherte laut, und die Flöten pfiffen weiter aus dem blechernen Radio. Die hohen Töne arbeiteten sich tiefer in mein Gehirn vor. Immerhin, als wir eine halbe Stunde später vor einem kleinen Hotel anhielten, war ich hellwach.

Wir stiegen vor einer Bruchbude aus. «Glückwunsch, Hans», grummelte ich, als wir das Zimmer des heruntergekommenen Hotels betraten. Ich traute mich damals kaum, Englisch zu sprechen. Hans dagegen war nach seiner Zeit im Libanon ein erfahrener Reisender und hatte die Planung übernommen. Vergeblich drückte ich auf den Schalter der Aircondition. Klick. Klick. Nichts passierte. Wahrscheinlich hatte das zuletzt im Jahr 1970 einmal einen Effekt in diesem Zimmer gehabt. Moskitos schwirrten über den beiden Betten, und ich hätte schwören können, den zufriedensten Mücken der Welt zuzuhören. Hinter der Badezimmertür hatte ein Dutzend Kakerlaken ihr Quartier bezogen. «Reg dich nicht auf», sagte Hans, «wir ruhen uns jetzt ein paar Stunden aus, danach suchen wir uns was Richtiges.» Nach einer halben Stunde standen wir wieder unten vor der Tür – ich hätte es keine Minute länger ausgehalten.

Wir gingen in das nächstgelegene Restaurant und aßen uns satt. Ich moserte herum, so laut, dass schließlich ein Pärchen am Nachbartisch auf uns aufmerksam wurde und uns irgendwann fragte, ob wir Hilfe benötigten. Wir nickten, erstaunt über so viel unerwartete Freundlichkeit. Die beiden erwiesen sich als große Fußballfans und wollten alles über die Bundesliga wissen. Zwei Stunden redeten wir – genauer gesagt Hans. Ich war zu schüchtern, um auf Englisch zu plaudern. Irgendwann erzählte das Mädchen, ihr Vater sei Manager im Shangri-La-Hotel, sie könne mit ihm reden. Kurz darauf waren wir in dem vornehmen Fünfsternehotel einquartiert, das Mädchen organisierte uns einen spottbilligen Tarif von 300 Dollar pro Woche. Eine halbe Stunde später hatten wir ein Apartment bezogen, in dessen Badezimmer sechs verschiedene Shampoo-Sorten für das Bad im Whirlpool zur Auswahl standen. Ich lachte, als ich neben der Toilette ein Telefon sah. Die Architekten hatten den Raum offenbar für vielbeschäftigte Manager konzipiert.

Ich zog meine Trainingssachen an und verabschiedete mich für zwei Stunden in den Kraftraum. Bloß nicht an Form verlieren, das war mein einziger Gedanke. Als ich wieder auf das Zimmer kam, saß Hans auf der Bettkante und legte gerade den Telefonhörer auf. Betreten schaute er auf den Boden. «Die haben abgesagt.» Wir waren mit der Zusage für ein Probetraining bei Selangor FA, dem größten Verein des Landes, nach Malaysia gereist. «Sie wollen keinen ihrer Ausländerplätze für einen Torwart hergeben», fuhr Hans fort. Nur vier ausländische Profis durfte jeder Verein in seinem Team haben, die meisten Teams entschieden sich dabei für Offensivspieler. Ich trat frustriert gegen das Bett und fing an zu fluchen, doch da griff Hans erneut zum Telefonhörer und rief unseren Agenten in Deutschland an. «Keine Sorge», beruhigte der uns, «geht nach Malakka, das ist ein bisschen außerhalb von Kuala Lumpur.» Er habe dem dortigen Manager schon Bescheid gegeben, man werde sich bei uns melden.

Abwarten also. Doch nichts passierte. Hans und ich lagen auf unseren Hotelbetten und studierten das Muster der Decke. Irgendwann klingelte tatsächlich das Telefon. Der Manager von Malakka war am Apparat. «Ich treffe euch morgen um elf an der Busstation in der Nähe der roten Moschee.»

Endlich. Um sechs Uhr stiegen wir in den Bus und fuhren zusammen mit einer Ladung spanischer Touristen in die wohlhabende Küstenstadt. Welch ein Idyll ist diese Stadt im Vergleich zu den Wolkenkratzern von Kuala Lumpur. Wir fuhren an winzigen Häusern vorbei, die auch in Amsterdam hätten stehen können, die niederländische Kolonialzeit hatte hier deutliche Spuren hinterlassen. Der Denkmalschutz verbot noch immer Gebäude, die höher als drei Stockwerke waren. Gemächlich steuerte der Bus in Richtung Christ Church, einer holländischen Kirche aus dem achtzehnten Jahrhundert. «Hier will ich bleiben», sagte ich zu Hans.

Nur der Busbahnhof war dreckig, und wir hatten reichlich Zeit, uns davon ein Bild zu machen. Um elf Uhr, der vereinbarten Zeit, war von dem Manager noch immer nichts zu sehen. Wir saßen an der Haltestelle, vor uns zwei Sporttaschen und eine Szenerie wie die eines großen Zirkus. Das Gewusel eines Marktes, wo die Händler mit breitem Lächeln Roti Prata und Roti Canai bewarben, großartiges Fladenbrot, wie wir später feststellten. Überall dröhnte Musik. Der Duft von herrlichen Gewürzen lag uns in der Nase, und vielleicht hätten wir sogar so etwas wie Charme an diesem Ort ausgemacht, wenn nur endlich der Manager aufgetaucht wäre. Dutzende Busse hielten. Dutzende Busse fuhren wieder ab. Die halbe Menschheit schien an uns vorbeizulaufen. Ein Fußballmanager war nicht unter ihnen.

Um kurz vor zwölf parkte plötzlich ein alter weißer Mercedes auf dem Busterminal, und ein kleiner Mann kam auf uns zu. «Ihr müsst die Deutschen sein», sagte er. Wir begrüßten ihn freundlich. Er wirkte seriös mit seiner schwarzen Anzughose und dem edlen blauen Hemd. «Wir haben Ihren Lebenslauf gecheckt», sagte er auf Englisch, «wir freuen uns, dass Sie gekommen sind.» Ich lächelte, doch dann folgten Worte, für die ich ihn beinahe verprügelt hätte: «Es tut uns leid. Aber wir haben uns heute Morgen doch dagegen entschieden, einen Ausländerplatz mit einem Torwart zu blockieren. Telefonisch konnten wir Sie nicht mehr erreichen.»

Selten hatte ich mich in meinem Leben derart betrogen gefühlt. Der Manager verabschiedete sich nach zwei Minuten wieder freundlich, der nächste Bus nach Kuala Lumpur fuhr erst zwei Stunden später. Wieder hielten die Busse. Wieder fuhren die Busse ab. Die andere Hälfte der Menschheit zog an uns vorbei. Nie stieg ich mit so großen Aggressionen in einen Bus wie damals. Eine halbe Stunde blickten Hans und ich schweigend aus dem Fenster. Der volle Autobus verließ die Station, auf der holprigen Landstraße erwachte ich wieder zum Leben. Der Fahrer unterhielt sich ununterbrochen mit einigen Fahrgästen, manchmal brachen sie in Gelächter aus. Es herrschte eine unerträgliche Enge in diesem Gefährt. «Wenn das so weitergeht, gehen wir weiter in den Iran oder Libanon oder nach Indonesien», murmelte ich kaum hörbar. «Ich lasse mich doch nicht verarschen.» Hans verzog keine Miene. Stoisch beobachtete er, wie zwei Kinder auf dem Gang auf und ab liefen. Was waren schon ein paar geplatzte Termine. «Mach dir keine Sorgen. Wir finden etwas.»

Es gab in meinem Leben nicht viele Abende, an denen ich mich betrunken habe. Dieser gehörte fraglos dazu. Als wir wieder im Hotel angekommen waren, sagte ich zu Hans: «Wir sind seit vier Tagen hier, ich habe jeden Tag vier Stunden trainiert, und wir sind wie die Irren in Bussen herumgefahren. Lass uns heute einen draufmachen.» Wir tauchten in die glitzernden Straßen der schrillen Metropole mit ihren Nachtmärkten ein, zogen durch die Bars, tranken und flirteten mit hübschen Mädchen, sangen zu zweitklassigen englischen Schlagern.

Wir kehrten in einem komaähnlichen Zustand zurück. Erschöpft sank ich auf mein Bett und schlief ein, noch bevor ich die Schuhe ausziehen konnte. Schwärze, in der Ferne ein lautes, strenges Ringen. Ein Blick auf den Wecker, das Augenlid nur halb geöffnet. Es war acht Uhr, und ich realisierte, dass es das Telefon war, das mich nach Minuten aus dem Schlaf gerissen hatte. Ohne die Augen zu öffnen, tastete ich nach dem Hörer. Eine aufgeregte Stimme krächzte mir ins Ohr, sie gehörte dem Agenten aus Bochum.

«Lutz, Lutz, steh auf. Ich habe einen Verein für euch. Diesmal ist die Sache sicher. Ihr bekommt gleich einen Anruf.» Ein Rest Adrenalin durchschoss meinen Körper, aber der gab mir gerade einmal genug Kraft, um mich langsam hinzusetzen. Irgendwie hatte es sich herumgesprochen, dass ein passabler

Torwart in Malaysia war. Dieses Prinzip der Mund-zu-Mund-Propaganda habe ich später oft erlebt. Wie es sein konnte, dass jemand so schnell die Telefonnummer des Bochumer Agenten herausbekommen konnte, war mir unbegreiflich. Dem Verein Penang FA war es gelungen, einem Erstligisten, der sein Stadion auf einer Insel nordwestlich vom malaysischen Festland hatte. Der Verein sei wild entschlossen, mich zu verpflichten. «Ehrlich jetzt», schob der Agent nach. Ihm war inzwischen klar, dass seine neuen Mandanten Zweifel an seinen Versprechen entwickelt hatten.

Tatsächlich klingelte ein paar Minuten später erneut das Telefon. Der Dato'Zain von Penang, einer der höchsten Regierungsbeamten der Insel, war am Telefon. Er rief im Auftrag des Sultans des Bundesstaates an. Der Dato sprach mit Hans, als habe er einen hohen Staatsgast am Telefon. Es wäre dem Sultan eine große Ehre, wenn er uns einladen dürfe. Allerdings sei Eile geboten, falls er damit nicht für Umstände sorge. Schon um 18 Uhr sei ein Freundschaftsspiel von Penang gegen das Spitzenteam Happy Valley AA aus Hongkong angesetzt. Er hoffe, dass ich in diesem Spiel mein Debüt geben könne, die Flugtickets seien bereits bezahlt. «Auch für uns ist es eine große Ehre», flötete Hans in das Telefon, während ich weiter ermattet im Bett lag.

Der Flug sollte um 13 Uhr starten. Der Flughafen war fast 100 Kilometer von unserem Hotel entfernt, also mussten wir sofort aufbrechen. Hans riss die Klamotten aus dem Schrank und stopfte sie in unsere beiden Taschen. «Ich kann nicht», sagte ich, noch immer liegend. Das erste Mal seit Wochen hatte ich Alkohol getrunken und noch dazu kaum geschlafen – nichts schien mir ferner, als am gleichen Abend auf einem Fußballplatz zu stehen. «Los jetzt.» Hans duldete keinen Widerspruch. Er orderte an der Rezeption drei Red Bull und schubste mich ins Taxi. Alle Fahrer schienen die gleiche Musikkassette zu haben. Diesmal kamen mir die schrillen Flöten aus den Boxen wie eine raffinierte Foltermethode vor.

Um vier Uhr nachmittags sollte der Flieger ankommen, tatsächlich landete er um kurz nach fünf. Am Ausgang standen zwei Männer in feinen schwarzen Anzügen, in der Hand ein Schild mit unserem Namen. Die Mitarbeiter des Dato gingen mit schnellen Schritten voraus zu einem gigantisch großen Mercedes. Mit halsbrecherischer Geschwindigkeit rasten wir über die 13 Kilometer lange Brücke, die Malaysia und Penang verbindet, der Wagen driftete in den Kurven des verwirrenden Wegnetzes. Wie in Trance saß ich auf der Rückbank und sah das Grün der Insel mit ihrer üppigen Vegetation zu einer einzigen grünen Masse verschwimmen. Immer wieder fielen mir die Augen für ein paar Sekunden zu. Dann nahm der Fahrer einige Kurven so eng, dass ich hochschreckte.

Vor dem Stadion standen gelangweilte Händler in ihren Ständen, auf ihren Verkaufsflächen waren noch einige Limonadenbecher und Zigaretten übrig geblieben. Auf Decken zu Füßen des Stadions räumten kleine Jungs die Reste ihrer Mandeln, Orangen und Bananen zusammen, die sie in den vergangenen beiden Stunden hier angepriesen hatten. Wir waren zu spät. Die 12 000 Zuschauer waren längst auf ihren Plätzen, das Spiel sollte bereits in wenigen Minuten beginnen. In den Lärm der Menge schrie ein Sprecher ein paar Worte Bahasa Melayu. Unser Fahrer fasste mich am Arm und übersetzte. «Du wirst schon angekündigt.»

Der ehemalige Torwart von Bayern München werde heute sein Debüt für Penang geben, verkündete der Sprecher. So übersetzte es zumindest der Fahrer. Ich wollte widersprechen und erklären, dass ich nicht mehr als ein Probetraining bei Bayern absolviert hatte, aber dafür blieb keine Zeit. Während wir durch die Katakomben eilten, hörten wir den immer größer werdenden Lärm der Zuschauer: Die erste Halbzeit hatte begonnen. «Sie werden zur zweiten Halbzeit eingewechselt», sagte mein Fahrer. Er führte mich in die Kabine. Sie war menschenleer, aber doch noch voller Spuren des Trubels, der vor jedem

Fußballspiel herrscht. In der Ecke stand ein Korb mit Früchten, daneben lag ein Netz mit Bällen. Auf dem Boden lagen Grasfetzen, die beim Warmlaufen unter den Stollen hängen geblieben waren. Auf einer Taktiktafel hatte der Trainer hektisch Spielernamen mit Pfeilen gekritzelt.

Allein saß ich in der Ecke der Kabine. Es war stickig, die Hitze schien der Luft jeden Sauerstoff entzogen zu haben. Die Rufe der Zuschauer schwappten wie Klangwellen bis zu mir. Noch nie hatte ich vor mehr als 4000 Zuschauern gespielt, dort draußen warteten 12 000. Ich zog die Stutzen, die Torwarthose, das Trikot, zum Schluss die Handschuhe an, wie schon unzählige Male in meinem Leben. Nun aber hörte ich die schrillen Stimmen der asiatischen Fans. Mein Puls beschleunigte sich mit jeder Minute. Das Adrenalin hatte meine Müdigkeit endgültig vertrieben.

Als ich gerade den Klettverschluss um den zweiten Torwarthandschuh zugemacht hatte, hörte ich das vertraute Trippeln von Fußballschuhen mit ihren Stollen auf Betonboden. Es hörte sich an wie Schneehagel, der auf ein Dachfenster trifft. Die Spieler von Penang traten in ihren gelb-blauen Trikots herein. Sie schauten mich überrascht an, nickten kurz herüber und setzten sich dann schnell auf die Bank. Man hatte ihnen gesagt, dass ich heute anreisen würde; ein wenig seltsam kam es ihnen offenbar dennoch vor, einen Fremden in ihrer Kabine anzutreffen. Ein Malaie um die fünfzig mit Glatze trat als Letzter in die Kabine. Es war der Trainer. Strahlend lief er auf mich zu: «Mister Pfannenstiel, Mister Pfannenstiel, es ist mir eine große Freude», sagte er auf Englisch und schüttelte mir mit festem Druck die Hand. «Wir hatten gehofft, dass Sie es noch schaffen würden. Es ist großartig, dass Sie uns in diesem Spiel verstärken.»

Er drehte sich zur Mannschaft um und fuhr auf Malaiisch fort zu sprechen, strich hektisch ein paar Namen an der Tafel durch und malte neue Namen und Pfeile in alle möglichen Richtungen auf. Alles, was ich verstand, war, dass es 0:1 stand. Und dass auf der Tafel nun auf der Position des Torwarts ein wenig verhunzt «Panenstil» geschrieben stand. «Was mache ich hier eigentlich?», schoss es mir durch den Kopf. Und bräuchte der Verein nicht eigentlich meinen Spielerpass für einen Einsatz? Dann musste ich grinsen. Jetzt war sowieso alles egal.

Ohrenbetäubender Lärm, als ich auf das Feld lief. Sie hielten mich tatsächlich für einen Bundesliga-Star. Dass ich kein einziges Spiel dort gemacht hatte, erschien mir in diesem Moment nebensächlich. Im Kopf war ich noch immer ein Mann des 1. FC Kötzting, hinausgeschwemmt in die Welt, plötzlich von der Kraft des Zufalls gelenkt. Etwas ungeübt winkte ich in die Menge und lief ins Tor. Immer mehr Adrenalin schoss durch meine Venen. Ich war nun hellwach, und das war dringend nötig. Keine drei Minuten brauchte ich, um zu merken, dass die Abwehrspieler aus Penang keinen Deut besser waren als jene Amateure, die 10 000 Kilometer weiter westlich im Bayerischen Wald mein Tor verteidigt hatten. Gleich zweimal kamen Spieler aus Hongkong frei zum Schuss, irgendwie lenkte ich den Ball noch zur Ecke. Wir glichen aus. Ich sehnte das Spielende herbei, mein Kreislauf drohte der schwülen Hitze Malaysias zu erliegen. Endlich pfiff der Schiedsrichter ab, und wir hatten kein Tor mehr kassiert. 1:1. Alles andere zählte für mich nicht.

Erschöpft ging ich in die Kabine. Ein paar Spieler klopften mir grinsend plaudernd auf die Schulter, voller Anerkennung. Ich lachte zurück, aber eigentlich fehlte mir selbst dafür die Kraft. Meine Konzentration schwand. Und so hatte ich bereits fast zu Ende geduscht, als ich merkte, dass ich der Einzige war, der sich vollständig entkleidet hatte. Meine Mitspieler hatten Badehosen an und versuchten, nicht allzu irritiert zu wirken. Den verkrampften Umgang mit Nacktheit erlebte ich noch oft bei Spielen mit asiatischen Mannschaften.

Der Dato holte mich in der Kabine ab. «Der Sultan würde Sie gerne zum Essen einladen», sagte er höflich und fuhr Hans und mich zehn Minuten lang über die Insel zu einem edlen Restaurant. Im warmen Halbdunkel standen ausladende schwarze Ledersessel vor kleinen Tischen. Riesige Aquarien und verspiegelte Wände trennten die einzelnen Sitzgruppen voneinander. Bedienstete liefen umher, gehüllt in traditionelle Kleider mit kräftigen Farben. Der Dato führte mich zum Sultan, einem hochgewachsenen Mann, der aufstand und mich mit einem herzlichen Lächeln empfing: «Eine großartige Vorstellung, Lutz.»

In Asiens Fußballszene kannte den Mann jeder. Er führte eine Tradition fort, die Malaysia schon seit seiner Unabhängigkeit von Großbritannien im Jahr 1957 gepflegt hatte. Damals wurde Tunku Abdul Rahman der erste Premierminister des Landes – exakt sechs Jahre nachdem er bereits Präsident des Fußballverbandes geworden war. Rahman behielt das Amt. Standesgemäß rief Rahman die Unabhängigkeit im Merdeka-Stadion aus, und neben der Politik bekam auch der bis dahin völlig strukturlose Sport in Malaysia Konturen. Dem Land gelang es, sich im Fußball für die Olympischen Spiele 1972 zu qualifizieren, auch dank der großzügigen Unterstützung der Regierung. Nachdem Rahman das Amt des Premierministers 1974 abgab, übernahm sein Nachfolger auf dem Regierungsposten, Tun Abdul Razak, den Posten als oberster Fußballfunktionär gleich mit. In den achtziger Jahren hatte schließlich der Sultan eines der höchsten Fußballämter übernommen und aus einer reinen Amateurliga eine Profiliga aufgebaut.

«Wir brauchen Leute wie dich in der Liga», sagte er. Ich hörte ihn wie in einem Traum. Gerade hatte mir eine wunderschöne Bedienstete Haifischflossensuppe als Vorspeise serviert, ich hatte die neuen Eindrücke noch kaum verdaut. Hatte ich nicht gerade einmal einen Tag zuvor voller Wut an einer Bushaltestelle gesessen? Nun handelte ich meinen ersten Vertrag bei Champagner aus. Am nächsten Morgen unterschrieb ich: 6000 Dollar monatlich plus Prämien für jeden Sieg. Meinem Torwarttrainer Hans zahlte der Sultan knapp die Hälfte. Dazu ein Auto, ein Apartment im besten Strandhotel und, wie es der Sultan ausdrückte, «natürlich Jetskis». Ein Profivertrag. Und ein schönes Leben dazu.

Das begann allerdings schon um sieben Uhr morgens. Der Trainer bat wegen der Hitze schon in den frühen Morgenstunden zum Training auf einen Platz mit perfektem Rasen. Das war keineswegs ein Zeichen von übertriebener Härte. Penang hatte die Finalrunde schon vor meiner Ankunft so gut wie verpasst, die letzten vier Ligaspiele waren quasi bedeutungslos. Nicht selten befand der Trainer eine Arbeitszeit von 90 Minuten für einen Tag als ausreichend.

Einmal pro Woche flogen wir nach Kuala Lumpur und legten im Nachtclub «The Jump» als DJs mit auf. Es war die Zeit des Technos. Dieses Wort traut sich heute kaum einer mehr auszusprechen, doch Mitte der neunziger Jahre sprach ganz Europa von der Love-Parade in Berlin. Einige deutsche Interpreten wie Marusha oder Culture Beat hatten es auch in die asiatischen Clubs geschafft, und ich hatte die aktuellsten CDs im Gepäck. Damit war ich den meisten malaysischen DJs voraus, die Titel setzten sich erst mit monatelanger Verspätung in Kuala Lumpur durch. So verhalfen mir einige Marusha-Songs in meinem Reisegepäck zu drei gutbezahlten Auftritten in einem der angesagtesten Läden der Stadt. Wir flogen abends los, nahmen morgens den ersten Flug zurück nach Penang und fuhren ohne Schlaf zum Training. Mir gefiel dieses Doppelleben. Doch dann erfuhr der Trainer von meiner zweiten Karriere und drohte, die erste als Fußballprofi zu beenden. «Wenn ich das noch einmal höre, werfe ich dich aus der Mannschaft.» Damals war ich wütend. Inzwischen sehe ich den Mann als einen Bewahrer der Musikkultur: Er verschonte Kuala Lumpur vor den Schrei-Attacken des leider immer noch nicht ganz vergessenen Techno-Veteranen Scooter, des ewig Wasserstoffblonden.

Malaysia wirkte auch ohne diese Nächte in Kuala Lumpur wie eine Droge, leicht, voller Kraft, entkräftend. Ich hätte für immer in diesem Land spielen können, und die Zeit wäre mir wohl so unbemerkt durch die Finger geronnen wie mein Gehalt, das ich zu 100 Prozent in die Gegenwart investierte. Wahrscheinlich wäre es auch so gekommen, wenn sich nicht ein paar Wochen später Norwich City die Insel als Ort für ein Trainingslager ausgewählt hätte. Norwich spielte damals eine kleinere Rolle in der zweiten englischen Liga und war doch ein prominenter Gast, schließlich stellte England die stärksten Vereinsmannschaften weltweit. Kurzfristig arrangierte der Dato ein Testspiel in Kuala Lumpur. Ich kam mir wie ein Handballtorwart vor. Beinahe im Minutentakt flogen die Bälle auf mich zu. Wir verloren mit 1:2, aber ich konnte gar nicht anders, als auf mich aufmerksam zu machen.

Nach dem Spiel fing mich ein Mann ab, als ich das Stadion verlassen wollte. Er schaute sich im Auftrag einiger englischer Erstligisten in Asien nach neuen Spielern um. «Gute Arbeit», sagte er, «aber was machst du hier?» «Na, Fußball spielen halt», antwortete ich mit einer Schlichtheit, für die Jahre später Lukas Podolski bekannt werden sollte. «Verschwende hier nicht deine Zeit, du bist noch jung», fuhr der Scout fort. «Ich bringe dich bei Wimbledon AFC unter. Die brauchen dringend einen Torhüter.» Ich traute meinen Ohren nicht. Wimbledon spielte in der millionenschweren Premier League. Ihr niederländischer Torwart Johanes «Hans» Segers war einige Wochen zuvor der Spielmanipulation angeklagt worden – angeblich hatte er mit zwei Liverpooler Spielern ein Ergebnis abgesprochen. Die Ermittlungen hatten kurz vor der Saisonvorbereitung begonnen, und eine Sperre hätte für Wimbledon ein massives Torhüterproblem bedeutet.

Irritiert blieb ich mit der Visitenkarte des Scouts zurück. Dieser Mensch versuchte, mich aus einem Paradies zu locken, in das mich das Schicksal gerade erst gelotst hatte. Und doch sah ich mich in Gedanken bereits mit Wimbledon beim Auswärtsspiel an der legendären Anfield Road im Einsatz gegen den FC Liverpool. Nur wenige Völker erleben und erleiden Fußball so intensiv wie die Engländer. Ratko Svilar, das Idol meiner Jugend, hat dort nie gespielt. Aber ich bin mir sicher, dass er seine ganze Karriere lang gehofft hat, eines Tages dort zu spielen. Jeder Profi hofft das. Für mich war es bislang nicht mehr als eine Utopie. Niemand hat das Verhältnis der Engländer zum Fußball besser auf den Punkt gebracht als Bill Shankly, der in den sechziger Jahren den FC Liverpool trainierte. «Einige Leute halten Fußball für einen Kampf um Leben und Tod. Ich mag diese Einstellung nicht. Ich versichere Ihnen, dass es viel ernster ist.» Diese drei Sätze waren so etwas wie die Beschreibung meines bisherigen Lebens. In dieser Liga zu spielen war meine eigentliche Vorstellung vom Paradies. Ich hatte es nur fast vergessen.

Meine Reise nach England begann ähnlich chaotisch wie die nach Malaysia. «Wo ist die verdammte Karte?», schrie ich und durchwühlte meine Tasche. «Wo ist die verdammte Karte?» Ich war Richtung London gereist. Der Scout hatte mir zu meiner Entscheidung am Telefon gratuliert und sich mit dem Versprechen verabschiedet, er erwarte mich dann auf dem Vereinsgelände. Man werde telefonieren, wenn ich in England sei. Als ich aber im Auto saß und meine Tasche das dritte Mal ausgeräumt hatte, stand fest, dass ich seine Nummer verloren hatte. Nicht einmal den Namen hatte ich mir gemerkt. Wolfram Zimmermann, mein Anwalt, war mitgereist, wie damals zum Probetraining bei Bayern München – und wie damals verdrehte er die Augen. Genauso hatte er geschaut, als ich das Angebot der Bayern abgelehnt hatte.

Wir kamen in einer verregneten Novembernacht in London an und schliefen in der Wohngemeinschaft eines Freundes namens Oliver, ein Bekannter, der seit einigen Monaten in England studierte. Er lebte in einem Haus mit kleinen Zimmern, die mit tiefem, braunem Teppich ausgelegt waren und für die die Mitbewohner die ausrangierten Möbel ihrer Eltern zusammengetragen hatten. Die gemütliche Atmosphäre beruhigte uns ein wenig. Übermüdet legte ich mich auf die Couch. «Morgen fahren wir einfach zum Stadion», nuschelte Zimmermann vom Badezimmer herüber, mit der Zahnbürste im Mund. Ich merkte ihm deutlich an, dass er das nächste Desaster witterte. «Aber die haben morgen Abend ein Spiel», erwiderte ich. Der Anwalt ließ meinen Einwand nicht gelten. So fuhren wir am nächsten Abend ins Stadion und schauten uns das Spiel an. Nebel umhüllte das Spielfeld im Selhurst Park. Das Spiel war schlecht, mit 15 000 war das Stadion nicht einmal zur Hälfte gefüllt. Und doch zog mich die Atmosphäre auf dem Platz – der kompromisslos ernste Kampf dieser 22 Spieler – in ihren Bann. Diesen Fußball, unkapriziös und ehrlich, wollte ich spielen.

Nach dem Abpfiff schaffte es Zimmermann, sich in die Katakomben des Stadions vorzuarbeiten. Er redete einfach so lange auf die Ordner ein, bis diese die Absperrung einen halben Meter zur Seite schoben. Ob sie ihn tatsächlich für einen Fußballfunktionär hielten oder schlicht genervt waren, weiß ich nicht. Zimmermann konnte jeden Menschen in Grund und Boden quatschen. Minutenlang irrten wir durch die Gänge. Im VIP-Bereich trafen wir endlich auf den Scout, der am Vortag vergeblich auf meinen Anruf gewartet hatte. Er wunderte sich nur kurz über mein Missgeschick. Die Liga wurde damals fast wöchentlich durch Trinkgelage von Stars wie Eric Cantona oder Paul Gascoigne erschüttert, da hinterließen derart nichtige Unprofessionalitäten wenig Eindruck. «Egal. Hauptsache, du bist hier. Du bekommst morgen einen Amateurvertrag, um zehn trainierst du im Reserveteam mit.»

Letztlich war ich in der gleichen Situation, die ich wohl bei Bayern München vorgefunden hätte. Ich trainierte bei den Reservisten von Wimbledon und musste auf eine Verletzung oder ein Formtief der Profi-Torhüter hoffen. Doch in England spielen die Reserveteams der Premier League immerhin in einer eigenen Liga gegeneinander, sie dient vor allem der Spielpraxis von jüngeren Spielern oder solchen, die lange verletzt waren. So hießen meine Gegner Manchester United und FC Chelsea, ein paar Wochen später sollte ich gegen einen gewissen David Beckham antreten, der sich damals von einer Oberschenkelzerrung erholte – es fühlte sich auf jeden Fall mehr wie Profifußball an als das, was mich bei Bayern erwartet hätte. Das redete ich mir zumindest ein, als ich den Vertrag unterschrieb. Ich war nun Teil des großen bezahlten Fußballs. Mein Leben sollte sich dagegen sehr nach Studentendasein anfühlen. Und das war gut so.

Ich zog in die WG von Oliver, in dem Haus war eines der winzigen Zimmer mit einem einfachen Bett und einem unlackierten Schrank frei geworden. Halb London schien aus solchen Häusern zu bestehen, Tausende lebten wegen der horrenden Mietpreise in derartigen Gemeinschaften. Außer mit Oliver wohnte ich mit dem dünnen Lee zusammen, der seit acht Jahren Literatur studierte und ein bisschen aussah wie ein moderner Jesus, mit seinen langen Haaren, dem Vollbart und den schlabberigen Klamotten. Und mit Lucy. Lucy mit den roten Haaren, die immer ein bisschen zu laut war. Die mit der Gewürzallergie. Die mich mit ihrer Kleidung zum Lachen brachte. Mal zog sie eine schrecklich geschnittene grüne Hose mit einem futuristischen, silbern schillernden Shirt an, mal kombinierte sie gleich ein halbes Dutzend verschiedener Farben. Wenn ich ihr morgens in der Küche begegnete, war ich schlagartig wach.

Und die hübsche Imogen, die ihre lesbische Beziehung mit einer kurzhaarigen Brünetten für alle gut hörbar auslebte. Dass die Welt größer ist als der erzkonservative Bayerische Wald, wurde mir in diesen Wochen endgültig bewusst. Ich hätte mir von meinem Gehalt problemlos eine gute Wohnung in einem besseren Bezirk leisten können. Doch schon, als wir an meinem ersten Abend in der WG zusammensaßen, Karten spielten und über die Frage diskutierten, ob Deutschland oder England die hässlicheren Politiker hat, wurde mir klar, dass hier der richtige Ort für mich war.

Am nächsten Morgen saß ich um sieben Uhr an dem klapp-

rigen Holztisch in der Küche, dessen Duft so etwas wie das sorg-
fältige Protokoll der vergangenen Mahlzeiten war. Genauso wie
das schmutzige Geschirr, das sich in der Spüle stapelte. «Hier
pfeifen die Ratten nachts zu La Paloma», hatte Oliver schmun-
zelnd gesagt, als er mir die Küche, Problemzone jeder WG, zeigte. Ich hoffte, dass er übertrieb. Ich spülte flüchtig einen Teller,
nahm mir zwei Toasts aus dem klapprigen Regal und bestrich
sie mit Butter und dieser Marmelade mit bitterer Orange, die
wohl nur in England schmeckt – ich habe diese Kombination
fast jeden Morgen gegessen und sie immer dem englischen
Frühstück mit Bohnen, Würstchen und Eiern vorgezogen. Die
meisten britischen Fußballer stopfen sich damit noch eine
Stunde vor dem Spiel voll.

Plötzlich lebte ich mitten in einer der hektischsten Städte Europas. Nach dem Frühstück fuhr ich mit der überfüllten U-Bahn
unter noch überfüllteren Straßen zum Training und damit in
eine ungewöhnliche Welt. Der AFC Wimbledon pflegt einen
ähnlichen Stil wie in Deutschland der FC St. Pauli – ein wenig
ranzig, minimalistisch, den Verein umgibt immer ein Hauch von
Rockkonzert. Das Trainingsgelände bestand aus zwei Baracken
und fünf Fußballplätzen. Es herrschte eine ehrliche Arbeiter-
atmosphäre: wenig sprechen, dafür viel arbeiten auf dem vom
Regen aufgeweichten Rasen. Die Duschen und Umkleide waren
seit Tagen nicht geputzt worden, das erledigte der Verein nur,
wenn die Fliesen zu mehr als 50 Prozent mit Dreck bedeckt waren. Das Gelände war marode. Zum Training der «Crazy Gang»,
wie der Verein genannt wurde, kamen Fußball-Reporter und
fachsimpelnde Rentner; Life-Style-Redakteure und albern ki-
chernde Groupies waren unerwünscht. Die Spieler von Wimbledon galten als die Kampfschweine der Liga. Zu Recht.

Ein paar Spieler nickten mir zu, als mich der Trainer in der
Kabine vorstellte. Andere schauten erst gar nicht auf. In eng-
lischem Smalltalk war ich nicht geübt, aber darauf legte hier
auch keiner Wert. Konzentriert spulten die erste und zweite

Mannschaft gemeinsam ihre Übungen herunter, mittendrin ein Torwart aus Zwiesel. Ich verzichtete auf Sprüche und konzentrierte mich darauf, die Einheit möglichst fehlerfrei zu absolvieren. Die anderen Spieler verhielten sich, als sei ich seit Monaten Teil des Teams. Zumindest für ein paar Minuten.

Nach ein paar Übungen mit dem Ball pfiff der Trainer auf seiner Pfeife. Eine halbe Stunde Waldlauf durch den Roehampton Park, vorbei an spielenden Kindern und Rentnern. Ich hasse solche Läufe, gelangweilt trabte ich mit der Truppe. Drei Kilometer sind es bestimmt zurück, dachte ich. Und auch noch Regen. Plötzlich rief einer laut: «Now.» Jetzt. Ehe ich wusste, wie mir geschah, stürmten fünf Spieler auf mich zu – ich wurde Opfer des Begrüßungsrituals, das in Wimbledon bei allen neuen Spielern vollzogen wurde: Drei hielten mich fest, die anderen zogen mir lachend meine Kleidung aus. T-Shirt, Hose, Unterhose, selbst Schuhe und Socken. Splitterfasernackt stand ich mitten im Park. «Come on», rief einer, «keine Pausen machen.» Sie liefen weiter. Nach ein paar Minuten lief ich alleine, und immer noch nackt, hinterher. Ich gab mir alle Mühe, unbeeindruckt zu wirken. Wieder durch den Roehampton Park, wieder vorbei an spielenden Kindern und Rentnern. Erst jetzt war ich Teil der Mannschaft.

Die Spieler in Wimbledon tickten etwas anders. An diesem Tag war ich das Opfer, danach hatte ich erst einmal Ruhe – anders als die Apprentices, die «Auszubildenden». Junge talentierte Spieler, vielleicht 15 oder 16 Jahre alt, die hin und wieder mittrainieren durften und sich dafür in der Hierarchie täglich ganz unten einreihten. Sie trugen die Bälle, servierten in der Kabine vor und nach dem Training Tee und konnten sich auch nicht wehren, wenn wir wieder einmal ihre Schuhe versteckten. Doch keiner war vor Streichen sicher, auch die etablierten Spieler nicht. Unserem Stürmer Mick Harford stopften wir einen toten Fisch in den Kotflügel. Die Lüftung funktionierte hervorragend, sein Audi stank noch Wochen später bestialisch. Dean

Holdsworth, ein anderer Stürmer, hatte sich einen neuen Range Rover gekauft, mit schwarzem Speziallack. Er fuhr im Schritttempo auf den verschlammten, sandigen Parkplatz, um sein Fahrzeug ja nicht zu beschmutzen. Während der stolze Autobesitzer duschte, nahm ihm ein Mittelfeldspieler den Schlüssel aus der Hosentasche und fuhr drei Runden mit dem Rover wild über den Parkplatz. Das 90 000-Pfund-Auto sah danach wie ein Jeep am Ende der Rallye Paris–Dakar aus, der schwarze Lack war über und über mit Schlamm bedeckt. Holdsworth parkte fortan vor dem Trainingsgelände.

Die Spieler in Wimbledon mögen durchgeknallter gewesen sein als die anderer Vereine, und dennoch: Arm waren sie alle nicht. Die Premier League hatte die italienische Seria A gerade als Liga mit den weltweit höchsten Gehältern abgelöst. Britische Profis hatten schon vorher eine ziemlich geradlinige Anlagestrategie entwickelt – teure Autos und edle Klamotten waren Pflicht, der Fuhrpark vor den Baracken auch in Wimbledon beeindruckend. In den folgenden Wochen passte ich mich in dieser Hinsicht an, kaufte mir einen Audi A 6 und Jeans für 300 Pfund. Sobald ich aber gegen 15 Uhr nach Hause kam, war es, als würde ich wie meine Mitbewohner von der Uni kommen. Abends spielten wir im Park Fußball gegen eine Gruppe von Indern, das Feld an Stellen abgesteckt, wo möglichst wenige Hunde ihr Geschäft verrichtet hatten. Ich war nicht anders drauf als die anderen, nur dass ich Unmengen für Klamotten ausgab, abends beim Videoschauen keinen Alkohol trank und bei Besuchen im Kasino schon einmal 1000 Pfund einsetzte – und nicht maximal 50.

Während meine Mitbewohner in ihren Vorlesungen saßen, trainierte ich hart, manchmal zu hart – nicht zuletzt, weil sich in England die Auswirkungen einer 1992 eingeführten Regel besonders stark auswirkten. Die FIFA hatte bestimmt, dass Torhüter Rückpässe vom eigenen Mitspieler nicht mehr mit der Hand aufnehmen durften – für mich ergab sich damit ein völlig neues

Berufsbild. Ich wurde plötzlich zum elften Feldspieler, was die Trainer besonders in England wie selbstverständlich forderten. Die Torhüter fingen traditionell viele Bälle auch außerhalb des Strafraums ab. Stundenlang übte ich das Stoppen von Bällen, die mir mein Torwarttrainer zuwarf, dazu kamen Hunderte Abschläge in den Londoner Herbstnebel.

Nebel, überall Nebel. Er verlieh den Spielen der englischen Reserverunde eine mystische Düsterkeit, jene stillen Spiele vor manchmal 300, manchmal 500 Zuschauern in riesigen, einsamen Arenen. Ein paar Rufe hallten durch das weite Rund, es war meist trostlos. Wir wussten nie, was die Spiele bringen würden. Mal traten wir gegen Manchester United an und spielten gegen David Beckham und vier andere Weltklasse-Spieler, die nach Verletzungen Spielpraxis brauchten und uns keine Chance ließen. Mal bestand das gegnerische Team überwiegend aus Apprentices, nicht viel mehr als eine Reservemannschaft. Meistens spielten wir montagabends. Wer denkt da an Fußball? Ein paar Journalisten waren immer da, manchmal verirrte sich auch ein lokaler Fernsehsender. Ich mag ehrlichen, bodenständigen Fußball, auf Dauer waren mir diese Reservespiele aber dann doch zu bodenständig. Ich setzte alles daran, in die erste Mannschaft zu kommen.

Doch nach ein paar Monaten kristallisierte sich heraus, dass ich bei Wimbledon den Durchbruch nicht mehr schaffen würde. Die Ermittlungen gegen Stammtorwart Hans Segers wegen Spielmanipulation zogen sich immer noch hin, aber das beeinflusste seine Leistung keineswegs negativ. Er hielt stark. Auch der zweite Torwart Paul Heald war in guter Form und mit einem langfristigen Vertrag ausgestattet. Nun stieg auch noch der langzeitverletzte dritte Torwart Neil Sullivan nach seinem Beinbruch wieder ins Mannschaftstraining ein.

Mir war klar, dass ich bald in den Verschiebebahnhof des englischen Profifußballs geraten würde. Das System war damals extrem: Dutzende Fußballer dienten als Lückenfüller, als moderne, hochbezahlte Nomaden, die immer weiterzogen, je nachdem, wo ihre Dienste gerade gebraucht wurden. Sieb Dijkstra, ein riesiger holländischer Torwart von West Ham United, spielte binnen einer Saison bei acht Vereinen. Wenn sich ein Torwart irgendwo verletzt hatte, war er sofort da. Bei West Ham standen zwei Männer vor ihm, und so verschob der Verein seinen dritten Mann zu Clubs im In- und Ausland, um ihm Spielpraxis zu verschaffen und Gehalt zu sparen. Spieler müssen darauf nicht eingehen, aber wer sich sträubt, hat bei der nächsten Vertragsverhandlung Probleme. Auch mein Vertrag lief über ein Jahr, war aber monatlich problemlos kündbar und damit sogar noch einer der sozial verträglicheren Art. Mitspieler von mir hatten Wochenverträge, die von Samstag bis Freitag liefen und sich automatisch verlängerten – wenn der Verein nicht von jetzt auf gleich ohne den Spieler planen wollte. Das amerikanische System des «Hire and fire», des unbürokratischen Einstellens und Kündigens, war nie so ausgeprägt wie im englischen Fußball der neunziger Jahre. In den folgenden Monaten realisierte ich, dass ich darin eines der kleinsten Zahnräder war.

ZWISCHEN
VUVUZELA-TROMPETEN

Einen Tag vor Heiligabend 1995 hörte ich den Satz, der mich endgültig zum bezahlten Notnagel des englischen Fußballs machte. Teammanager Joe Kinnear rief mich in sein enges Büro, das aus einem Schreibtisch, zwei Stühlen und einem zehn Tonnen schweren Berg Papier bestand. Er kam gleich auf den Punkt. «Es kann sein, dass wir einen neuen Verein für dich haben», knurrte Joe, der eigentlich immer etwas motzig klang, wenn er etwas sagte. «Aber das klären wir, wenn du wieder in London bist.» Mit einer Mischung aus Sorge und neuer Hoffnung auf einen Stammplatz irgendwo in England flog ich über die Weihnachtsfeiertage nach Deutschland.

Ich freute mich auf ein paar ruhige Tage mit meiner Familie, aber schon am 25. Dezember klingelte das Telefon. Während ich in unserem Esszimmer auf der Sitzecke aus Kiefernholz saß, nahm meine Mutter den Hörer ab und reichte ihn hektisch an mich weiter. So wie immer, wenn sie eine englische Stimme hörte und kein Wort verstand. «Hallo, Lutz, hier spricht Joe Kinnear», hörte ich Wimbledons Teammanager sagen. «Schöne Weihnachten gehabt?», fragte er und verzichtete fortan auf Höflichkeitsfloskeln: «Lutz, du spielst ab sofort bei Nottingham Forest, die haben einen verletzten Torhüter, und wir wollen dich dorthin geben. Pack deine Sachen, du musst sofort los. Sie werden dich gleich anrufen.» Für mich sei das nur gut, sagte Kinnear noch.

Der Verein werde deutlich mehr bezahlen und mir bessere Perspektiven für den Sprung in die Premier League bieten. Ich aß noch meine Rouladen zu Ende, rief beim Reisebüro an, um den Rückflug nach vorne zu verlegen, und packte meine Sachen.

Ich kannte meine neue Konkurrenz. Nottinghams Stammtorwart Mark Crossley war ein talentierter Mann, aber nicht ganz austrainiert. Die Nummer zwei hieß Tommy Wright, hatte einmal das Tor Nordirlands gehütet, nun aber seit Jahren chronische Kniebeschwerden – diese waren auch der Grund für meine Verpflichtung: Er fiel wieder einmal für unbestimmte Zeit aus. Da kann ich mich durchsetzen, dachte ich. Nachdem mich der Teammanager von Nottingham angerufen hatte, fiel mir der Wechsel noch leichter. Wie Kinnear angedeutet hatte, bot er das Dreifache meines bisherigen Gehalts. Eine Wahl hatte ich ohnehin nicht – wer sich nicht dem System des englischen Fußballs beugt, den spuckt es schnell wieder aus.

Bei strahlendem Sonnenschein und eisiger Kälte fuhr ich zwei Tage später von London aus auf der M1 in Richtung Nottingham. Die Stadt 200 Kilometer nördlich von London ist wahrscheinlich die kreativste Erfinderstadt der Insel. Ein Mann namens James Hargraves erfand hier im achtzehnten Jahrhundert die Spinning Jenny, eine Spinnmaschine, die als Meilenstein der industriellen Revolution gilt. Oder der Geistliche William Lee – er war 1589 für die erste Strickmaschine der Welt verantwortlich. Die Liste ist ewig lang: Anfang des zwanzigsten Jahrhunderts legte ein Nottinghamer Bürger dem Kriegsministerium Pläne für die ersten Panzer vor, was dort allerdings als «zu verrückte Idee» verworfen wurde – erst 1915 gingen die Maschinen in die Produktion.

Kein Wunder, dass auch der Verein alles gab, den Fußballsport zu revolutionieren. Samuel Widdowson, ein offenbar zartbesaiteter Spieler der ersten Vereinsjahre im neunzehnten Jahrhundert, hatte irgendwann genug von den Tritten gegen seine Schienbeine. Er schnitt sich die Teile einer Kricket-

Schutzkleidung so zurecht, dass er sie auch beim Fußballspiel tragen konnte – 100 Jahre bevor die FIFA Schienbeinschoner zur Pflichtkleidung für Fußballprofis erklärte. Der Mann war ein Genie, ein viel zu wenig gewürdigter Pionier – er hatte die Idee für die Schiedsrichterpfeife, Tornetze und wollte einige Jahre später bei Nottingham auch Flutlicht einsetzen: ein Plan, der Ende des neunzehnten Jahrhunderts noch an Sicherheitsbedenken scheiterte. Widdowson, so erzählten sich die Leute, war ein Rastloser voller verrückter Ideen. Ein früher Pfannenstiel sozusagen, ein Bruder im Geiste.

Widdowson war damals der absolut bestimmende Mann im Verein, nach seinen Erfindungen und der aktiven Karriere machten ihn die Mitglieder zu ihrem Vorsitzenden. Gut 100 Jahre später hieß der bestimmende Mann dann leider Frank Clark, und der war nun wirklich kein Seelenverwandter von mir, dieser Typ mit hochrotem Gesicht, schmalem Schnauzbart und meist schlechtsitzenden Anzügen. In Nottingham war Clark eine Legende, seitdem er dort als Linksverteidiger 1979 und 1980 gleich zweimal den Europapokal der Landesmeister gewonnen hatte. Doch so benahm er sich auch 15 Jahre später noch, als eher mäßiger Trainer des Vereins. Der Posten war seine große Chance, und er wollte sie mit einer Mischung aus Disziplin und Tyrannei um jeden Preis nutzen, nachdem er in den Jahren zuvor nur in der dritten und vierten Liga gearbeitet hatte. Spätestens nach dem Aufstieg in die Premier League 1994 hielt er sich für einen Auserwählten. Mit regungsloser Miene empfing er mich zu meinem ersten Training, schüttelte mir nicht die Hand. «Du hast keine Chance», sagte er, «und die musst du nutzen.» Es war wohl seine Art der Motivation.

Betont lässig ging ich mit meinen neuen Mitspielern auf den Trainingsplatz. Nottingham hatte damals deutlich mehr Geld als Wimbledon. Das 1898 gebaute Stadion war so oft aufwendig renoviert worden, dass es eines der modernsten der Liga war. Die Geschäftsstelle und das Trainingsgelände waren hochmodern,

Hunderte Fans tummelten sich hier bei jeder Trainingseinheit – nicht wenige davon waren junge Mädchen, die sich eine Affäre mit einem der Spieler erhofften.

In meinen ersten Trainingseinheiten verhielt ich mich wie meist in den Anfangstagen bei neuen Vereinen – offensiv. Gleich in den ersten Tagen entscheidet sich, wo sich neue Spieler in der Hierarchie einer Mannschaft eingliedern, wer sich da zurückhält, kann schnell zum Schuhabtreter werden. Also dirigierte ich im Trainingsspiel meine Verteidiger besonders lautstark von meinem Tor aus, auch wenn es Nationalspieler wie Stuart Pierce waren. Ich konterte Sprüche aggressiv und sprang bei Flanken ohne Rücksicht auf die eigene oder fremde Gesundheit in das Getümmel aus Verteidigern und Stürmern.

Nach dem Training nickte mir Trainer Clark kaum merklich, aber anerkennend zu. Härte ist für Torhüter in England eine der wichtigsten Eigenschaften. Die Liga ist nicht nur spielerisch die beste überhaupt, sie ist für Torwarte besonders schwierig. Fast in allen Ligen ist der Fünfmeterraum für ihn eine geschützte Zone, er darf dort nicht bedrängt werden. In England bewerten Schiedsrichter den Schlussmann dagegen wie einen Feldspieler und lassen Strafraumszenen fast immer laufen. Es vergeht kaum eine Flanke ohne versteckte Fouls der Stürmer gegen den Torwart – auch im Fünfmeterraum.

Doch schon in meinem zweiten Spiel erwischte ich einen rabenschwarzen Tag. Wir spielten gegen Barnsley, und es passte nichts, wirklich gar nichts. Meine Abschläge kamen nicht so präzise wie gewohnt, ich strahlte wenig Sicherheit aus und kassierte auch noch ein Eigentor und einen Treffer, der abgefälscht wurde – 1:4 stand es am Ende. Clark hatte sich das Spiel angeschaut. Er würdigte mich keines Blickes. Doch die Haare seines Schnurrbartes vibrierten, und das taten sie nur, wenn er wütend war. Die folgenden Monate war ich fest im Team – im Reserveteam. Ich trainierte zwei Stunden zusätzlich. Jeden Tag.

Frustriert lag ich auf der Massagebank, bei einem Abschlag

hatte ich mir den Oberschenkel gezerrt. Der Weg in die erste Elf schien nun noch beschwerlicher zu werden. Der Physiotherapeut massierte mein Bein, während meine Augen gen Decke starrten, so wie immer, wenn ich nachdenken musste. «Das ist ein Fall für Tunesien», sagte er plötzlich beiläufig und riss mich schlagartig aus meinen trüben Gedanken. «Du fliegst am besten am Donnerstag mit.» Der Verein schickte im Winter seine Spieler in den Süden, wo – da stimmten die Spieler den Medizinern eilig zu – die Reha-Übungen deutlich schneller Erfolg zeigten als im kalten Norden Englands. Also humpelte ich zwei Tage später mit vier anderen Verletzten, die so gar nicht niedergeschlagen wirkten, eine Flugzeugtreppe hoch. Die Regeneration machte in dem edlen Fünfsternehotel tatsächlich mehr Spaß als in Nottingham, und obendrein lernte ich hier auch noch Hetty kennen, eine grazile Afro-Engländerin. Sie kam ebenfalls aus London. Wir redeten und redeten, und am Ende der Woche war ich nicht nur gesund, sondern auch hochgradig verliebt.

Mit einem Mal kam mir mein Dasein in der Reserverunde wieder lebenswert vor. Hetty war großartig, sie arbeitete als Fernsehjournalistin für Reisekanäle und VH1, einen Musiksender. Sie nahm mich mit zu Preisverleihungen, plötzlich alberte ich mit den Spice Girls rum oder drohte Mark Owen von Take That Prügel an, weil er Hetty einen Moment zu lang angesehen hatte. Ich hatte vorher so etwas nicht für möglich gehalten, aber mit dieser Frau habe ich noch mehr gelacht als in meiner geliebten WG. Es dauerte nicht lange, da bezog ich mit Hetty ein Apartment in Edmonton im Norden Londons.

Edmonton ist so heterogen wie die ganze Stadt. Zwei Kilometer von unserer Wohnung entfernt passierten so viele Verbrechen, dass nur wenige nachts um die Häuser zogen. Zwei Kilometer in die andere Richtung wiederum waren die Mieten so hoch, dass selbst wir uns trotz zweier überdurchschnittlich hoher Einkommen eine Wohnung dort kaum hätten leisten können.

Unser Apartment war irgendetwas dazwischen, schick, aber auch keine Idylle, wie wir bald feststellen sollten. Wir wohnten im Erdgeschoss, unter Steve, einem muskulösen Kerl Anfang dreißig. Er war so kräftig, dass es aussah, als habe er keinen Hals. Wir trafen Steve ab und zu, wenn wir ins «Local» gegenüber gingen, wie die Engländer die nächstgelegene Kneipe in ihrer Straße nennen.

Als Hetty und ich an einem kalten Wintertag um halb acht in der Früh die Wohnung verließen, blieb ich auf dem Bürgersteig stehen: Jemand hatte mit Kreide die Umrisse eines Menschen auf den Asphalt gemalt. «Schau mal», grinste ich und legte mich in die Umrisse, «wir sind mitten im Krimi.» «Idiot», lachte Hetty und stieg in ihr Auto.

Als ich am Nachmittag vom Training zurückkam, stockte ich, als ich in den Flur trat. An der Wand, auf dem Boden, überall waren Blutspuren. Hetty empfing mich schon an der Tür, blass. «Come in, come in», flüsterte sie und sperrte die Tür hinter mir zu. Längst hatten sich im Haus die Ereignisse der vorangegangenen Nacht rumgesprochen. Steve hatte im Pub einen Saufkumpan kennengelernt. Gegen 22 Uhr 45 läutete John, der Wirt, eine Glocke und rief «Last order», so wie er das jeden Abend tat. Um elf Uhr war damals in allen englischen Kneipen Sperrstunde, ein Relikt aus dem Ersten Weltkrieg, als die Regierung verhindern wollte, dass sich Rüstungsarbeiter bis tief in die Nacht betranken und am folgenden Morgen unkonzentriert in der Fabrik an Waffen hantierten. Dieses Gesetz wurde in England auch 80 Jahre später, in Friedenszeiten, streng kontrolliert. Wer nach 23 Uhr noch Gäste hatte, riskierte hohe Strafen. Kneipengäste wie Steve und sein fremder Begleiter hatten sich mit extrem hoher Trinkfrequenz auf das Gesetz eingestellt.

Was dann passierte, konnten wir tags darauf ausführlich in der Zeitung lesen: Nachdem die Kneipe geschlossen hatte, gingen die beiden in Steves Wohnung, um noch ein paar Bier zu trinken. Dort zog der Fremde plötzlich ein Messer, in London passierten damals immer wieder Raubmorde. Doch Steve konnte den Angriff mit seinem Unterarm abwehren, entwendete dem Dieb die Waffe und stieß selbst dreimal zu. Verwundet schleppte sich der Fremde durch das Treppenhaus und brach schließlich auf der Straße zusammen. Als die Polizei kam, war er bereits tot.

Steve saß eine Woche lang in Untersuchungshaft. Als seine Unschuld letztlich bewiesen war und er in seine Wohnung zurückkehrte, hatte ich trotzdem panische Angst vor ihm – halb gespielt, aber ein ganz klein wenig doch real. Steve nahm weiterhin ab und zu Post für uns an, so wie er es schon vor dem Verbrechen gemacht hatte. Doch wenn er nun bei uns klingelte und ich ihn durch das Guckloch sah, lief ich nach hinten ins Schlafzimmer. «It's Steve, it's Steve», flüsterte ich Hetty zu, während ich an ihr vorbeihastete. Sie hatte sich an meine Späße längst gewöhnt, konnte aber dennoch vor Lachen kaum die Tür öffnen. Steve hat mich nie mehr gesehen. Wenn er vor unserer Wohnung stand, habe ich mich wahlweise im Kleiderschrank oder unter dem Bett versteckt.

Trotz der 200 Kilometer Entfernung zwischen London und Nottingham hielt die Beziehung mit Hetty. Fast jeden Tag fuhr ich die 90 Minuten über die M1 nach London, auch wenn mich das teuer zu stehen kam. Craig Armstrong aus der ersten Mannschaft hatte mir versichert, dass ein festinstallierter Blitzer an einer verengten Stelle der Autobahn seit Jahren außer Betrieb sei. Sorgenfrei fuhr ich fortan an dem Blitzer vorbei, ohne abzubremsen. Grund für Misstrauen gegenüber der Information meines Mitspielers gab es keinen, monatelang erreichte mich kein Strafzettel. Der Wagen war bei einer Firma angemeldet, die ihn an den Verein vermietet hatte. Bis die Knöllchen schließlich bei mir ankamen, dauerte es wochenlang. Dann aber kamen sie, in einem Karton gesammelt. Auf einen Schlag musste ich 49 Verwarnungen zahlen. 900 Pfund kostete mich der Spaß, an denen sich der schlechtinformierte

Armstrong letztlich sogar beteiligte. Er hatte wirklich nicht gewusst, dass der Blitzer geladen war.

Ganz nebenbei zog ich mir aber mit meiner Pendelei den zusätzlichen Zorn von Clark, dem jähzornigen Trainer, zu. Ihm passte es nicht, wenn seine Spieler ihre Freizeit nicht ausschließlich der Regeneration widmeten, sondern auf der Autobahn verbrachten. Er wusste aus seiner früheren Zeit als Spieler, was so mancher englische Profifußballer unter Regeneration verstand. Ein Beispiel dafür erlebte ich einmal mit, als sich die gesamte Mannschaft nach einem Heimspiel im Haus eines unserer Stürmer zu einer riesigen Party traf. Selten wohl haben 60 Menschen eine derartig gewaltige Menge an Bier vernichtet. Ich stand in der Küche und unterhielt mich mit zwei anderen Gästen über die Favoriten bei der Europameisterschaft 1996, die bald in England stattfinden würde. Da griff mich plötzlich ein Mitspieler am Arm und zog mich grinsend Richtung Badezimmer. Als er die Tür öffnete, sah ich rund 15 Männer, darunter viele meiner Mitspieler. Im Kreis standen sie um eine frei stehende Badewanne herum, mit heruntergelassenen Hosen. Als ich näher trat, sah ich, dass eine nackte Frau darin lag – über ihr masturbierten die Männer. «What the fuck is going on here?», fragte ich meinen Mitspieler. Ich ging angewidert zurück in die Küche. Mein Liebesleben war deutlich spießiger, aber ich war glücklich mit Hetty. Auch wenn sie sich so langsam bewusst wurde, dass sie wohl mit dem größten Chaoten der Insel liiert war.

An einem kühlen Herbsttag spielten wir am Abend in London gegen die Reserveelf des FC Chelsea. Ich durfte anschließend über Nacht in London bleiben und musste nicht mit dem Team zurück nach Nottingham. Gegen sieben Uhr abends kam ich zu unserer Wohnung. Schnell fingen Hetty und ich an zu streiten, wegen nichts, wahrscheinlich, weil ich einmal mehr nicht richtig zugehört hatte. Es war oft das Gleiche bei solchen Konflikten, irgendwann ging ich einfach, das hat sich bis heute nicht geändert. «Ich habe die Schnauze voll», rief ich, sprang vom Sofa auf und stand schon in der Tür. «Ich fahre zu Johan.» Den holländischen Ex-Profi hatte ich über Freunde aus meiner alten Wohngemeinschaft kennengelernt, er arbeitete inzwischen als Croupier in einem Kasino. Die Tür schlug zu, und ich war viel zu stolz, wegen Jacke, Schlüssel und Portemonnaie zurückzugehen, die noch immer in der Wohnung lagen.

Johan war in solchen Situationen mein Rettungsanker. Er wohnte in einer WG, die immer mal wieder gestrandete Beziehungsopfer aufnahm, die zu Hause rausgeflogen oder geflüchtet waren. Genervt stieg ich in die U-Bahn – wie immer ohne Ticket. Ich brauchte keines. An den großen Stationen Londons waren Schranken platziert, die man nur mit Fahrschein passieren konnte. An der Edmonton Station hatte man einfach darauf verzichtet, und mehr Kontrolle gab es in London damals nicht. Als ich vor Johans Tür ankam, öffnete niemand. Ich lief zu Olivers WG, wo ich noch ein paar Monate zuvor gewohnt hatte. Niemand da. Langsam merkte ich, wie kalt es war. Das Thermometer zeigte keine zehn Grad, und ich verfluchte mich dafür, dass ich im Zorn meine Jacke in der Wohnung zurückgelassen hatte.

Frieren ist schmerzhafter als verletzter Stolz. Zitternd rief ich Hetty an. Doch sie nahm nicht ab, wie immer nach Streitereien. Ich war gerade dabei, die Nummer anderer Freunde anzuwählen, als der Akku meines Handys den Geist aufgab. Mit der U-Bahn fuhr ich zurück zur Wohnung. Doch der katastrophale Abend war noch nicht vorbei: Hetty war nicht da, und mein Schlüssel lag noch immer ordentlich in der Wohnung auf einem Schrank neben der Tür. Also zurück zu Johans Haus – auch das war noch immer wie ausgestorben. Ich analysierte meine Situation: Es war inzwischen kurz vor elf Uhr, und ich stand auf dem finsteren Bürgersteig, mit zwei Pfund in Münzen, aber ohne Ausweis und funktionierendes Handy. Frustriert und übermüdet ging ich im benachbarten Queenspark spazieren, einem damals ziemlich vermoderten Park im Nordwesten Londons. Um elf

Uhr patrouillierten hier die Wächter. Als ich von weitem ihre Lampen sah, versteckte ich mich hinter Büschen. Als die Männer den Park verlassen hatten, legte ich mich auf eine Bank und deckte mich mit Zeitungspapier zu, das ich in einem Mülleimer gefunden hatte. Täglich möchte ich das nicht machen, aber es hält wärmer, als man denkt. Es dauerte keine zwei Minuten, und ich war fest eingeschlafen.

Wahrscheinlich hätten mich erst die Sonnenstrahlen des Morgens geweckt, wenn ich nicht mitten in der Nacht einen leichten Druck an der Brust gespürt hätte. Mühsam öffnete ich meine Augen einen Spalt und sah einen dunklen Schatten über mir. Ruckartig richtete ich mich auf. Der uralte Penner, der mich abgetastet hatte, schreckte zurück. Er krächzte: «Sorry, sorry, hast du keine Zigarette?» Ich schrie ihn an: «Hau ab, du Penner.» Er lachte. «Ja, was bist du denn?» Ich war sprachlos – das passiert mir nicht oft. Nachdem der Alte davongeschlichen war, lief ich los, kletterte über den Zaun des Parks und rannte zu Johans Wohnung. Seine irische Mitbewohnerin öffnete die Tür und bot mir ein Sofa an. Bevor ich mich hinlegte, sprach ich Hetty vom Telefon des Hauses bitterböse Nachrichten auf die Mailbox: «Was bist du nur für ein Mensch», jammerte ich, «wegen dir habe ich im Queenspark geschlafen.»

Hetty meldete sich auch am Sonntagmorgen nicht. Geplättet gammelte ich auf dem Sofa der WG rum und schaute fern – unrasiert und stinkend wie einer, der eben die Nacht im Queenspark verbracht hatte. Erst um elf Uhr abends läutete es an der Tür, und Hetty betrat das Wohnzimmer. Schick gekleidet war sie und hatte ein teures Parfüm aufgetragen. «Okay, fahren wir nach Hause?», fragte sie, als ob nichts geschehen wäre. Sie lächelte freundlich. Ich hatte eine Fortsetzung der Schreierei vom Vorabend erwartet. Schweigend stiegen wir ein, sie schaltete das Radio ein. Stumm fuhren wir durch den dichten Verkehr und hörten dem Gesäusel von Peter Andres «Mysterious Girl» zu. An einer roten Ampel fing Hetty plötzlich an zu lachen. Ich schaute sie wütend an, doch sie lachte nur noch lauter. Es war ansteckend, sehr sogar. Wir lachten während der gesamten Rückfahrt.

Beruflich entwickelte ich mich zu so etwas wie einem Top-Notnagel der Liga – in der Reserverunde hielt ich stark, den Sprung in die Premier League verbauten mir aber zwei stärkere Keeper. Clark bestellte mich in sein Büro: «Wir haben im Moment keine Verwendung für dich», sagte er gewohnt einsilbig. «Wir wollen, dass du für ein paar Wochen zu Watford gehst. In zwei Tagen geht es los.» Der Torwart der kleinen Stadt nahe London hatte sich verletzt und brauchte einen Ersatzmann. Nottingham konnte auf mich verzichten, alle anderen Torhüter waren fit.

Spieler wie ich waren wie ein mobiles Ersatzteillager für Profimannschaften, der plötzliche Wechsel war der normale Lauf der Dinge. Das Gehalt wird in England bei Kurzzeit-Verträgen auf die Woche genau berechnet, ab Mittwoch würde also Watford für mich zahlen, wo der Torwart nach einem Zweikampf eine Schwellung im Knie hatte. Keiner wusste, ob er nur eine Bänderdehnung hatte und lediglich fünf Tage ausfallen oder mit einem Kreuzbandriss ein halbes Jahr fehlen würde – mein Engagement war also von dem Knie eines 25-jährigen Engländers abhängig. Ich suchte auf der Karte die 50 Kilometer lange Strecke von unserer Londoner Wohnung nach Watford heraus und steuerte fortan täglich den Ort in der Grafschaft Hertfordshire an. Für exakt zwei Wochen. Der Torwart in Watford erholte sich, und ich kehrte nach Nottingham zurück.

Ich war ein allzeit bereiter Leiharbeiter. Ein paar Wochen verbrachte ich in der belgischen Provinz beim Erstligisten VV St. Truiden. Gerade als ich dachte, demnächst als Weihnachtsmann gebucht zu werden, weitete der Verein mein Einsatzgebiet aus – ein Spieleragent suchte einen Ersatztorwart für die Orlando Pirates aus Johanesburg, dem größten Verein Südafrikas. William Okbara, ihr nigerianischer Stammtorwart, hatte sich wenige Tage zuvor einen Bänderriss zugezogen und würde mindestens sechs Wochen ausfallen.

Südafrika war damals, 1996, eine der jüngsten Demokratien der Welt – und der Fußball erholte sich rasant von seiner internationalen Abstinenz. Das Land war während der Rassentrennung des Apartheid-Regimes von fast allen internationalen Sportwettkämpfen verbannt worden. Nun überraschten seine besten Fußballer beim Africa Cup 1996 mit dem sensationellen Turniersieg.

Die Pirates brachten mich in einem Hotel in Hillbrow unter, mitten in der Innenstadt von Johannesburg. In den siebziger Jahren galt dieser Teil der Metropole als einer der edelsten, viele große Firmen hatten hier ihre Zentrale. Doch die Infrastruktur hatte mit dem rasanten Bevölkerungswachstum der letzten Jahre nicht Schritt halten können. Die Gegend zählte inzwischen zu den gefährlichsten der Welt, bestimmt von Kriminalität, Prostitution und illegalen Einwanderern. Die Hochhäuser, in denen früher internationale Banken logierten, standen leer. Die perfekte Unterkunft für neue Spieler, muss sich der Verein gedacht haben.

Johan, mein Kumpel aus London, begleitete mich nach Südafrika. Wir hatten eine ziemlich sorgenfreie Zeit in England gehabt. Nun saßen wir nervös auf der Rückbank, während der Fahrer die Limousine durch eine endlose Kolonne von Kleinbussen steuerte. Diese Busse sind noch heute das wichtigste Transportmittel beim Gastgeber der WM 2010, sie halten alles in Bewegung. Unser Hotel, das Holiday Inn, gehörte zu den letzten eines großen internationalen Konzerns, das nicht in den ruhigeren Norden der Stadt gezogen war. Aus den Augenwinkeln sah ich, dass unser Fahrer nervös zu werden begann. An einer Ampel drehte er sich zu uns um: «Verlassen Sie nach Sonnenuntergang auf keinen Fall das Hotel», sagte er eindringlich. Der Fahrer schwieg kurz. «Und davor am besten auch nicht.» Langsam lenkte er uns durch die engverbaute Innenstadt. Auf der Straße mischten sich Autos mit Menschen, alles drängte gleichzeitig nach vorne. Wege der Enge. Ich spürte die Spannung regelrecht in der Luft. Inzwischen gehört Johannesburg zu den Städten, die weltweit am meisten in die Videoüberwachung der Innenstadt investiert haben. Die Zustände, auch in Hillbrow, haben sich deutlich verbessert. Als wir aber damals das Hotel betraten, kam es uns vor wie der Gang in ein goldenes Gefängnis.

Am nächsten Morgen holte uns ein großer Jeep ab und brachte uns zur Geschäftsstelle des Vereins. Heute haben die Pirates ihre Räume in einer edlen Parkanlage in Parktown, einer der besten Gegenden der Stadt. Sie sind der populärste Verein des Kontinents, und allein Merchandising-Verkäufe sorgen für riesige Erlöse. Doch damals, vor der Kommerzialisierung des südafrikanischen Fußballs, waren die Wurzeln des Vereins auch in der Geschäftsstelle zu spüren. Südafrikas ältester Verein war in den dreißiger Jahren von Arbeitern in den Goldminen gegründet worden, seine Fans kommen aus den armen Vierteln der Stadt. Die Büroräume waren im vierten Stock eines heruntergekommenen Hochhauses untergebracht, nur zehn Minuten von unserem Hotel entfernt, vor der Tür zu Schaden gefahrene Autos, verbeult und klapprig.

Manager Lawrence Gubane begrüßte mich lachend. «Willkommen, mein Freund. Du wirst eine gute Zeit haben. Lass es mich wissen, wenn du etwas brauchst.» Wie die meisten Spieler und Mitarbeiter der Pirates entstammte er der größten ethnischen Gruppe Südafrikas, den Zulus. Er erzählte mir von der Geschichte des Vereins, von der beinahe religiösen Verehrung der Spieler durch die Fans. Und von der Kraft, die der Fußball in den siebziger Jahren hatte. Damals gab es mehrere Ligen. Die Schwarzen spielten gegen Schwarze, die Weißen gegen Weiße, Gemischtfarbige gegen Gemischtfarbige. «Wir haben diese Grenzen überschritten, mehr als jeder andere Sport», erzählte Gubane. «Die weiße Mannschaft der Wits-Universität hat schwarze Spieler aufgenommen. Sie bekamen Probleme und trennten sich in den siebziger Jahren von der weißen Liga und spielten bei uns mit.» Vieles, was sich in Südafrika derzeit zum Positiven verändere, habe der Fußball mit eingeleitet. «Sieh die Pirates nicht nur als Verein», sagte er. «Sie sind mehr.»

Nach einer halben Stunde holte uns ein Minibus zum Training ab. Wir zwängten uns auf die zweite Rückbank ganz hinten, neben dem Fahrer saßen bereits zwei Spieler, auf der ersten Rückbank drängten sich drei. Am Rückspiegel baumelte ein Jesuskreuz, und angesichts der rasanten Fahrt betete ich tatsächlich um göttlichen Beistand. Zehn Minuten heizten wir an Wellblechhütten und kleinen improvisierten Bolzplätzen mit fußballspielenden Kindern vorbei zu dem Gelände einer Universität – unserem Trainingsgelände.

Der Verein hatte gerade Viktor Bondarenko aus Russland verpflichtet. Er war der erste Trainer der südafrikanischen Geschichte, der seine Übungseinheiten nur mit Hilfe eines Dolmetschers leiten konnte, weil er kaum ein Wort Englisch sprach. Bondarenko war ein freundlicher Mann, aber er ließ uns so hart trainieren, wie auch ich es selten erlebt habe. Der Rasen war in Ordnung, obwohl es seit Wochen nicht geregnet hatte. Duschen gab es jedoch keine. Verschwitzt zwängten wir uns wieder in den Minibus, die Fenster weit geöffnet, um den Gestank ertragen zu können.

Die Pirates hatten Johan und mich in ein Doppelzimmer eingebucht. Gelangweilt legten wir uns nach der ersten Trainingseinheit auf die beiden Betten und starrten auf den Fernseher. Bilder von Überschwemmungen in Kapstadt, Ausschnitte einer Parlamentsdebatte. Die sechs Wochen, schoss es mir durch den Kopf, werden sich wie sechs Jahre anfühlen. Ich döste ein wenig, ließ mir vom Zimmerservice ein paar Sandwiches bringen, starrte wieder auf den Fernseher. Am späten Nachmittag hielt ich es nicht mehr aus. Einer der Spieler hatte mir nach dem Training vom «Golden Dragon» erzählt, einem riesigen Kasino. «Was soll's, wir gehen da jetzt hin», sagte ich zu Johan. «Wohin?», fragte er, ohne den Blick vom Bildschirm zu lösen. «Zocken», erwiderte ich und suchte bereits in meinem Koffer nach einem ordentlichen Hemd. Als ich den obersten Knopf zugeknöpft hatte, richtete sich auch Johan auf. «Warte fünf Minuten, ich komme mit.»

Gäbe es keine Profifußballer, wäre der weltweite Umsatz von Kasinos vermutlich um einiges geringer. Ich habe bei 24 Vereinen in zwölf Ländern auf sechs Kontinenten gespielt – es gab keinen, bei dem die Spieler nicht regelmäßig in Kasinos gegangen wären. Vielleicht gibt es nur noch eine Berufsgruppe, die ähnliche Bedeutung für diese Branche hat, und das sind Musiker. In Neuseeland begann ich einmal eine kleine Frotzelei mit zwei jungen Typen wegen deren heruntergekommener Kleidung und ihren schwachen Spielergebnissen. Erst nachdem wir fünf Stunden durchgelacht hatten, erzählte mir ein Freund, dass das die weltberühmten Sänger Jack Johnson und Ben Harper waren.

Vor meinen Augen haben Spieler Jahresgehälter verjubelt, andere gefährdeten mit ihren hohen Gewinnen die Liquidität des Hauses. In England war ich in einem Kasino gesperrt worden, weil ich gleich bei meinem ersten Besuch 42 000 britische Pfund gewonnen hatte, was den Betreibern suspekt erschien. Ein paar Tage später ließen sie mich einfach nicht mehr hinein. In einem anderen Kasino verspielte ich etwa den gleichen Betrag. Über die Jahre ist es mir immerhin gelungen, nicht mehr Geld zu verspielen als zu gewinnen. Damit bin ich eine Ausnahme, viele ehemalige Mitspieler verdanken ihrer Spielsucht den Bankrott. In Johannesburg, wo es Dutzende Spielhallen gab, viele davon illegal, nahm ich immer nur 100 Dollar mit.

Wir nahmen ein Taxi und fuhren in das Kasino im edlen Geschäftsviertel Sandton. Am Eingang standen bullige Typen in schwarzen Anzügen. Das Kasino war das am besten geschützte Gebäude der Stadt, zudem gab es herausragend gutes Essen. Ich setzte mich an den Spieltisch, an dem mit US-Dollar Caribbean Stud Poker gespielt wurde, eine Spielform mit fünf Karten gegen die Bank, ohne die Möglichkeit, Karten auszutauschen. Zwei Stunden vergingen – mit mäßigem Erfolg. Doch als ich dann meine Karten aufnahm, hatte ich das beste Blatt meines Lebens auf der Hand, einen Royal Flush – eine Straße mit Herz-Karten und dem Ass als höchster Karte. In jedem normalen Kasino wird dafür das Hundertfache des Einsatzes ausgezahlt, bei meinen 50 Dollar Einsatz hätte das 5000 Dollar bedeutet, die Wahrscheinlichkeit für ein solches Blatt gleicht der eines Lottogewinns. Tatsächlich läutete der Croupier eine Glocke, als ich das Blatt offengelegt hatte. Dutzende Spieler von den anderen Tischen traten heran. Grinsend blickte ich in die Runde.

Ungerührt reichte mir der Croupier eine Flasche Sekt und zahlte mir für meinen Einsatz von 50 Dollar ganze 100 aus. Ich starrte ihn ungläubig an. «Soll das ein Witz sein?» Der Croupier verneinte höflich. Da in diesem Kasino ungewöhnlicherweise ohne Bonussystem gespielt wurde, endete das beste Blatt meines Lebens mit einem lausigen Gewinn von 50 Dollar. Wutentbrannt lief ich hinaus, ließ Johan stehen und fuhr zurück ins Hotel. Am nächsten Nachmittag kam ich dennoch zurück. Mir war es lieber, mich im Kasino aufzuregen, als mich im Hotelzimmer zu langweilen.

Und so verging Woche um Woche, Spiel um Spiel. Trotz des immer gleichen Tagesablaufs fuhr mir, sobald ich auf dem Platz stand, die Kraft der Fans jedes Mal tief in jede Körperfaser. Der Stadion-DJ folterte den Lautsprecher, die Menschen tanzten schon eine halbe Stunde vor dem Anpfiff zu Kwaito-Beats, Reggae-Rhythmen, dazu Sprechgesang auf Zulu oder Sotho. Kurz vor dem Einlaufen sah ich den DJ in seinem Pirates-Trikot, wie er am Spielfeldrand in sein Mikrophon rief, mit den Händen über dem Kopf im Takt klatschte.

Ich liebte diese Momente, diese unbändige, aber doch positive Energie. Die Atmosphäre war längst nicht so aggressiv wie in deutschen Stadien, wo die Fans ihre Energie vor allem für

Beschimpfungen der gegnerischen Fans einsetzen. Dafür bleibt in Südafrika kein Raum. Dieser Verein ist zu sehr Legende, Mythos, fast schon Religion. Wenn die Orlando Pirates spielten, zählte nichts anderes, kein Gegner – wenn nicht gerade der Erzrivale Kaizer Chiefs antrat, ein Derby der beiden Johannesburger Traditionsvereine, das ich leider nicht erleben durfte.

Wir liefen auf den vertrockneten Rasen. Die Fans lehnten sich von den ersten Reihen der Tribüne zu uns herunter, so weit, dass sie fast heruntergefallen wären, nur um uns ein wenig näher zu sein. Sie riefen unsere Namen, lachten, tanzten, Alt und Jung, einfach alle. Selten habe ich so einen Kult erlebt. Wild verkleidet waren sie, mit selbstgebastelten, zurechtgeschnittenen Kostümen und Kopfbedeckungen aus Plastik, einige mit überdimensionalen Brillen und Totenmasken – eine Reminiszenz an die Historie des Vereins. Das Wappen besteht aus einem Totenschädel mit zwei gekreuzten Knochen darunter. Schon in meinen ersten Tagen in Johannesburg hatte ich immer wieder Leute gesehen, die dieses Zeichen imitierten und ihre Unterarme vor der Brust kreuzten – mit dem Gruß begegneten sie anderen Fans, die Geste soll die verstorbenen Pirates-Fans ehren. Ich mochte das.

Überall Trompeten, dumpfer Schall, als zöge gerade eine Hundertschaft Elefanten ein. Tausende brachten lange Plastiktrompeten mit, die sie Vuvuzelas nannten. Sie sind der Soundtrack zu Südafrikas Fußball und auch der WM 2010. Die FIFA hat die Tröten für die Weltmeisterschaft in Südafrika genehmigt – alles andere wäre ein gigantischer Fehler gewesen. Den Bass Zehntausender Trompeten vergessen Spieler und Zuschauer nicht mehr. Er vibriert in jeder Faser des Körpers. Wenn das Stadion voll war und die Tröten erklangen, konnte man sein eigenes Wort nicht mehr verstehen. Ich versuchte vergebens, die Abwehrspieler zu dirigieren. Sie sahen nur meine Lippenbewegungen, alles andere verschluckten die Vuvuzelas. Ihre Energie wirkt wie Doping. Wir gewannen mit 2:0.

Knapp 1000 Fans standen vor dem Stadion, als wir über eine Stunde nach Spielschluss endlich aus den Katakomben des Gebäudes traten. Ganz vorne stand eine der seltsamsten Gestalten, die ich je gesehen habe. Ein einbeiniger Fan auf Krücken, Mitte dreißig vielleicht, mit dem schwarzen Trikot und dem Schal der Orlando Pirates gekleidet. Sein Mund war voll mit schiefen Zähnen. Ich hatte ihn schon einige Male zuvor in der Nähe meines Hotels gesehen, ein Obdachloser, der immer an derselben Straßenkreuzung rumhing. Jedes Mal hatte er mich freundlich gegrüßt, wenn ich vorbeiging.

«Guter Job, Lutz», grinste mich der Mann an. «Ich bin Freddy.» Es war ihm nicht schwergefallen, sich mein Gesicht einzuprägen, schließlich gab es neben mir nur einen weiteren weißen Stammspieler bei den Pirates. Wir sprachen ein wenig über das Spiel und den Verein, Freddy schien in der Fanhierarchie weit oben zu stehen. Nach ein paar Minuten kritzelte er eine Nummer auf einen Fetzen Papier. «Die Leute kennen dich jetzt in Hillbrow. Ich verspreche dir, dass dir bei Tageslicht nichts passiert, wenn du über die Straßen gehst, solange du für die Orlando Pirates spielst.»

Der Stadtteil wurde komplett von Orlando-Fans kontrolliert; es gab kaum einen Klein- oder Großkriminellen in den engen Straßenschluchten, der nicht den Verein und seine Spieler anbetete. Fußballprofis genossen so etwas wie Immunität. Profis der Pirates besaßen einen ähnlichen Status wie früher Anführer afrikanischer Clans, erzählte mir später ein Teambetreuer. In der Kultur der Zulus oder Xhosas, der beiden größten ethnischen Gruppen des Landes, war es ein absolutes Tabu, den Anführer der einzelnen Clans zu berühren oder auch nur ein böses Wort über ihn zu sagen.

Wenn ich doch einmal ein Problem haben sollte, fuhr Freddy fort, müsse ich nur diese Nummer anrufen, und er würde mir helfen. Feierlich übergab Freddy mir den Zettel. Er hatte die Nummer des öffentlichen Telefons aufgeschrieben, an dem er den Großteil seines Tages verbrachte. Ich dankte ihm herzlich, steckte das Papier sorgfältig in meine Geldbörse und stieg in das Auto. Die Dämmerung hatte bereits eingesetzt, und dass es keine gute Idee war, bei Dunkelheit durch Hillbrow zu spazieren, wusste ich bereits. Einige Tage nach meiner Ankunft hatte ich am frühen Abend im Hotel eine junge Rucksacktouristin aus England kennengelernt. Ihr war das Holiday Inn zu teuer, und sie ließ sich nicht davon abhalten, einige Straßen weiter nach einer preiswerteren Unterkunft zu suchen. Am nächsten Morgen wurde sie tot aufgefunden, nachdem sie vergewaltigt und erstochen worden war. Die Zeitungen waren voll mit grausamen Details des Verbrechens.

Nach ein paar Tagen nahm die Angst, die ich vor Johannesburg und vor allem Hillbrow hatte, dennoch wieder ab. Die Fangemeinde des Vereins war gewaltig, besonders in diesem Stadtteil. Johan und ich gingen sogar einmal nachts in einen Club. Das Nachtleben in Johannesburg war elektrisierend; seine Bewohner hatten gelernt, mit der Gefahr zu leben, voller Freude zu leben. Wie selbstverständlich baten mich die Menschen an ihren Tisch, Familien luden mich ein, und das nicht nur aus Höflichkeit. Die Gemeinschaft hat für sie den höchsten Wert.

Ich weiß bis heute nicht, ob ich Südafrika mehr liebte oder fürchtete. Nur so viel weiß ich: Das Land und seine Energie, die sich aus dem Zusammenleben Dutzender verschiedener Kulturen ergibt, faszinierten mich gewaltig – die Nation hat elf verschiedene Amtssprachen, auf dem Land gibt es zahlreiche weitere Sprachen. Ich traf wunderbare Menschen voller Freundlichkeit, habe im Krüger-Nationalpark die «Big Five» gesehen, wie die Afrikaner Elefant, Nashorn, Büffel, Löwe und Leopard nennen. Ich begegnete tollen Menschen, den phantastischsten in den Stadien. Wenn es ein verbindendes Element – zumindest unter der schwarzen Bevölkerung – gibt, dann sind das die Orlando Pirates. Bei unseren Auswärtsspielen in Port Elizabeth an der traumhaften Küste Südafrikas oder in Bloemfontein im Herzen des Landes mussten die Kassenhäuser vor den Stadien mit bewaffneten Soldaten bewacht werden, sonst hätten sie unsere Fans in der Hoffnung auf die wenigen Restkarten wohl gestürmt. Während die Liga einen Schnitt von 8000 Zuschauern pro Spiel hatte, waren die Tickets der Pirates meist restlos ausverkauft, wir spielten selten vor weniger als 20 000 Zuschauern. Auswärtsspiele fühlten sich wie Heimspiele an, in jeder Stadt des Landes gab es mehr Orlando-Fans als von dem örtlichen Verein.

Kurz überlegte ich, nach meinem Engagement in Johannesburg dauerhaft in Port Elizabeth anzuheuern. In der Hafenstadt wurde gerade ein neues Profiteam aufgebaut, das Interesse an mir bekundete. Doch Hetty konnte sich ein Leben in Südafrika nicht vorstellen. Und irgendwie schreckte auch mich das abgeschottete Leben hinter hohen, von Elektroleitungen gesicherten Mauern ab. Orlandos Torwart William Okbara stieg nach vier Wochen wieder ins Mannschaftstraining ein. Und der Tag, als er nach sechs Wochen Verletzungspause wieder das Tor in einem Meisterschaftsspiel hütete, war der Tag meiner Abreise.

Langsam packte ich im Hotelzimmer meine Sachen. Noch nie, so ging es mir durch den Kopf, hatte ich ein Land mit so viel leidenschaftlicher, begeisternder Energie erlebt. Etwas irritiert habe ich in den vergangenen Jahren Presseberichte über die WM 2010 gelesen, die von großer Sorge um die Sicherheit im Umfeld des Turniers dominiert waren. Viele Menschen in Südafrika und vor allem die Presse begegnen diesem Thema mit fast paranoider Abwehr, trotz aller Anstrengungen, die inzwischen unternommen wurden, und stecken sich mit ihrer Furcht immer wieder gegenseitig an. Es gab einmal einen Forscher, der über Monate in der Serengeti von einem kleinen Flugzeug aus Büffel studierte. Einzelne Tiere störten sich nicht weiter an dem Brummen des Flugzeugs, flog er aber über eine große Herde und nur ein überempfindlicher Büffel stürmte los, ergriff die gesamte Herde Panik. Vielleicht ist es in Südafrika mit der Debatte um die Sicherheit bei der WM ähnlich. Das Land bedarf einiger Vorsicht und Verhaltensregeln, aber es gibt deutlich gefährlichere Nationen.

Eine Zeitlang hatte die FIFA sogar überlegt, das Turnier zu verlegen. Was wäre das für ein Verlust gewesen, eine verpasste Chance, diese großartige, für viele noch völlig unbekannte Fußballkultur zu erleben. Ich habe mich im Jahr 2004 sehr gefreut, als das Turnier nach Südafrika vergeben wurde, und ich bin froh, dass es nicht verlegt wurde.

Mir haben diese sechs Wochen in Südafrika extrem gutgetan. Endlich hatte ich wieder ein paar Spiele in einer großen Liga gespielt. Ich war vor Zehntausenden Zuschauern ins Stadion eingelaufen – ein Gefühl, nach dem der Körper süchtig werden kann wie nach einer Droge. Ich lehnte mich in meinen Sitz zurück, schloss die Augen und ließ die von Vuvuzela-Trompeten begleiteten Spiele auf den staubigen Plätzen noch einmal an meinem inneren Auge vorbeiziehen. Dann kamen mir die trostlosen Spiele mit Nottinghams Reserverunde in den Sinn, mit ein paar Fans, versteckt im Londoner Nebel. Es war Zeit für einen Entschluss: Fast zwei Jahre hauptamtlicher und allzeit verschiebbarer Notnagel waren genug. Ich wollte spielen. Als Stammspieler. Egal, wo auf der Welt.

IM MEDITATIONSZUG
DURCH FINNLAND

Widerwillig fügte ich mich in England in mein Leben der Be-
deutungslosigkeit. Die Tage, so schien es mir, bestanden nur
noch aus Training, Essen und Schlafen, mit der einzigen Ab-
wechslung am Wochenende, dass ich 90 Minuten auf irgendeiner Ersatzbank oder Tribüne saß. Oder vor ein paar hundert
Zuschauern das Tor der Reservemannschaft von Nottingham
Forest hütete. Ich wurde stiller, zog mich zurück, zweifelte.
Immer wieder dachte ich an Ratko Svilar, den Helden meiner
Kindheit, der zwar fast während seiner ganzen Karriere in der
kleinen belgischen Liga gespielt hatte – aber immerhin hatte er
gespielt. Seit über zwei Jahren war ich nun Fußballprofi, doch
ich fühlte mich auf der Ersatzbank wie ein kleiner, hyperaktiver
Junge, dem es regelrecht Schmerzen bereitete, still zu sitzen,
während sich die anderen wenige Meter von ihm entfernt ins
Getümmel warfen. Ich wollte, dass Kinder nachts heimlich den
Fernseher anschalteten, um Paraden von mir zu sehen, und sei
es auch nur ein einziges Kind. So, wie ich es einst bei Svilar
getan hatte.

Wie fast immer war es der Ton eines klingelnden Telefons,
der eine Wende in meinem Leben einläutete. Diesmal erreichte
mich der Anruf in der Umkleidekabine, wir hatten gerade eine
Trainingseinheit beendet. Ich holte das Handy aus dem Seiten-
fach meiner Sporttasche. Ein Berater war am Telefon. Ich er-

kannte ihn sofort an seinem französischen Akzent – Luc Vanden-bon war einer der kleinen Fische der Branche, seine Arbeitszeit richtete sich nach den Spielzeiten der Reserverunde. Nach dem Spiel suchte er den Smalltalk mit den unzufriedenen Spielern, besorgte sich unauffällig Telefonnummern und schwärmte den Spielern meistens von den asiatischen Ligen vor. Dorthin waren seine Kontakte exzellent. Wann immer er einen Transfer organisierte, kassierte er einige tausend Pfund. Und das gelang ihm oft.

Er wusste, dass ich genug von meinem Reservistendasein bei Nottingham hatte. Es gebe da eine interessante Option für mich, sagte er. Ob ich Interesse an einem Wechsel nach Singapur habe. «Die legen jetzt richtig los.» Es gebe mehrere Möglich-keiten, aber die Sembawang Rangers würden dringend einen Torhüter suchen, der Manager habe mich noch aus meiner Zeit in Malaysia in guter Erinnerung. Auch der reichste Verein, Home United, und der ambitionierte Club Woodlands Welling-ton hätten Interesse.

Ich hatte die Entwicklung im asiatischen Fußball in den ver-gangenen Monaten aufmerksam verfolgt. Seit den zwanziger Jahren hatte Singapur mit einer Landesauswahl in der malay-sischen Profiliga mitgespielt; die «Lions», wie man sie nannte, waren dort eines der stärksten Teams, während in Singapur ei-gentlich nur Amateurfußball gespielt wurde. Doch 1995 waren sich die Funktionäre aus beiden Ländern in die Haare geraten. Die Liga wurde von einem großen Korruptionsfall erschüttert, zwei der Haupttäter spielten bei den Lions. Der Australier Abbas Saad und der Tscheche Michael Vana sollten Spiele verschoben haben. Ein spektakulärer Fall. Vana war für eine Kaution von einer Millionen Dollar auf freiem Fuß und flüchtete dennoch mit Hilfe der Wettmafia in einem Schnellboot nach Indonesien. Die Schlagzeilen über diesen Vorfall und der lasche Umgang der malaysischen Liga mit dem Verbrechen wollten so gar nicht zum Saubermann-Image Singapurs passen.

Kurzerhand beschloss der Fußballverband der Insel, die FAS, die Gründung einer eigenen Profiliga, die 1996 unter dem Titel S-League und mit acht Teams auch tatsächlich recht erfolgreich startete. Trotzdem war es ein gewagtes Unternehmen, schließlich ist Singapur kaum größer als Hamburg, ganze vier Millionen Menschen leben dort.

Noch am gleichen Nachmittag telefonierte ich mit dem Manager von Sembawang. Er konnte sich an eines meiner Spiele für Penang zwei Jahre zuvor erinnern, in dem ich gut gehalten hatte. Der Mann wollte unbedingt, dass ich so schnell wie möglich zum Medizincheck nach Singapur reiste. Mein Vertrag mit Nottingham lief in wenigen Wochen aus, und so flog ich mit der Erlaubnis des Vereins einige Tage später nach Singapur. Auch wenn 1997 schon das zweite Jahr der S-League war, befanden sich die Sembawang Rangers bei meiner Ankunft noch mitten in der Gründung. Die erste Saison hatte bei den Vereinen, die bis dahin recht amateurhaft strukturiert waren, als Testphase mit kleinen Budgets gegolten. Doch es waren immerhin rund 7000 Zuschauer zu jedem Spiel gekommen, und nun investierten Sponsoren und Fernsehen wie wild in die Liga.

Auf dem frischrenovierten Trainingsgelände tummelten sich gleich 15 Spieler aus aller Welt, die zum Probetraining eingeladen worden waren. Ein gewaltiges Bewerberverfahren mit Holländern, Slowaken, Schweizern, Brasilianern, Argentiniern und einem Torwart aus Zwiesel. Zwei Tage später flog ich zurück nach London, im Gepäck einen unterschriftsreifen und gutdotierten Vorvertrag. Ich würde wieder Stammspieler sein. Dass ich von der berühmtesten Liga der Welt in eine der unbekanntesten wechseln würde, war mir in diesem Moment egal.

Hetty zwang sich zu einem Lächeln. Wir saßen am Küchentisch, und sie schob ihren Kaffeebecher nervös hin und her. Wichtige Dinge haben wir in unserer Beziehung eigentlich immer in der Küche besprochen. Sie gab sich verständnisvoll: «Ich freue mich sehr für dich.» Doch dabei schaute Hetty mir nur kurz in die Augen und wendete dann ihren Blick ab. Mit Sorge hatte sie beobachtet, wie ich in den vergangenen Wochen immer weniger gelacht, immer weniger Sprüche gemacht hatte. Insgeheim hatte sie gewusst, dass dieser Tag irgendwann kommen würde. «Ich nehm dich einfach mit», sagte ich einen Tick zu laut, auch mein Lachen war aufgesetzt. Hetty lächelte, ihr Blick haftete noch immer auf der Tischplatte. Sie war in ihrem Job etabliert und verdiente ausgezeichnet. Sie konnte nicht einfach alles stehen und liegen lassen, um in einem Apartment in Singapur darauf zu warten, dass ich vom Training nach Hause kam – das war mir klar. Ich stand auf und holte vom Schreibtisch ein Blatt Papier, auf das ich einen Strich malte, darunter die kommenden Monate: Januar 1997, Februar 1997, März 1997. «Wir machen einen Plan, sodass wir uns mindestens alle sechs Wochen sehen», sagte ich. «Das verspreche ich dir.» Zwei Stunden lang suchten wir den Saisonplan der S-League nach Spielpausen ab und trugen mögliche Urlaubszeiten von Hetty ein, Zeitfenster für unsere Treffen. Eine Woche später nahm ich sie am Flughafen lange fest in den Arm, bis mein Flug aufgerufen wurde. Am Gate noch ein letzter Blick zurück. Dann ging ich. Mein Versprechen hielt ich nicht. Ich sah sie nie wieder.

Am Changi-Flughafen in Singapur empfingen mich der Trainer, der Manager und zwei Mitarbeiterinnen der Rangers. Sofort nahm mich die Gegenwart gefangen. Der Verein hatte mir ein riesiges Apartment im obersten Stockwerk einer edlen Wohnanlage organisiert. Ich schaute von der Terrasse aus auf das Meer hinaus und atmete tief ein. Es war ein guter Start, ich fühlte mich wieder lebendig. Auch um meine Position als Stammtorhüter musste ich mir keine Sorgen machen, die beiden anderen Torhüter waren erst 19 und 21 Jahre alt und hatten zudem große technische Schwächen. Das war nach meinen ersten Trainingseinheiten auch den Verantwortlichen klar. Nach fünf Tagen unterschrieb ich meinen Vertrag – der mir zwar nur 5000 Dollar im Monat zusicherte, dafür aber zusätzlich die

Wohnung, ein Auto und de facto die Garantie, endlich wieder Stammtorwart zu sein. Für dieses Gefühl hätte ich jeden Vertrag unterschrieben.

Der Weg für die kommende Saison schien bereitet, doch mein Berater hatte meinen Namen vorsichtshalber gleich in mehreren Ligen Asiens ins Spiel gebracht. Und auch in Singapur hielt sich hartnäckig das Gerücht, dass ich letztlich doch beim Liga-Konkurrenten Woodlands Wellington die Saison beginnen würde, einem der Spitzenvereine des Landes. «Wieso hast du schon unterschrieben?», blaffte mich der Berater am Abend an. Ich hätte sie noch hinhalten sollen, er erhalte täglich bessere Angebote für mich, seit ich in Singapur zum Probetraining gewesen sei. Er machte eine kurze Pause. «Ich möchte, dass du nach China fliegst.» Ich lachte laut los. Doch als der Belgier Zahlen nannte, die im Raum standen, wurde ich schlagartig still. Ein Verein in Guangzhou, einer südchinesischen Stadt mit drei Millionen Einwohnern, hatte einen Vertrag im Bereich von 200 000 US-Dollar in Aussicht gestellt, ein Vielfaches meiner Verdienstmöglichkeiten in Singapur. «Okay», sagte ich leise, «ich überlege mir was.»

Am nächsten Tag saß ich im Flugzeug nach China. Es gebe familiäre Komplikationen und ich müsse sofort nach Hause reisen, hatte ich dem verdutzten Manager der Rangers erzählt. Bei Apollo Guangzhou hatte ich mich da schon längst angemeldet. Eine Lüge, natürlich – aber die gehören im Fußballgeschäft nun mal zum Alltag.

In China, so weit hatte mich der Spielerberater inzwischen informiert, hatten in den vergangenen Jahren viele Konzerne Vereine gekauft, die bis dahin unter der Verwaltung der Bezirksregierungen standen. So auch in Guangzhou. Plötzlich flossen Millionen in das marode Fußballgeschäft des Landes, in dem man sich nicht länger mit dem mäßigen Abschneiden seiner Mannschaften in der asiatischen Champions League abfinden wollte. Inzwischen gehörte die chinesische Liga zu den besten

Asiens, ihre Spitzenverdiener kamen auf Jahresverdienste von umgerechnet 800 000 US-Dollar.

Der Verein bestellte mich für einen Tag nach Guangzhou in die Zentrale. Der Manager hatte einen edlen schwarzen Anzug an und sprach freundlich lächelnd tatsächlich von 200 000 Dollar Jahresgage – allerdings werde man erst nach dem Trainingslager entscheiden. Schon seit drei Wochen bereitete sich die Mannschaft in Kunming auf die kommende Saison vor. Das war eine Stadt im Südwesten Chinas, erzählte man mir, wo sich wegen des guten Klimas gerade 36 Mannschaften der ersten beiden Ligen gleichzeitig aufhielten. «Ich schlage vor, Sie fliegen morgen hin», sagte der Chinese in fließendem Englisch. Ich nickte. Im Hotel packte ich meine Sachen erst gar nicht aus. Ein paar Stunden später startete der Flug in die Hölle.

Guangzhou war eine Millionenstadt, voller Industrie und längst Schauplatz des in den vergangenen Jahren so oft beschriebenen Baubooms. Der kleine Flughafen, von dem auch ich nach Kunming in die Berge flog, wirkte dagegen, als sei hier seit den fünfziger Jahren nichts mehr passiert. Ohne dass mein Handgepäck oder ich selbst kontrolliert wurden, stieg ich in das winzige uralte Propellerflugzeug, das seine ersten Flugstunden erlebt haben musste, als der Kalte Krieg gerade begonnen hatte. Nur wenige Geschäftsleute nahmen diese Linie, das Flugzeug landete ein ganzes Stück außerhalb von Kunming, fernab irgendeiner größeren Stadt. Hinten, hinter einem Vorhang, lagerten zehn Käfige mit Hühnern. Ihr Gegackere begleitete uns den ganzen Flug über.

Ich reiste in eine Welt, die mir fremder was als alles, was ich bis dahin gesehen hatte. Mein Chauffeur steuerte das Auto über kaputte Straßen, vorbei an Bergen und weiten Feldern. Die ganze Zeit über sah man Hunderte Chinesen mit verrosteten Fahrrädern am Straßenrand, beladen mit riesigen Säcken. Nach einer Stunde erreichten wir das Trainingsgelände. Ich hatte das Gefühl, in ein Militärlager einzuziehen. Tatsächlich war es vor vielen Jahren zu diesem Zweck entworfen worden, weit außerhalb der Stadt und mit nichts als schmucklosen, einfachen Plattenbauten und Dutzenden Fußballfeldern. Ich schaute auf mein Handy – kein Empfang, natürlich nicht, hier in der Provinz Nirgendwo. Wortlos brachte mich mein Betreuer auf mein Zimmer. Eine nackte Glühbirne leuchtete schwach meinen zukünftigen Mitbewohner an, der sich auf eine der beiden Pritschen gelegt hatte und von seinem Buch aufsah. «Welcome. Ich bin Bjarne.» Ich begrüßte ihn mit einem Handschlag. Er sah müde aus. «Das ist das Härteste, was ich je gemacht habe», sagte er. Bjarne war Däne und hatte davor in Finnland gespielt. Nun war er Mitte zwanzig und wollte endlich Geld mit seinem Sport verdienen. Jeden Tag lief er in den vier Trainingseinheiten des Tages 20 Kilometer, so ging das seit drei Wochen in der immer gleichen Intensität. Er erzählte, dass wir noch Glück hätten, die meisten Spieler seien in Achterzimmern untergebracht. Gerade als ich meine Sachen in den Stahlspind neben meinem Bett packen wollte, ging plötzlich das Licht aus. «Zehn Uhr», sagte Bjarne aus der Dunkelheit trocken. «Da kannst du die Uhr nach stellen. Im ganzen Dorf geht das Licht aus, das steuern die zentral.» Ich stellte die Schuhe auf den Boden, tastete nach meinem Bett und legte mich unter die dünne Decke. Na, das kann was werden, dachte ich. Die 200 000 Dollar Gehalt erschienen mir plötzlich wie eine gewaltige Summe Schmerzensgeld. Unruhig schlief ich ein.

Es scheppterte. Laut, immer wieder. Langsam öffnete ich die Augen und sah einen Chinesen in der Tür stehen, in der Hand ein Blech, auf das er mit einem Kochlöffel schlug. Als er sah, dass wir wach waren, ging er weiter. Alle Lichter waren an. Draußen hallten hektische Schritte über den Gang. Irritiert blickte ich zu Bjarne hinüber. Der hatte zwar Augenringe, als habe er die Nacht durchgesoffen, versuchte aber ein Grinsen: «Sechs Uhr. Kannste die Uhr nach stellen.» Der Verein hatte, ähnlich wie Sembawang einige Wochen zuvor, Testspieler aus einem Dutzend Ländern eingeladen, die um 6 Uhr 30 zu den ersten Übungen des Tages antraten. Kunming war eigentlich für sein gutes Klima bekannt, nun aber herrschte eisige Kälte auf dem Platz. Die Morgendämmerung hatte gerade erst eingesetzt. Schweigend machten wir Hunderte Kniebeugen und Liegestützen. Das Gymnastikprogramm erinnerte mich an Schwarz-Weiß-Dokumentationen, die ich im Fernsehen gesehen hatte. Turnvater Jahn wäre stolz auf uns gewesen.

In der zweiten Einheit um zehn Uhr ließ der knallharte chinesische Trainer Sprints einlegen, bellend schrie er kurz und knapp seine Befehle über den Platz. Ich zögerte. Seit knapp einer Woche laborierte ich an einer leichten Muskelzerrung im Oberschenkel, weshalb ich mein Programm schon in Singapur nur mit reduziertem Umfang absolvieren konnte. Apollo Guangzhou hatte einen englischen Dolmetscher engagiert, doch als ich ihm von der Verletzung erzählte, übersetzte er meine Bitte einfach nicht. «Sie wirken fit», sagte er nur höflich lächelnd. Nach der Morgeneinheit bekam ich eine Spritze in den Oberschenkel.

Der Tag entwickelte sich zu einem der härtesten meines Lebens. Kunming liegt auf rund 2000 Meter Höhe, die chinesischen Trainingswissenschaftler sahen für ihre Profis sechs Wochen Höhentrainingslager vor. Professionelle Vereine trennen das Training von Feldspielern und Torwarten strikt, schließlich ist die Leistung Letzterer vor allem von Kraft- und Schnellkraftwerten abhängig. In China hatte offenbar noch niemand etwas von diesem Prinzip gehört. Ich machte in der ungewohnt dünnen Luft fast alle Läufe mit, hinzu kamen Dutzende Sprungübungen. Die chinesischen Spieler wirkten, als hätten sie gerade einen Spaziergang gemacht, sie waren das seit der frühen Kindheit gewohnt. Unter den 800 Leuten im Camp waren aber 250 Ausländer. Und die gingen durch die Hölle. Nie zuvor oder danach habe ich vier Trainingseinheiten an einem Tag absolviert – selbst in der Vorbereitungsphase belassen es deutsche Bundesligateams bei maximal zwei.

Am Abend fühlte sich mein Körper an, als habe man ihn in Scheiben geschnitten. Langsam schlich ich zu der einzigen Telefonzelle des Camps, ich sehnte mich nach Hettys Stimme. Bjarne hatte mich vor dem abendlichen Ansturm gewarnt, aber als ich schon von weitem die 80 wartenden Spieler vor der Telefonzelle sah, erschrak ich dennoch. Einige lehnten an der Häuserwand, einige saßen auf dem Bürgersteig und lasen ein Buch. Derjenige in der Zelle schaute dagegen hektisch immer wieder zu den Wartenden. Er war sich der ungeduldigen Blicke bewusst, länger als ein paar Minuten traute sich keiner, die Zelle zu belegen. Gelangweilt und müde setzte ich mich zu den Wartenden. Ein Buch hatte ich nicht dabei, also musterte ich die ausgelaugten Gesichter um mich herum. Es waren vor allem Spieler aus Südamerika, viele aus Afrika, einige Europäer. Man sah ihnen an, dass sie alle noch nie unter derartigen Bedingungen trainiert hatten.

Plötzlich erkannte ich ein vertrautes Gesicht. An einer Wand zehn Meter weiter hatte sich ein kräftiger Kerl hingesetzt, die Haare kurz geschoren, das Gesicht gerötet. Als ich ihn anschaute, blickte auch er mich an, Gary Blissett erkannte mich sofort. Während meiner Zeit in Wimbledon hatte der Stürmer in der ersten Mannschaft gespielt, mal wurde er eingewechselt, hin und wieder war er in der Anfangsformation. Doch in den vergangenen beiden Jahren hatte er stark nachgelassen. Böse Geister behaupteten, er habe immerhin seinen Stammplatz in diversen Pubs behalten. Der Verein hatte ihn wohl auch deshalb immer wieder ausgeliehen. Nun also China. «Lutz, the fucking German», rief er herüber. Ich ging zu ihm. Es tat gut, ein bekanntes Gesicht zu sehen. Innerlich grinste ich. Blissett hatte einen exzellenten Torriecher, ein großartiger, kraftvoller Kopfballspieler. Ein Wunder an Ausdauer war er aber nie gewesen – die täglichen Halbmarathons in China mussten ein Albtraum für ihn sein. Eine halbe Stunde scherzten wir über die alten Zeiten in England, die gegensätzlicher zu den Tagen in Kunming nicht hätten sein können. Als ich endlich mit dem Telefonieren an der Reihe war und das Gespräch mit Gary endete, war uns eigentlich beiden klar, dass die chinesische Liga nicht unser Glück bedeuten würde. Während Gary wartete, sprach ich ein paar Sätze mit Hetty. Sätze, die alle Menschen in Fernbeziehungen kennen: «Ja, ich vermisse dich auch.» «In ein paar Wochen sehen wir uns wieder.» «Ich liebe dich, meine Süße.» Ich bin nicht gut im Führen von Fernbeziehungen.

Nach einer Woche teilte ich Apollo Guangzhou mit, dass ich mich für das Angebot aus Singapur entschieden hätte. Gary schaute mich neidisch an. Er hätte China nach dem ersten Tag verlassen, wenn er nur eine Alternative gehabt hätte. «Wenn du was hörst, irgendein ordentlicher Verein, der einen Stürmer sucht, sag mir Bescheid», bat er. Ich versprach es ihm. Am Abend ging mein Flug, und wir liefen am Nachmittag durch den Ort, falls man die paar versprengten Häuser um das Trainingscamp so bezeichnen möchte. Gary humpelte. Er hatte sich bei einer Sprintübung eine Wadenzerrung zugezogen, die so schmerzhaft war, dass sogar die Chinesen ihm für den Rest des Tages freigaben. Wir wollten mit einem Übersetzer und Fabien, einem schwarzen Spieler, einen Markt besuchen. Auf einem Feld sahen wir eine alte Frau davonlaufen. Der Übersetzer drehte sich zu Fabien um: «Sie hat wahrscheinlich noch nie einen schwarzen Menschen gesehen.» Fabien lachte, zuckte mit den Schultern und erwiderte: «Dann bin ich wohl so etwas wie ein Pionier.»

Nach einer halben Stunde erreichten wir den Marktplatz. Hier kaufte die Küche des Camps ein, in den vergangenen Tagen hatte ich neben frittierten Vogelküken auch Hundefleisch vorgesetzt bekommen. Ich hatte es für Rindfleisch gehalten, denn es schmeckte so. Meinen Irrtum realisierte ich erst, als ein Mitspieler mich darauf aufmerksam machte. Die Mahlzeit bereitete mir nicht unbedingt schlaflose Nächte, aber nun kaufte ich auf dem Markt für 20 Dollar je einen lebendigen Hund und eine Katze, um mein Gewissen zu beruhigen. Auf der anderen Seite habe ich gelernt, dass es eine rein kulturelle Frage ist, welches Fleisch man verzehrt. Ich bin ein großer Freund von Hunden, aber ist es wirklich verwerflicher, Hundefleisch anstelle von Rindfleisch zu essen? Die Antwort ist nicht mehr als eine Sache der Sozialisation. Im Laufe meiner Karriere aß ich fast alles – Hunde, Schlangen, Eichhörnchen, Frösche, Kängurus, Krokodile und Käfer. Wirklich schlecht hat nichts davon geschmeckt. Hier in China ließen wir aber den Hund und die Katze ein paar hundert Meter vom Markt entfernt laufen. Ich hoffe, sie hatten das Glück, nicht wieder eingefangen zu werden.

Ein paar Stunden später stieg ich in das klapprige Flugzeug nach Guangzhou und reiste nach Singapur weiter. Bei den Sembawang Rangers verzieh man mir, dass ich trotz eines unterschriebenen Vertrages für zwei Wochen das Land verlassen hatte. Sie waren daran gewöhnt, dass ausländische Profis in der kleinen Liga immer wieder im letzten Moment absprangen, wenn sie doch noch ein besseres Angebot bekommen hatten. Und natürlich war es bis zum Verein durchgedrungen, dass ich mich nicht in Deutschland, sondern in China aufgehalten hatte. Nun aber war klar, dass ich in Singapur bleiben würde, und es passierte das Gleiche wie gut drei Jahre zuvor in Malaysia, als ich als ehemaliger Spieler von Bayern München vorgestellt worden war. Ich galt als der Torhüter aus der englischen Premier League, was von den Liga-Managern gleich als Indiz für die sportliche Qualität der S-League vermarktet wurde. Ich habe nie verschwiegen, dass ich dort lediglich Einsätze für die Reservemannschaft gemacht habe, aber so genau wollte das in Singapur keiner wissen. Als sich auch noch herausstellte, dass die Rangers verzweifelt einen neuen Mittelstürmer suchten und ich mit einem heißen Tipp aus der Premier League dienen konnte, der allerdings auch in China heftig umworben wurde, verzieh mir der Trainer der Rangers, Yow Tian Bey, meinen Ausflug. Fünf Tage später unterschrieb Gary einen Einjahresvertrag.

Die Integration in Singapur fiel mir alles andere als schwer, zumal ich bei meinen ersten Ligaauftritten in Topform spielte. Sembawang war eine der durchschnittlichen und vor allem abwehrschwachen Mannschaften der Liga. Die Bälle flogen fast im Minutentakt auf mich zu, ein wunderbarer Kontrast zu meiner Zeit auf englischen Ersatzbänken. Penibel studierte ich montagmorgens die Sportseiten der Tageszeitungen. Schon in der D-Jugend führte ich Statistiken über alles, was mit Fußball zu tun hatte. Nach jedem Spiel gab ich mir Schulnoten für meine Leistung und notierte sie auf Zetteln. Am Saisonende ermittelte ich den Notenschnitt, und der zählte für mich mehr als der auf irgendeinem Schulzeugnis. In Singapur waren die Sportjournalisten ähnlich akribisch. Sie führten Statistiken zu allem: der Prozentsatz abgewehrter Schüsse, Gegentore pro Spiel, abgefangene Flanken und so weiter. Nach fünf Spieltagen lagen die Rangers nur auf Rang sechs. Die Torwartstatistiken der Liga aber führte ich fast alle an.

Es war die Zeit, in der die kuriosen Telefonanrufe begannen. Der erste erreichte mich an einem frühen Dienstagabend in meinem Apartment. «Hier ist Mike», meldete sich ein junger Mann. «Woher haben Sie meine Nummer?», fragte ich. Er lachte. «Das gehört zu meinem Beruf. Herr Pfannenstiel, ich möchte mich mit Ihnen treffen und Ihnen einige Geschäftsmodelle vorstellen, die ich nicht allzu gern am Telefon besprechen möchte.» Yow Tian Bey, unser Trainer, hatte mich vor der asiatischen Wettmafia gewarnt, die Liga galt trotz ihres jungen Alters bereits als anfällig für Spielmanipulationen. Normalerweise suchen sich die Buchmacher für derartige Absprachen junge einheimische Spieler aus, die oft nur umgerechnet 500 Euro pro Monat verdienten. Doch Torhüter spielen auf einer der Schlüsselpositionen, wenn es darum geht, Ergebnisse zu manipulieren. Ein Fehlgriff, und das gewünschte Ergebnis kann ohne großen Aufwand zustande kommen. «Ich habe kein Interesse an Geschäften, die nicht am Telefon besprochen werden können», sagte ich und legte auf.

Ein paar Tage später hatten wir ein Auswärtsspiel. Wie vor

jedem Spiel ging ich am Vorabend um zehn Uhr ins Bett – und wurde kurz darauf vom Klingeln des Telefons im Hotelzimmer geweckt. «Wie war das Essen?», fragte die gleiche Stimme wie einige Tage zuvor. «Was soll das, wer ist da?» «Hier ist Mike noch einmal. Wie geht das Spiel morgen aus?» «Wir werden natürlich gewinnen», murmelte ich schlaftrunken. Wenn man das ändern könnte, fuhr Mike fort, wäre ein ordentlicher Bonus drin. «Lass mich in Ruhe mit diesem Mist, du Arschloch», sagte ich. «Überleg's dir. Unten an der Rezeption liegt ein Briefumschlag mit 10 000 Singapur-Dollar, der Portier gibt dir den Umschlag. Wenn ihr verliert, gibt es später noch einmal 40 000 Dollar.» Ich kann nicht leugnen, dass ich mir das in diesem Moment überlegt habe. Wer das dreimal macht, hat 150 000 Dollar in der Tasche.

Ernsthaft erwogen habe ich das aber nie, denn damit hätte ich auch meinen Traum vom Profifußball verkauft. Ratko Svilar, darauf hätte ich meine rechte Hand gesetzt, hat in seinem Leben niemals betrogen. Ich würde es nicht anders machen. Später erfuhr ich von Spielern, die der Versuchung nicht widerstanden hatten und erpresst worden waren. Die asiatische Wettmafia schoss bei solchen Geschäften Fotos von der Geldübernahme. Wenn sich der Spieler bei der nächsten Anfrage weigerte, drohte sie mit der Weitergabe an die Presse oder damit, den Kindern etwas anzutun. Besonders junge Spieler mussten so immer wieder Spiele manipulieren, ob sie wollten oder nicht – mit einem einmaligen Geschäft bei einer einzigen Partie gaben sich diese Menschen selten zufrieden. «Fuck off», sagte ich und legte erneut auf.

Der mysteriöse Anrufer namens Mike meldete sich nicht mehr, und ich hatte den Vorfall schnell vergessen. Das Leben schien mir in diesen Tagen nahezu perfekt zu sein, wie ein erfüllter Traum. Leider habe ich mich damit nie zufriedengegeben, ich wollte immer, dass alle Wünsche auf einmal wahr werden. Auf dem Weg zum Training kam ich jeden Morgen an einer Markthalle vorbei, dem chinesischen Markt von Singapur. Dutzende

Male war ich bereits daran vorbeigefahren, doch diesmal hatte ich am Nachmittag nichts vor, und meine Neugier dominiert ohnehin alle meine anderen Charakterzüge. Stimmengewirr und der Duft von Bananen, Gewürznelken, Datteln und Safran umwaberte die Stände, auf denen sich mal Obst und dörrende Fische, mal Berge von gefälschten Designer-T-Shirts stapelten. Ziellos schlenderte ich durch die Gänge, plauderte kurz mit ein paar Sembawang-Fans und saugte die neuen Eindrücke in mich auf.

Neben zwei Gemüseständen gab es eine Ladenfläche, auf der kleine Käfige mit Mäusen, Vögeln und Reptilien standen. «How can I help you, Sir?», fragte der höfliche kleine Chinese hinter den Tischen. Schon immer hatte ich davon geträumt, kleine Affen als Haustiere zu haben. «Mäuse brauche ich keine», frotzelte ich. «Aber wenn du Affen hast, sag Bescheid.» Der Chinese verzog keine Miene, er wirkte nicht, als habe er gerade einen Scherz gehört. «Ich habe zwei kleine Slow-Loris-Affen», sagte er ernst und winkte mich hinter seinen Stand. Er zeigte auf zwei Körbe. Aus ihren Käfigen schauten mich zwei winzige, handgroße Affen mit ihren riesigen, weit aufgerissenen Augen an. «Die haben hier viele. Sie müssten sie aber zusammen nehmen, sie brauchen Gesellschaft.» Der Mann redete so schnell über die Eigenschaften der Affen, als preise er einen Gebrauchtwagen an. Dass das Halten von Slow Loris illegal ist, verschwieg er vorsorglich. Dafür erfuhr ich, dass sie zu den intelligentesten Arten überhaupt zählten und sehr anpassungsfähig an ihre Umgebung seien. «Kann man die denn in Wohnungen halten?» «Natürlich, wo sonst.» 50 Dollar, und die beiden Affen würden mir gehören. In solchen Momenten denke ich nicht lange nach. Ich gab dem Verkäufer das Geld und trug die Käfige zu meinem Auto. An einer Ampel drehte ich mich zu den beiden um, die ich in ihren Käfigen auf die Rückbank gestellt hatte. Mit dem Zeigefinger zeigte ich auf den kleineren der beiden: «Du bist ab jetzt Glasnost.» Dann auf den anderen. «Und du Perestroika.»

Ich wohnte mit Gary Blissett in einem geräumigen Apartment, das dank eines Aufräumservices gut gepflegt war. Doch nach einer halben Stunde hatten Glasnost und Perestroika, was auf Russisch so viel wie «Offenheit» und «Umstrukturierung» heißt, ihren neuen Namen alle Ehre gemacht. Die teuren Ledersessel waren zerkratzt, in der Küche die Gewürzdosen gestürzt und die Gardinen zerrissen. «Na sauber», sagte ich und schaute die beiden Affen strafend an. Sie blickten ein wenig erschrocken, bestürzt, aber das taten sie immer, egal, was sie angestellt hatten. Die Wohnung war halb zerstört, aber irgendwie waren mir die beiden mit ihrem Hang zum Chaos sympathisch. Schon immer wollte ich exotische Haustiere haben, nun war es endlich so weit.

Die Tage fühlten sich an, als bestünden sie nicht aus 24, sondern maximal drei Stunden. Der letzte Kuss mit Hetty schien viele Monate her zu sein, dabei waren es erst wenige Wochen. In den ersten Tagen hatten wir oft telefoniert. Doch ich war nie jemand, der viel über Gefühle reden wollte. Mein Englisch war nach über zwei Jahren in England fließend, besonders wenn es um Trash-Talk ging – das Beschimpfen und Provozieren von Gegenspielern. Das gehörte in England so selbstverständlich zum Spiel wie Kopfbälle. Doch erst jetzt fiel mir auf, dass ich bei Beziehungsthemen regelrecht Lücken im Vokabular hatte. Während ich mich in Singapur mehr und mehr einlebte, erwischte ich mich immer öfter dabei, wie ich die Telefonate früh beendete oder ihre Anruf erst gar nicht annahm. Ich benahm mich nicht gerade wie ein Gentleman.

Um ehrlich zu sein, genoss ich in dieser Zeit das Flirten mit anderen Frauen und hatte Affären. Jeden Mittwoch und Samstag ging ich mit Mitspielern in die Clubs, bezahlen mussten wir nirgendwo. Die großen Fernsehsender der Insel hatten mehrere Stunden täglich Magazinsendungen und Live-Spiele der S-League im Programm, die Türsteher der Clubs erkannten uns.

Ich kann nicht sagen, dass mich die glitzernde Fassade der Insel nicht geblendet hätte. In Singapur schien alles neu zu sein, die schicken Clubs auf der Orchard Road, die modernen Stadien und die Einkaufszentren, die nach amerikanischem Vorbild gebaut worden waren. Nie hatte ich eine so saubere Stadt gesehen. An keiner einzigen Fassade gab es Graffiti, der Boden schien so rein, dass ich mich darauf sofort hätte operieren lassen. Erst als ich in einem Supermarkt fragte, wo ich Kaugummis finde, wurde mir der Grund klar. «Sie werden auf der ganzen Insel keinen einzigen Kaugummi finden», sagte der Verkäufer. Seit 1992 war der Verkauf der fiesen Asphaltverzierung gesetzlich verboten, um Gehwege und U-Bahn-Sitze sauber zu halten. Der Mann entschuldigte sich, er würde für die Abgabe von Kaugummis eine Gefängnisstrafe von zwei Jahren riskieren. Als Ausländer stehe es mir aber frei, sie aus anderen Ländern mitzubringen, nur das Ausspucken auf Gehwegen könne mich mehrere tausend Dollar kosten. Kopfschüttelnd ging ich zur Kasse. Lachend las ich Jahre später in der Zeitung eine Meldung. Der Kaugummiverkauf wurde im Jahr 2003 legalisiert, ein Zugeständnis an die USA. Die Amerikaner hatten bei den Verhandlungen zu einem Freihandelsabkommen gleich mehrere solcher Gesetze gekippt. In diesem Fall hatte der Kaugummi-Konzern Wrigley's massiven Druck ausgeübt. Mit begrenztem Erfolg: Die gefährliche Kleb-Substanz durfte nur in Form von «therapeutisch wertvollen Präparaten» in Apotheken bei gleichzeitiger Sicherstellung der Kundenpersonalien verkauft werden, sonst drohten weiterhin bis zu zwei Jahre Haft. Bei der Gelegenheit lernte ich, dass Kaugummi bei Verstopfungen der Nebenhöhlen und Magenbeschwerden hilft. Das hatte zumindest ein Sprecher von Wrigley's eilig erklärt.

Doch zu meiner Zeit in Singapur waren derart revolutionäre Reformen noch Jahre entfernt. Diese Regierung war ein schizophrener Gesetzgeber: Wer Graffiti sprühte, konnte mit Rohrstock-Schlägen bestraft werden. Die so erzeugten Wunden, das habe ich Jahre später selbst gesehen, reichten bis auf die Knochen. Prostitution dagegen wurde in Singapur irrwitzigerweise nicht konsequent verfolgt.

Gary und ich kannten die Leute in diesem Gewerbe nicht persönlich, aber irgendwie kannte man sie dann doch. Wenn wir samstagabends nach den Spielen ausgingen, kamen wir oft mit den Clubbesitzern ins Gespräch. Dass einige von ihnen ihr Geschäftsmodell auf mehreren Standbeinen gebaut hatten, wusste in Singapur jeder. Auch wir. Nach drei Wochen kannte Gary die Nachtszene Singapurs besser als die meisten Einheimischen, und nichts anderes erwartete man in der englischen Heimat von ihm. Als 1997 die englische U19-Nationalmannschaft zur Weltmeisterschaft ins benachbarte Malaysia reiste, rief ihn einer der Spieler an, ob er nicht ein Mädchen für ihn organisieren könne, für die Nacht nach dem letzten Vorbereitungsspiel der Engländer in Singapur. Am nächsten Morgen sollte die Mannschaft nach Malaysia abreisen.

Gary hatte nahtlos an seinen Lebensstil in London angeknüpft. Heute führt er ein seriöses Leben als Co-Trainer beim deutschen Amateurverein SV Elversberg, doch damals kam er an spielfreien Tagen mühelos auf zehn bis zwölf Liter Bier, ohne dass man ihm etwas angemerkt hätte oder er seinen Stammplatz bei Sembawang verloren hätte. Er zögerte kurz, rief dann aber einen Clubbesitzer an und organisierte so den Besuch einer Prostituierten bei einem gerade erst der Pubertät entstiegenen Engländer.

Nachts um drei stürmte Gary in mein Zimmer, sein Kopf hochrot, als sei er fünf Kilometer gesprintet, die Augen weit aufgerissen. «Wir müssen sofort los», rief er, «sonst gibt es den Skandal des Jahres.» Was denn los sei, wollte ich wissen. «Später, später, erzähl ich dir im Auto.» Gary hatte keinen Führerschein, also steuerte ich den Hyundai mit viel zu hoher Geschwindigkeit zum englischen Mannschaftshotel. Dort war es nicht bei Liebesdiensten für einen Spieler geblieben. So behauptete die

Frau zumindest. Insgesamt zehn Nationalkicker hätten sich gegen ihren Willen an ihr vergangen. «Sie sitzt in dem Hotelzimmer und will die Polizei holen», sagte Gary. Was das für die Jungprofis, von denen einige bereits Verträge in Millionenhöhe unterschrieben hatten, bedeuten würde, brauchte er mir nicht zu sagen. Die Boulevard-Presse in Malaysia und Singapur ist kaum weniger aggressiv als die in England.

In dem Hotel gingen wir am Empfang vorbei, als gehörten wir zur Mannschaft, grüßten kurz und stiegen die Treppen hinauf zu Zimmer 312, von wo aus Gary der verzweifelte Anruf erreicht hatte. Als wir in das Zimmer traten, lehnten ein paar betreten dreinschauende Jungs an der Wand, Dutzende Bierdosen standen auf dem Boden, und ein hübsches asiatisches Mädchen saß mit verschränkten Armen auf dem Bett. «Diese Schlampe will uns erpressen», fing einer an, doch das Mädchen unterbrach ihn sofort: «Das war Vergewaltigung, nichts anderes.» Sofort redeten alle durcheinander, bis Gary das Wort an sich riss. «Okay, Leute, wir müssen eine Lösung finden. Wie viel Geld hat jeder dabei?» Die Jungs gingen auf ihre Zimmer und kamen mit jeweils 100 Dollar zurück. «Ist das genug?», fragte Gary. Die Prostituierte nickte kurz. Sie fuhr schließlich mit 1200 Dollar anstelle der vereinbarten 100 nach Hause. Zur Polizei ist sie tatsächlich nicht gegangen.

Es war nicht immer einfach, aber trotz des alltäglichen Chaos konzentrierte ich mich voll auf meinen Beruf. Ich trainierte täglich vier Stunden. Insgeheim hoffte ich, dass meine guten Leistungen in Singapur mich auch in England wieder ins Gespräch bringen würden. Wirklich stabiler war unsere Abwehr nicht geworden, was mich weiterhin zu einem vielbeschäftigten Mann machte. «Pfan-tastic», kalauerte die Zeitung *Singapore Straight Times* nach einem Spiel, in dem ich über 30 Schüsse abwehren musste. Ich stand plötzlich in der Hierarchie der Mannschaft so weit oben, dass ich meinen Hang zu Scherzen ungehemmt ausleben konnte. Mal schmierte ich die Schuhe eines Mitspielers mit Butter ein, was in Kombination mit dem Leder einen großartig ekelerregenden Gestank ergab. Bei einem Auswärtsspiel ließ ich mir an der Hotel-Rezeption den Zimmerschlüssel eines Stürmers geben und verzierte sein Bett unter der Decke mit Rasierschaum. Einen muslimischen Mitspieler brachte ich vor seiner Ehefrau in arge Erklärungsnöte, als ich ihm einen heißen Teelöffel kurz an den Hals hielt – besser kann man keinen Knutschfleck imitieren. Gar nicht begeistert war auch jener Kamerad, der sich auf die Toilette in unserer Umkleidekabine setzte, die ich vorher mit Sekundenkleber präpariert hatte.

Mobbing? Nein, so kann man das nicht nennen, das gehört zu gutfunktionierenden Teams. Ich habe im Laufe meiner Karriere die Erfahrung gemacht, dass es nichts gibt, noch nicht einmal Erfolg, was Mannschaften, Spieler aus einem Dutzend Ländern, so zusammenschweißen kann wie gemeinsames Lachen. Und doch hatte ich mich in England mit derartigen Aktionen noch zurückgehalten – solche Albereien funktionieren nur, wenn man unangefochtener Stammspieler ist. Das soziale Gebilde einer Mannschaft ist meistens streng hierarchisch. So banal es klingt, aber das ist eine goldene Regel in Fußballmannschaften: Nicht jeder hat das Recht zu scherzen.

Nach einer Trainingseinheit ging ich aus der Dusche zurück zu meinem Spind, wo meine Torwarthandschuhe auf der Bank lagen – verstümmelt. Jemand hatte die Fingerkuppen abgeschnitten. «Wer war das?», fragte ich in die Runde, musste aber nicht lange suchen. Razif Mahmud war ein 17 Jahre alter Nachwuchsspieler, talentiert, aber erst seit ein paar Wochen Profi. Am Tag zuvor hatte ich ihm die Socken vorne abgeschnitten, die Jungen kriegen es nun mal ab. Jetzt aber grinste er mich frech an, die Schere lag noch auf seiner Tasche. Er hatte sich gar nicht erst die Mühe gemacht, sie zu verstecken. Ich lachte, aber in Gedanken schmiedete ich schon an meiner Rache.

Ein paar Tage später hatten wir ein Freundschaftsspiel in

Malaysia. Bei der Abfahrt vom Hotel zum Stadion saß die komplette Mannschaft im Bus – nur Razif verspätete sich. Schließlich kam er doch noch. Trainer Yow Tian Bey hatte einen ausgeprägten Hang zur Disziplin, er schaute ihn streng an. Razif senkte den Blick. «Ich finde meine Schuhe nicht», sagte er leise, aber nicht leise genug. Der gesamte Bus brach in schallendes Gelächter aus. Der Trainer blickte nur kurz zu mir und Gary rüber. Ich zuckte mit den Schultern, doch der Alte hatte uns durchschaut. Unsere Scherze waren ihm ohnehin ein Dorn im Auge, und wahrscheinlich hatte er schlecht geschlafen. Wütend fuhr er mich an: «Ich gehe jetzt in euer Zimmer, Lutz. Wenn ich die Schuhe dort finde, fliegt ihr raus.» Gary und ich gehörten zu den Leistungsträgern, wir nahmen ihn nicht ernst. Doch als er ausstieg und sich im Hotel unseren Zimmerschlüssel geben ließ, wurden wir doch etwas nervös. Zusammen mit dem Trainer gingen wir auf das Zimmer, wo er die Schränke durchwühlte, unter der Matratze nachschaute, sogar hinter dem Klo suchte. Schließlich gab er auf. «Warum sollte ich auch seine Schuhe verstecken?», fragte ich unschuldig. Dabei dankte ich in diesem Moment insgeheim Gott, dass er die Blicke des Trainers nicht in den Kühlschrank der Minibar gelenkt hatte. Oder aus dem Fenster. Dort hatten wir das zweite Paar von Razif an den Schnürsenkeln festgeknotet.

Die Rangers spielten erwartungsgemäß eine schwache Saison. Wir wurden nur achte von zwölf Mannschaften. Für mich war es dennoch ein gutes Jahr: Die Sportjournalisten wählten mich zum Torhüter des Jahres, ich hatte die meisten Schüsse abgewehrt. Mein Name war nun auch in Europa wieder ein Thema. Vereine aus Finnland und Norwegen signalisierten Interesse, und ich wollte für diese Option alles geben, schließlich wechseln aus diesen Ligen jährlich Dutzende Profis in die englische Premier League – sie galten damals als wichtigste Ausbildungsländer für die millionenschwere Liga, in die ich eines Tages als Stammtorwart zurückkehren wollte. In den letzten

Wochen der Saison wollte ich noch einmal jede Körperfaser auf den Sport ausrichten.

Doch dann kündigte sich Andrew an. Nicht Andrew! Bitte nicht Andrew!, dachte ich verzweifelt. In meinen ersten Wochen in London hatten wir viel Zeit zusammen in der Wohngemeinschaft verbracht, oft im Park Fußball gespielt. Ich mochte ihn eigentlich ganz gern, wusste aber, dass er zwei Wochen in Singapur nicht gerade als Kuraufenthalt planen würde. Doch natürlich bot ich ihm an, in meinem Gästezimmer zu schlafen, das ist für mich Ehrensache.

Er hatte sich kaum verändert, noch immer war Grinsen der einzige Gesichtsausdruck, den er wirklich beherrschte. «Hi, Lutz», begrüßte er mich am Flughafen. «It's party time.» Dieses Grinsen. Schrecklich. Der Bauch war ein wenig gewachsen, seit ich ihn zuletzt vor einem Jahr gesehen hatte. Sein Gesicht hatte ich nicht so rot in Erinnerung – vermutlich hatte er die Spirituosenvorräte des Flugzeugs stark dezimiert. Seine Fahne war zumindest beachtlich. Ich umarmte ihn, sagte ihm aber sofort, dass er alleine losziehen müsse, falls er das Nachtleben von Singapur erkunden wolle. Andrew hörte nur mit halbem Ohr zu. Ich überlegte kurz, ihn in meinem Apartment abzusetzen. Doch dafür blieb keine Zeit, wenn ich mich nicht verspäten wollte. Und so fuhren wir direkt zum Training. Mit breitem Grinsen setzte sich Andrew auf die leere Tribüne, während wir unsere Runden liefen.

Nach 20 Minuten wurde mir klar, dass die kommenden beiden Wochen höllisch werden würden. «Hey, Lutz», grölte Andrew herüber, «wie lange dauert das noch? Lass uns endlich asiatische Weiber weghauen.» Ich versuchte, die bösen Blicke meiner Mitspieler zu ignorieren, dabei habe ich mich selten in meinem Leben derart geschämt. Fünf Spieler waren strenge Muslime, sie standen nicht wirklich auf diese Art von Humor.

Auf der Rückfahrt beschrieb ich Andrew recht eindringlich, dass er in den kommenden beiden Wochen von seinem englischen Lebensstil in Singapur abweichen müsse und wie peinlich die Situation im Stadion für mich gewesen sei. Der Mann interpretierte das aber auf seine Weise: Andrew gab sich fortan alle Mühe, mir jegliches Schamgefühl abzutrainieren. Nachts kam er sturzbesoffen selten vor vier Uhr nach Hause, was er schon auf den Fluren nicht nur mich, sondern auch die Nachbarn wissen ließ. Selbst meine beiden Hausaffen Glasnost und Perestroika blickten noch irritierter als sonst. Sie hatten noch nie jemanden gesehen, der eine Wohnung schneller verwüsten konnte als sie. Auch ich war irritiert. Bis ich einen Menschen nicht mehr mag, muss viel passieren. Andrew hat es geschafft. Zumindest für jene zwei Wochen in Singapur.

Nie habe ich einen Menschen getroffen, der so viel redet. Dieser Irre konnte stundenlang über Sex reden, er referierte über die englische Premier League und fühlte sich als Fußballlaie auch noch dazu berufen, mir ausführliche Vorträge über die Schwächen meines Torwartspiels zu halten. Andrew wusste alles und das besser als jeder andere. Ganz nebenbei leerte er in Rekordgeschwindigkeit unseren Kühlschrank. So schnell konnten wir ihn gar nicht auffüllen, da hatte er sich schon wieder bedient. Selbst Gary war einige Male kurz davor, ihn ordentlich zu vermöbeln.

Andrew brachte mich zu Gemeinheiten, die ich mir selbst nicht zugetraut hätte. Ich bin kein Kind von Traurigkeit, aber er brachte es fertig, jedes weibliche Wesen, dem er begegnete, anzubaggern. So aufdringlich, dass es sogar mir peinlich war. Der Mann musste kuriert werden, ein für alle Mal. Einen Abend begleiteten Gary und ich Andrew auf seiner Sauftour – nachdem wir zuvor mit Georgy telefoniert hatten. Georgy war eine besondere Person. Singapur ist eine der Metropolen für thailändische Transvestiten, sie sind ein fester Bestandteil des Nachtlebens. Wir hatten einen thailändischen Spieler in der Mannschaft, den sie vergötterten, und so saßen bei jedem Heimspiel eine Reihe dieser «Lady-Boys» auf der Tribüne. Unter anderem Georgy. Sie oder er war eine Institution im Nachtleben von Singapur, jeder kannte die langbeinige, lasziv auftretende Diva. Bis auf Andrew. Wir beschrieben ihr Andrew genau, und sie stimmte unserem Plan zu. Nach ein paar Minuten sprach diese wunderschöne Frau Andrew an. Er erschrak regelrecht, so ein graziles Wesen hatte sich offenbar noch nie für ihn interessiert. Und sie interessierte sich nur für ihn, würdigte Gary und mich keines Blickes. Andrew fing an zu plappern. Er genoss es, im Mittelpunkt zu stehen. Ab und zu warf er einen Blick zu uns herüber, als wolle er sagen: So agiert ein Frauenheld. Wir nickten anerkennend, und nach zwei Bier knutschten Andrew und der Lady-Boy wild in einer Ecke der Bar. Woran er merkte, dass etwas nicht stimmte, weiß ich nicht genau – gut möglich, dass er ihr in den Schritt gefasst hat. Ein lauter Fluch aus der Ecke, und Andrew kam an die Bar gestürmt. Er bestellte vier Wodka auf einmal. Ich hatte am nächsten Morgen Muskelkater im Bauch, so viel habe ich gelacht. Georgy bekam als Dank ein Dutzend Freikarten von mir.

Doch unsere erzwungene Wohngemeinschaft ermutigte Andrew auch weiterhin, jedes Detail mit mir zu teilen. Es wurde nicht besser. Der Kühlschrank war weiterhin leer und er noch da. Was ich besaß, musste auch er besitzen. So zum Beispiel Tattoos, von denen ich mehrere hatte. Für einen Fernsehwerbespot bot mir Nike eine obszön hohe Summe dafür, dass ich mir das Logo des Sportartikelherstellers auf die rechte Wade tätowieren ließ. Ich willigte ein. So richtig gut sah es nicht aus, ich fühlte mich wie eine Litfaßsäule, mein Kopf muss bei dieser Entscheidung einmal mehr im Stand-by-Modus gewesen sein. Doch als ich mit dem ungewöhnlichen Körperschmuck nach Hause kam, war Andrews Interesse sofort geweckt. «Ich wollte mir schon immer ein Tattoo stechen lassen», sagte er, als er am Abend das Logo an meinem Bein sah. «Du musst mich morgen zu dem Studio bringen. Was hältst du von den chinesischen Schriftzeichen für Kraft und Stärke?» Ich wollte zunächst widersprechen, denn ich hatte am kommenden Tag zwei Trainingseinheiten und ein Fernsehinterview auf dem Programm. Außerdem gibt es bessere Ideen, als sich spontan ein Tattoo stechen zu lassen – schließlich hat dieser Schmuck die Eigenschaft einer Heirat: Wie gut einem dieser ewige Begleiter gefällt, merkt man erst nach ein paar Jahren. Doch dann kam mir ein Gedanke. «Klar bring ich dich hin», sagte ich lächelnd, «und das mit den chinesischen Schriftzeichen ist eine super Idee.»

So fies wie am folgenden Tag war ich selten in meinem Leben. Nach dem Training fuhr ich alleine zu dem Tätowierer. Es kostete mich 300 Dollar und einige Überredungskraft, doch dann stand meine Rache für die schlaflosen vergangenen beiden Wochen. Wie verabredet, fuhr ich Andrew zu dem Tätowierer, der sich während seiner Arbeit genau wie ich zwei Stunden lang Andrews Vortrag anhören musste. Wie gewaltig sein Tattoo auf die Londoner Damenwelt wirken werde. Als ich die Schriftzeichen auf Andrews Oberarm sah, musste ich mich zusammenreißen, um nicht laut loszulachen. Glücklich flog Andrew zwei Tage später nach London.

Es dauerte geschlagene vier Jahre, bis ich endlich den Anruf bekam, auf den ich seit diesem Tag gewartet hatte. Andrew grinste nicht wie sonst, das hörte ich an seiner Stimme. «Lutz, was hast du gemacht?», brüllte er durch das Telefon. «Da hast du doch deine Finger im Spiel gehabt.» Ich gab mich unschuldig. Andrew fuhr fort. «Ich stehe hier in einem chinesischen Imbiss, und der Besitzer lacht mich seit einer Viertelstunde aus.» Er war der Erste, der erkannt hatte, dass Andrews Oberarm mit der Bezeichnung «Schwanzlutscher» verziert war. Ich fing an zu lachen, und mein Dementi klang offenbar nicht wirklich glaubwürdig. «Bastard, ich bringe dich um», schrie Andrew, doch ich hörte ihn kaum, so laut musste ich lachen. Das sind die letzten Worte, die ich von Andrew höre, dachte ich. Doch irgendwie schien die Aktion Andrews Humor getroffen zu haben. Er ließ das Tattoo ändern, inzwischen hat er mir längst verziehen.

Eine solche Gemeinheit habe ich mit keinem anderen Menschen angestellt. Aber in diesen Tagen gab mir das gefälschte Tattoo von Andrew meinen inneren Frieden zurück. Ich spielte die Saison ordentlich zu Ende, und am letzten Spieltag hatte ich gleich mehrere Angebote aus Finnland. Eine Woche nach dem letzten Spieltag in Singapur begann dort die Saison.

Vor Hunderten von Jahren, als die Menschen noch zu Fuß um die Welt zogen oder auf Pferden ritten, bereitete die Reise selbst die Menschen auf die Veränderungen in ihrem Leben, ihre neue Umgebung vor. Sie waren über Monate unterwegs, die Dinge flossen allmählich dahin, unmerklich änderte sich die Umgebung, das Klima, die Temperatur. Heute dagegen haben wir uns daran gewöhnt, ans andere Ende der Welt zu fliegen, als gingen wir durch eine Tür. Das Flugzeug riss mich am Morgen aus der Betonwüste Singapurs und spuckte mich nicht einmal 24 Stunden später in den Wäldern Finnlands wieder aus. Kaum eine Berufsgruppe lebt dieses Kästchenhüpfen über die Klimazonen des Planeten so aus wie wir Profifußballer. Mittlerweise ist das für mich Alltag geworden, aber bei derart extremen und kurzfristigen Wechseln meiner Umgebung kamen mir derartige Gedanken im Laufe meiner Karriere doch in den Sinn.

Ein paar Monate spielte ich in Tampere, dann wechselte ich zum Haka Valkeakoski im Westen Finnlands. Hier erlebte ich den extremen nordischen Winter. Der Rasen fühlte sich an, als wäre er aus Beton. Wenn die Stollen auf der gefrorenen Erde trommelten, klang es wie in alten Karl-May-Filmen, wenn eine Herde Pferde über die Prärie galoppierte. Ganze acht Zuschauer wollten das Freundschaftsspiel in Oulu im Norden Finnlands sehen. Bei minus zwölf Grad Celsius hatte der Schiedsrichter angepfiffen, in der Halbzeit war die Temperatur bereits auf minus 17 Grad gefallen, dazu wehte uns die zerstörerische Kraft eines kalten, stürmischen Windes ins Gesicht. Ich konnte mich kaum bewegen, so dick hatte ich mich noch nie zu einem Fußballspiel eingepackt. Über dem Trikot von meinem neuen Verein Haka Valkeakoski trug ich eine warme Regenjacke, unter der langen Trainingshose eine Thermohose, wie sie auch Polarforscher nutzen. Unser Trainer Keith Armstrong hatte sich vor dem Anpfiff nur kurz mit dem Mannschaftsarzt und dem Schiedsrichter beraten, ob es für die Gesundheit der Spieler zu gefährlich sein könnte, bei diesen Temperaturen anzutreten. Das Ergebnis stand eigentlich schon vorher fest. In Finnland nehmen sie den Satz, nachdem es kein schlechtes Wetter, sondern nur schlechte Kleidung gebe, noch wörtlich.

In Deutschland wird ab minus zehn Grad von intensiven sportlichen Belastungen abgeraten. Selbst in Finnland finden in den eisigen Regionen im Norden die meisten Spiele in riesigen Hallen statt. Bei Oulu aber wurde die Halle gerade gewartet, der Trainingsplatz hatte keine Rasenheizung – also spielten wir auf einem Hartplatz in der Kälte, die jede Nervenzelle unserer Körper folterte. Das Spiel fühlte sich quälend langsam an, die Bewegungen wirkten wie in Zeitlupe, und ich hatte das Gefühl, als dauere eine Halbzeit 450 Minuten. Das Ergebnis habe ich vergessen, vielleicht auch verdrängt, doch die heiße Dusche nach dem Spiel war die beste meines Lebens.

Wer die Langsamkeit sucht, der muss nach Finnland. Der Kontrast zu Singapur und seiner glitzernden, oberflächlichen Fassade hätte nicht größer sein können. Das Land entwickelte sich damals, 1997, gerade zum High-Tech-Standort Europas. Einem Labor der Zukunft, nachdem es kurz zuvor noch wie kaum ein anderes Land von den Folgen des Zusammenbruchs der Sowjetunion getroffen worden war. Nun aber sprach ganz Europa von Finnlands Technologiesektor und dem Wachstum der Wirtschaft.

Jene Dynamik wussten die Finnen im Alltag freilich gut zu verbergen, besonders gut gelang das den 20 000 Einwohnern in meiner neuen Heimat Valkeakoski. Die Menschen sind freundlich, aber wägen vor jeder Emotion und jedem Wort ab, ob diese

Extrovertiertheit wirklich nötig ist – als sei nur ein begrenzter Lebensvorrat davon vorhanden.

Finnland ist die vielleicht größte Meditationsstätte der Welt. Hier habe ich eine meiner großen Lieben entdeckt, die Liebe zu langen Nachtfahrten mit dem Zug. Häufig fuhr unsere Mannschaft zu Spielen in den entlegensten Orten des Landes mit dem Zug. Das Land ist fast so groß wie Deutschland, es wohnen dort aber lediglich fünf Millionen Menschen – kaum ein europäisches Land ist so dünn besiedelt. Selten habe ich eine größere Ruhe gespürt als in den Momenten, in denen ich Millionen Bäume passierend in den Sonnenaufgang gefahren bin, begleitet von dem immer gleichen erdverbundenen Rattern eines alten Zuges. Ich hatte in meinem Leben nie ein Medizinbuch in der Hand. Zugfahrten nach Rovaniemi oder Oulu aber, da bin ich mir sicher, sind die beste Therapie gegen die meisten psychischen Krankheiten unserer Zeit.

Elf Stunden dauerte die Zugfahrt von Valkeakoski zum Auswärtsspiel in Kemi, einer winzigen Hafenstadt in Lappland ganz im Norden des Landes. Millionen Bäume verschwammen am Fenster, nur selten von ein paar versprengten Häusersiedlungen unterbrochen. Ich lernte während Fahrten wie dieser, meine Gedanken zu beobachten. Wie es ihnen nach ein paar Stunden im Zugabteil immer intensiver gelang, sich auf das anstehende Spiel zu fokussieren. Wie klar ich mir die Spielsituationen vorstellen konnte, die mich im Laufe der 90 Minuten erwarteten. Aus Singapur hatte ich meine gute Form konservieren können. Nun aber ging ich noch konzentrierter in die Partien. Hätte es Jürgen Klinsmann, das Synonym für moderne Trainingsmethoden, in seiner Karriere doch nur nach Finnland verschlagen – ich bin mir sicher, er würde seine Spieler in der Saisonvorbereitung einfach nur zur Meditation quer durch Finnland fahren lassen. Mit dem Zug.

Das Spiel in Kemi schien dem meiner bisherigen fünf Auswärtsspiele in Finnland zu gleichen. 4000 Fans schauten sich das

Spiel an. Das bedeutete für Kemi Saisonrekord. Der Geräuschpegel erinnerte aber eher an die Kulisse eines vornehmen Tennisspiels. Die Mentalität der Menschen spiegelt sich in ihren Fußballstadien wie an kaum einem anderen Ort.

Kurz nach der Halbzeit führten wir mit 2:0. Plötzlich hörten wir von weitem ein Brummen, als hätten alle Männer auf der Tribüne ihre elektrischen Rasierapparate mitgebracht und gleichzeitig angestellt. Der Platz wurde dunkel. Ich schaute nach oben. Da rief der Schiedsrichter: «Moskitos, alle in die Kabine.» Wir liefen los. Riesige Insekten in Libellengröße fielen über den Platz her. Während ich lief, kamen mir Bilder aus dem Film *Die Vögel* von Alfred Hitchcock in den Sinn. Die Moskitos stachen nicht, aber hatten auch vor rumfuchtelnden Menschen keine Angst. Immer wieder im Mai, wenn der Frühlingsregen einsetzt, suchten ganze Schwärme die Ortschaften im Norden auf. Wir Spieler erreichten fluchend die Kabine und knallten die Tür zu, draußen hörten wir das Brummen der Insekten. Zwei von ihnen hatten es in die Kabine geschafft, sie schwirrten in einem zackigen nervösen Kurs um die Neonleuchte herum. Langsam wurde das Brummen leiser. Nach einer halben Stunde traute sich der Schiedsrichter aus den Katakomben. «Das Spiel kann fortgesetzt werden», ließ er unseren Kapitän wissen. Verunsichert traten wir wieder auf den Platz. Die Insekten waren weg. Gut. Die Zuschauer auch. Schlecht. Sie waren nach Hause geflüchtet. Die zweite Halbzeit fand ohne einen einzigen Zuschauer statt, ein Novum in meiner Karriere.

Auf der Rückfahrt schaute ich wieder stundenlang aus dem Fenster und kam ins Grübeln, wie so oft in diesen Wochen. Noch immer träumte ich von einer Rückkehr in die Premier League. Doch meine Rastlosigkeit schien sich in den Weiten der finnischen Wälder zu verflüchtigen. In einem Land, in dem je nach Jahreszeit die Sonne schon um 14 Uhr untergeht, findet auch der unruhigste Geist Frieden. Ich war inzwischen 25 Jahre alt und seit sechs Jahren um die Welt gereist – der Gedanke, sesshaft zu werden, erfasste mich erstmals in all seiner Ernsthaftigkeit. Ich hatte in Singapur eine Beziehung mit einer Asiatin begonnen. Lilies war geschieden und hatte mich mit ihren beiden Kindern nach Finnland begleitet. Auch sie machte sich immer mehr Gedanken, ob sie der Familie das rastlose Leben an der Seite eines globalisierten Fußballprofis, der mal hier, mal da eine Saison spielte, zumuten konnte. Ihre Tochter Dewi war elf Jahre alt, ihr Sohn Michael sechs. Sie sehnte sich nach einem Ort, an dem die beiden dauerhaft zur Schule gehen könnten.

Seit einigen Wochen hatten wir uns nun schon mit dem Gedanken auseinandergesetzt: Ein Vertreter des indonesischen Fußballverbandes hatte mich angeschrieben. Die Nationalmannschaft war damals schwach wie lange nicht, woraufhin der Verband ausländische Profis suchte, die mit Indonesierinnen verheiratet waren und schnell eingebürgert werden konnten. Neben dem jugoslawischen Ex-Nationalspieler Midhat Gluhacevic hatten sie meinen Namen recherchiert, auch wenn ich zu diesem Zeitpunkt gar nicht mit Lilies verheiratet war. Man könne sich gut vorstellen, mich bei einem Profiverein in Jakarta spielen zu lassen. Verband und Club würden sich mein Gehalt teilen. So etwas Verrücktes hatte selbst ich noch nicht gehört. Als ich den Brief las, musste ich lachen. Ich sagte ab.

Immer wieder hatte in den Jahren zuvor aber auch Wacker Burghausen angefragt, ob ich mir eine Rückkehr nach Deutschland vorstellen könne. Das war eine realistischere Option. Burghausen spielte Mitte der neunziger Jahre in der Dritten Liga. Ein Spitzenteam mit lauter Vollprofis, aber eben doch nur Dritte Liga – trotz lukrativer Angebote hatte ich bislang immer freundlich abgesagt. Als nun, im Frühjahr 1998, allerdings der Anruf kam, zögerte ich nicht lang. Der Verein hatte dank seines Namensgebers, der Wacker Chemie AG, die finanzielle Substanz, um in die Zweite Bundesliga aufzusteigen, und bot mir zudem einen gutdotierten Zweijahresvertrag. Lilies strahlte mich an, als ich ihr von dem Angebot erzählte. Meine Odyssee, so war ich mir damals sicher, würde in Burghausen enden – in einem schönen Apartment, mit Familienleben und einem sicheren Job im Tor eines bayerischen Drittligisten. Burghausen liegt nur 100 Kilometer von Zwiesel entfernt. Der Kreis hatte sich geschlossen.

Keine zwei Monate später hatten wir eine wunderschöne Wohnung im ersten Stock eines Neuöttinger Mietshauses bezogen. Plötzlich war ich ein normaler bayerischer Arbeitnehmer, der auf dem Fußballplatz brav seine Arbeit verrichtete, jeden Morgen beim Bäcker vier Brez'n kaufte und an spielfreien Tagen in den Bergen wandern ging. Einer, der den Traum von der ganz großen Karriere zumindest für eine Zeitlang verdrängt hatte. Einer, der zur Ruhe kommen wollte. Einer, der an einem Tag im Herbst zu Hause seine indonesische Frau aufgelöst wie nie auffand.

Im Briefkasten hatte sie einen Brief ohne Absender gefunden. «IHR GEHÖRT NICHT HIERHER! GEHT! BESSER SOFORT!» stand dort auf einem linierten Blatt Papier geschrieben. Lilies sagte nichts, aber aus ihrem Gesicht war jede Farbe gewichen. «Das ist nur ein dummer Jungenscherz», versuchte ich sie zu beruhigen und bemühte mich, mein sorgenfreies Lächeln aufzusetzen. Ganz geheuer war mir die Sache nicht. Ich war nicht weit von Burghausen aufgewachsen. Nie hatte ich gehört, dass der Ort Fremden gegenüber mit Abneigung aufgetreten wäre.

Am nächsten Nachmittag empfing mich Lilies schon an der Eingangstür unserer Wohnung – wieder bleich, diesmal mit Tränen in den Augen. Stumm zeigte sie auf den Küchentisch. Dort lag die Post des Tages, vier Briefe, alle blutverschmiert. Jemand hatte ein blutiges Stück Rindfleisch in den Briefkasten gelegt, dazu wieder ein Schreiben mit großen Buchstaben: «IHR GEHÖRT HIER NICHT HIN. DIES IST EIN DEUTSCHER ORT.» Lilies hatte das stinkende Fleisch auf eine Plastiktüte neben das Papier gelegt. «Ich habe Angst um die Kinder.» Vor einer halben Stunde habe ein Mann angerufen. «Er hat gesagt, er will uns hier nicht mehr lange sehen, sonst wird aus der Großfamilie eine Kleinfamilie.» Mein Puls schoss hoch wie sonst nur beim Elfmeterschießen. Nervös tippte ich die 110 in mein Handy und erzählte der Polizei, was passiert war. Eine halbe Stunde später saß Oberkommissar Klaus Straußberger von der Polizeiinspektion Burghausen an unserem Küchentisch: «Öffnen Sie auf keinen Fall weitere anonyme Briefe, die Sie erreichen, sondern leiten Sie sie sofort weiter», sagte er.

Fortan ließ ich die Kinder nicht mehr aus den Augen. Jeden Morgen um sieben Uhr brachte ich Dewi ins Gymnasium, danach Michael zur Grundschule, und nach der ersten Trainingseinheit holte ich beide wieder ab. Lilies verließ die Wohnung nicht mehr, es war ein Leben wie unter Hausarrest. Wieder waren Briefe mit ausländerfeindlichen Parolen gesendet worden, diesmal an den Verein adressiert. Die erkennungsdienstliche Abteilung des Landeskriminalamtes München erstellte anhand der sprachlichen Gestaltung der Briefe ein Täterprofil. Die Polizei richtete Fangschaltungen in unserer Wohnung ein und durchsuchte mehrere Wohnungen aus dem Landkreis. Erfolglos.

Wir bekamen weiter Post. Diesmal war ich es, der ein sauber verpacktes kleines Päckchen im Briefkasten fand – ohne Absender. Ich dachte an den Rat des Kommissars, derartige Post sofort weiterzuleiten. Ein paar Sekunden zögerte ich, öffnete das Paket dann aber doch. Der Moment, in dem ich den Inhalt sah, war der Moment, in dem ich mich innerlich aus Burghausen verabschiedete. In der Pappe lag ein toter Spatz. Zwei Nadeln hatten seinen Kopf durchbohrt.

Bis um zwei Uhr nachts saß ich mit Lilies im Wohnzimmer, um unsere Situation zu besprechen. «Ich möchte zurück nach Indonesien», sagte Lilies. Ich nickte. Auch mich hatte das Fernweh wieder gepackt. Und ich musste an das Angebot denken, das mich einige Monate zuvor aus Lilies' Heimat erreicht hatte. So verrückt wirkte es nun gar nicht mehr auf mich. Ein Bayer im Tor der indonesischen Nationalmannschaft, ganz nebenbei mit

1,87 Meter Körpergröße einen Kopf größer als alle anderen im Team. Mir gefiel die Vorstellung.

Manager Kurt Gaugler und der großartige Trainer Kurt Niedermayer konnten meine Entscheidung verstehen. «Wir legen dir keine Steine in den Weg», sagte Gaugler, als ich ihm von meinem Entschluss erzählte. Seit zwei Monaten hatte es keine Drohungen oder grausamen Briefsendungen mehr gegeben. Die Unbeschwertheit, mit der wir bis zum Herbst gelebt hatten, war dennoch verschwunden. Der Verein war von den Vorfällen tief getroffen, mit aller Kraft hatten die Verantwortlichen in den vergangenen Wochen versucht, bei der Suche nach dem mysteriösen Absender zu helfen – leider vergeblich. Burghausen pochte nicht auf den Vertrag, der noch über ein Jahr lief. Als mir Kurt Gaugler meine Papiere gab, verabschiedete er mich mit einem Schmunzeln: «Nationaltorwart von Indonesien», sagte er kopfschüttelnd, «irgendwann wirst du noch Papst.»

Ich wollte in meiner Karriere wenig ausschließen, versprach ihm aber mit ruhigem Gewissen, dass der nächste Papst nicht Lutz I. heißen werde. Andererseits hätte ich bis dahin auch einen Einsatz in der indonesischen Nationalmannschaft für das Resultat eines Fieberwahns gehalten. Fest steht: Während ich diese Zeilen schreibe, bin ich nicht Papst. Versprechen gehalten.

DER TOR IM TOR

Das Szenario kam mir unwirklich vor. Ich stand an einem schwül-heißen Apriltag auf einem Trainingsplatz am Rande von Jakarta und war tatsächlich von drei Dutzend wuseligen Indonesiern umgeben, alle mindestens einen Kopf kleiner als ich.

Der Verband hatte den erweiterten Kreis der Nationalmannschaft zu einem Trainingslager eingeladen, und dazu gehörte ich nun plötzlich auch, nachdem ich Lilies geheiratet hatte und einer Einbürgerung in Indonesien nichts mehr im Wege stand. Am Spielfeldrand nickte der Nationaltrainer jedes Mal fast übertrieben zustimmend, wenn ich einen Ball abwehrte. Sie taten, als würde ich seit Jahren zum Team gehören, und der Verband hatte bereits meine Finanzierung geregelt: Ich sollte in der Liga für den Spitzenverein Persija Jakarta spielen, die andere Hälfte meines Gehalts wollte der indonesische Verband aufbringen. Während ich den Vorschlag, mich als indonesischen Nationaltorwart einzubürgern, noch für absurd gehalten hatte, waren bereits alle entsprechenden Schritte eingeleitet worden. Ich musste nur zusagen.

Ich hatte in meinem Leben viele, eigentlich unzählbar viele schlaflose Nächte. In diesen Tagen aber war es besonders schlimm. Die Indonesier spielten weit schneller und technisch versierter, als ich gedacht hatte. Bei einem Testspiel der Nationalmannschaft gegen den Erstligisten Pelita Jaya hatte ich bereits im Tor gestanden, das Niveau der Spieler hatte mich überrascht.

Das ist doch verrückt, dachte ich und grinste in die Dunkelheit des Schlafzimmers hinein. In meinen Gedanken sah ich mich bereits bei der WM 2002, die drei Jahre später in Japan und Südkorea stattfinden sollte. Während ich langsam wegdämmerte, malte ich mir aus, wie es wäre, dort im Tor zu stehen. Nicht für Deutschland, wie ich immer gehofft hatte, sondern gegen mein Heimatland. Dutzende Angriffe der deutschen Nationalmannschaft rollten auf mein Tor zu, wir hielten dank meiner Paraden das 0:0. ARD-Mann Gerd Rubenbauer berichtete mit seinem breiten bayerischen Dialekt verzweifelt in die Heimat: «Ballack schimpft, der Schneider flucht, und Klose starrt auf den Boden – wer soll noch gegen diesen Pfannenstiel antreten?» Vermutlich habe ich während dieses Traums gelächelt.

Dass Indonesien nicht einmal zu den besten 100 Mannschaften der Welt zählte, daran dachte ich nur bei Tageslicht. Dann wurde mir auch immer wieder bewusst, dass ich meine deutsche Staatsbürgerschaft aufgeben müsste – mein Vater hätte in diesem Moment unverzüglich einen Herzinfarkt erlitten. Und dann war da noch dieses Gefühl, das in letzter Zeit wieder stärker geworden war: Für ein geruhsames Familienleben in einer indonesischen Villa fernab des großen Fußballgeschäfts fühlte ich mich mit meinen 25 Jahren noch nicht bereit. Lange grübelte ich, warum die Beziehung mit Lilies in den vergangenen Wochen gekriselt hatte. Schließlich kam ich zu dem Ergebnis, dass ich noch längst nicht genug gesehen hatte von der Welt.

Das Telefon klingelte, und ich hätte nicht drangehen sollen. Mit nassen Haaren war ich gerade aus dem Bad gekommen. In zehn Minuten würde das Taxi kommen, das mich ins Vereinsgebäude von Persija Jakarta bringen sollte. Nicht mehr als eine Formalie, der Vertrag war längst ausgehandelt: 6000 Dollar Grundgehalt im Monat plus Punktprämie.

«Hallo, Lutz», meldete sich jemand am anderen Ende der Leitung. Es war Alan Vest, der Trainer von Geylang United aus Singapur. Vor zwei Wochen hatte ich ihn zuletzt gesprochen. Auch dieser Verein wollte mich verpflichten, nach meiner ersten Saison in Singapur 1997 genoss ich dort noch immer einen guten Ruf. Ich wäre gern zurückgekehrt, aber Jakarta und der indonesische Verband hatten schlicht das bessere Angebot gemacht. «Willst du nicht doch zu uns kommen?», fragte Alan. «Ich habe beim Präsidenten mehr für dich rausschlagen können.»

Einen Moment zögerte ich. Bei Persija Jakarta stand ich im Wort, aber eben noch nicht unter Vertrag – und nichts anderes zählt letztlich für einen vereinslosen Fußballprofi. Und meinen deutschen Pass, das wurde mir immer deutlicher bewusst, wollte ich nicht abgeben – trotz aller Träume von WM-Ehren. Das Gespräch dauerte keine zwei Minuten. Ich sagte zu.

Als ich Lilies von der ganzen Angelegenheit erzählte, fingen wir einen heftigen Streit an. Sie schrie mich an, sie konnte mich einfach nicht verstehen. Manchmal kann ich das ja selber nicht. Am Ende war ich aber so gut wie Single, unser Abschied im Streit kam einer Trennung gleich. Und so saß am Abend im Flugzeug nach Singapur ein deutscher Torwart. Einer, der gerade den größten Fehler seines Lebens begangen hatte.

Am nächsten Morgen kam ich eine halbe Stunde früher als verabredet auf die Geschäftsstelle von Geylang United. Im Büro saß ein ziemlich bulliger Typ, der mich mit einem grimmigen Blick begrüßte. Er sah einige Seiten Papier durch, unterschrieb, schüttelte dem Trainer die Hand und ging dann wortlos zur Tür hinaus. «Wer war denn das?», fragte ich Alan. Der Trainer grinste. «Dein Vorgänger.» Der damalige neuseeländische Nationaltorwart Jason Batty hatte gerade seinen Auflösungsvertrag unterzeichnet.

Er war erst vor drei Monaten nach Singapur gekommen. Gleich in den ersten Spielen waren ihm einige entscheidende Fehler unterlaufen. Dann hatten die auf dieser Position üblichen Mechanismen gegriffen. Pfiffe der Fans, Spott der Zeitungen und ein Trainer, der sich insgeheim nach einem neuen Schlussmann umschaute. Ich erlebte diese Situation selbst oft genug, Mitleid gewöhnt man sich da ab. Wie so viele ausländische Torhüter war Batty mit der Fußballkultur in Singapur nicht zurechtgekommen. Die Spiele finden immer abends statt und damit immer unter dem für Torhüter blendenden Flutlicht. Hinzu kommt, dass die Spielzüge selten hochklassig sind, dafür aber immer unberechenbar. Batty hätte seinen Vertrag auf der Ersatzbank absitzen können. Aber die internationale Nachfrage nach Reservetorhütern aus Singapur ist begrenzt.

So hatte Geylang also innerhalb einer Viertelstunde den Torwart gewechselt. Nur vier Tage später stand ich erstmals zwischen den Pfosten. Wir gewannen gegen den Tabellensechsten Gombak mit 3:0, die fünf, sechs Schüsse auf mein Tor bereiteten mir keine Probleme. In riesigen Buchstaben titelte die *Singapore Straight Times* am nächsten Tag: «He's back.»

Es waren nur noch wenige Spiele bis zum Saisonende, und das Leben lief gut für mich. Wir landeten auf Platz vier, und die Menschen grüßten mich freundlich auf der Straße. Selbst als im Januar 2000 die Beziehung mit Lilies endgültig in die Brüche ging, konnte das meine Laune kaum trüben.

Ich genoss das Singleleben in den folgenden Monaten in vollen Zügen, so intensiv wie noch nie zuvor in meinem Leben. Der Rhythmus war immer der gleiche: Tagsüber hatten wir meistens eine Trainingseinheit, was gerade den Torhüter selten körperlich überfordert. Auch Konkurrenz hatte ich nicht zu fürchten: Shahril Jantan, der zweite Torhüter, war zwar sehr talentiert, aber gerade einmal 18 Jahre alt. Es waren mehr die Nächte, die anstrengten: Drei- bis viermal pro Woche war ich mit meinem Mitbewohner, Mickey Jurilj, unterwegs. Der Australier und ich hatten bei meinem ersten Gastspiel zeitgleich in Singapur gespielt und uns angefreundet. Als ich nun bei Geylang unterschrieb, heuerte er bei meinem Ex-Club Sembawang Rangers an. Ich rief ihn an und fragte, ob wir uns nicht ein Apartment teilen wollen. Er sagte zu.

Unsere Auftritte im Nachtleben von Singapur zelebrierten

wir regelrecht. Besonders mittwochs, wenn der angesagteste Club des Landes für die «Airline Night» reserviert war. In Singapur befindet sich mit dem Changi Airport einer der größten Flughäfen Asiens. Und Stewardessen gehören zu den partyfreudigsten Mädchen überhaupt. Diese Nächte waren legendär, es wurden ausschließlich Kabinencrews eingelassen – und Fußballprofis. Mickey und ich hatten ein Ritual. Mittwochmorgens fuhren wir an den Flughafen, holten uns Listen mit Flügen aller Airlines und überlegten, welche Stewardessen abends in den Club kommen würden. Für uns galt: je exotischer, desto besser. Wir waren neugierig, wie zum Beispiel die Mädchen von Syrian Airways aussahen. Tagsüber googelten wir dann im Internet alles über Syrien, was wir abends als breite Allgemeinbildung verkauften. Systematischer als wir zwei haben wohl nur wenige geflirtet.

Fußballer haben in Singapurs Nachtleben einen Sonderstatus, sie sind die mit Abstand populärsten Sportler des Landes. Nebenbei kommentierte ich beim größten Sportsender ESPN, alle paar Monate hatte ich für die Modelinie «Armani Exchange» Werbeauftritte – im Gegenzug durfte ich mich umsonst aus dem Sortiment bedienen.

Wahrscheinlich kamen Mickey und ich in dieser Zeit ziemlich arrogant rüber. Wir fuhren in Designerklamotten mit dem Auto des Sponsors vor dem Club vor, übergaben es mit laufendem Motor an einen Angestellten zum Parken und gingen an der Schlange von 150 wartenden Leuten vorbei. Schnell bekam ich den Eindruck, dass alle Türsteher des Landes Fußballfans sein müssten. «Können wir noch zwei bis drei Mädels aus der Schlange mitnehmen?», fragten wir oft. «Kein Problem.»

Dieses Leben endete erst, als ich an einem dieser Abende Anita näher kennenlernte – eine der hübschesten Euroasiatinnen, die ich jemals gesehen hatte. Gertenschlank, lange dunkle Haare, ein umwerfendes Lächeln. Wir hatten uns schon 1997 ein paarmal kurz gesehen, ihre Mutter arbeitete als Fußballmanagerin, und Anita war zu einigen Veranstaltungen mitgekommen.

Ich wusste, dass sie die meisten Typen abblitzen ließ, bevor die den ersten Satz ausgesprochen hatten. Irgendwann fasste ich mir ein Herz und sprach sie trotz allem an. Über ein bisschen Smalltalk kam auch ich nicht hinaus, doch ich überredete sie zu einem Kaffee. Es dauerte eine halbe Ewigkeit, ehe sie Vertrauen zu mir gefasst hatte. Zwei Monate später habe ich sie das erste Mal geküsst. An Nachtclubs habe ich von da an keinen Gedanken mehr verschwendet.

Verliebt wie ein kleiner Junge ging ich in meine zweite Saison bei Geylang United. Der Verein hatte noch einmal im großen Stil in neue Spieler investiert, wir galten wieder als Meisterschaftsfavorit. Erst recht, nachdem der Start mit sechs Siegen in Folge optimal gelang. Als Vierter des Vorjahres qualifizierten wir uns doch noch für die asiatische Champions League, wo wir allerdings eigentlich immer klar verloren. Aber immerhin vor den gewaltigen Kulissen, von denen ich als Kind geträumt hatte.

So bescherte uns das Los ein Spiel bei Esteghlal Teheran im riesigen Azadi-Stadion. Als es für die Asienspiele des Jahres 1974 gebaut wurde, fanden hier unfassbare 140 000 Zuschauer Platz. Inzwischen hatte man die Kapazität auf 100 000 reduziert, aber auch diese Zahl lärmender Fans war eine einprägsame Erfahrung, weit mehr als das Spiel selbst. Solche Spiele haben immer meine Wissbegierde geweckt. Ich wollte alles über die Länder wissen, in denen ich spielte, selbst wenn es nur ein Spiel war. Ich las viel vor diesen Begegnungen oder fragte Mitspieler aus, die aus den jeweiligen Ländern stammten. Im Iran erlebte der Fußball, von den Ayatollahs kritisch beäugt, gerade seine Hochphase, nachdem das Land bei der WM 1998 sensationell den Erzfeind USA mit 2:1 besiegt hatte.

Auch der Hauptstadtclub Esteghlal spielte technisch stark. Wir reisten inmitten einer Hitzewelle an, selbst am frühen Abend zeigte das Thermometer noch immer 35 Grad Celsius an. Niemals spielte ich vor einer solchen Geräuschkulisse, die unzähligen schrillen Flöten auf der Tribüne waren so laut, dass man den Schiedsrichter ungestraft beschimpfen konnte – er hörte es nicht. Wir waren von Beginn an ohne Chance und verloren mit 0:3.

«Warum waren keine Frauen im Stadion?», fragte ich auf dem Rückflug nach Singapur einen Mitspieler, der eine Saison im Iran gespielt hatte. «Sie dürfen ins Stadion», antwortete er. «Aber es ist wahnsinnig kompliziert, und sie müssen dafür eine Genehmigung beantragen.» Ich hatte keine einzige Frau gesehen, de facto waren Fußballstadien für sie eine Tabuzone.

Seine ehemaligen Mitspieler, erzählte er weiter, hätten ihm berichtet, dass durch den Fußball das Land in Bewegung geraten sei. Alle politischen Führer – der religiöse Führer, der Staatspräsident und der Parlamentspräsident – fanden in dieser Zeit lobende Worte. Die Begeisterung war nach den Erfolgen der Nationalmannschaft einfach zu groß, und so verstummten auch jene Kritiker, die noch wenige Wochen zuvor das «Fußballfieber» als einen Wahn gebrandmarkt hatten, den die imperialistische Sportwelt produziere. Es war eine Zeit, in der das Land auf den Straßen Fußballfeste feierte wie Deutschland bei der WM 2006 – auch die Frauen. Inzwischen, so habe ich gehört, ist es für sie einfacher geworden, Spiele zu besuchen.

Die Niederlage und das internationale Aus waren damals für uns einkalkuliert, es bedeutete keine große Enttäuschung. Doch dann verloren wir auch in der Liga ein Heimspiel, wurden unkonstanter, und am Ende der Hinrunde trennten uns vier Punkte von Platz eins. Die Stimmung im Verein war gereizt. Ganz so, als läge das Unheil der kommenden Monate schon in der Luft.

Es gibt Zufälle im Leben, die alles verändern können. Ein Freund von mir hatte beim Einkaufen Tomaten vergessen, ging zurück in den Supermarkt und traf dort die Frau, die er ein Jahr später heiratete. Manche Menschen glauben plötzlich an Wunder, weil das Flugzeug, das sie knapp verpasst haben, kurz darauf abstürzt. Bei mir war dieser Zufall umgekehrt: Ich habe sozusagen mein Flugzeug verpasst und bin in eines gestiegen, das kurze Zeit später abstürzen sollte.

Unser letztes Spiel vor einer wochenlangen Spielpause endete mit einer Sensation: Wir verloren mit 0:1 im heimischen Bedok-Stadion gegen die Durchschnittskicker von Jurong. Frustriert stieg ich nach den üblichen Interviews in meinen Honda. Als ich den Motor startete, leuchtete die Tanknadel auf: Das Benzin würde wohl nur noch für 40 Kilometer reichen. Ganz in der Nähe des Stadions war eine Tankstelle. «Fahr ich noch hin oder nicht?», überlegte ich und reihte mich dann doch hinter den wartenden Autos ein. Als ich gerade den Tank füllte, kam ein riesiger Inder mit einem gewaltigen Bauch auf mich zu. «Du bist doch der Geylang-Torwart», sprach mich der schwitzende Mann an. Ich nickte beiläufig, solche Gespräche führte ich damals jeden Tag ein Dutzend Mal. «Schade, dass ihr nicht gewonnen habt», fuhr der Fremde fort, «ich schau oft zu. Vielleicht sieht man sich ja mal wieder.» «Ja, klar», erwiderte ich müde, verabschiedete mich flüchtig und stieg wieder in das Auto.

20 Minuten später hatte ich die Wohnanlage Orchid Park Condominium in Yishun erreicht, wo Mickey und ich sowie eine ganze Reihe anderer Profis unsere Apartments hatten. Das Gelände ist eingezäunt – wer hineinmöchte, muss kurz vor einer kleinen Einfahrt warten. Gedankenverloren wühlte ich in meiner Sporttasche auf dem Beifahrersitz nach der Chipkarte für das Tor, da blinkte hinter mir ein Auto auf. Es war der Inder, der ausstieg und an mein Fenster trat. «Ah, hier wohnst du also», sagte er, «meine Wohnung ist nicht weit von hier. Ich bin übrigens Golftrainer, wenn du magst, können wir mal 'ne Runde spielen. Umsonst natürlich.» Ich wunderte mich, dass er mir gefolgt war, hatte aber keine Lust auf lange Diskussionen. «Ja, ja», sagte ich, wohl auch, um ihn loszuwerden, «bestimmt.» Etwas verärgert angesichts der massiven Aufdringlichkeit fuhr ich durch das Tor. Dass der Inder ganz woanders wohnte und mir bewusst gefolgt war, sollte ich erst später erfahren.

Vier Wochen darauf saß ich mit Mickey in einem Restaurant. Plötzlich tippte mir von hinten jemand auf die Schulter. Ich drehte mich um und sah wieder den Inder. «Hey, wie schaut es denn nun aus mit dem Golfspielen?», fragte er, «ich könnte euch auf die Anlage des Orchid Country Clubs bringen.» Der Platz war der nobelste von Singapur, ohne Einladung kam dort niemand rein. Mickey und ich schauten uns an und nickten. Diese Gelegenheit wollten wir nutzen und gaben ihm bereitwillig unsere Festnetznummer.

Gleich am nächsten Tag rief der Fremde an – ob wir jetzt Zeit hätten, fragte er. Wir verabredeten uns auf einen Kaffee im Golfclub. Er heiße übrigens Sivakumar, stellte er sich vor. Trotz seines Berufes als Golftrainer schien er nichts anderes als Fußball im Kopf zu haben. Wir diskutierten über die englische Premier League, über den Fußball in Malaysia und die deutsche Nationalmannschaft, die gerade zwei äußerst dürftige Jahre unter dem Verlegenheitsbundestrainer Erich Ribbeck hinter sich hatte. Irgendwann kam das Gespräch auf unser nächstes Spiel gegen Home United, den Tabellendritten. «Könnt ihr die schlagen?», fragte Sivakumar. «Klar», antwortete ich, «die Mannschaft ist gut drauf.» Dieser Satz sollte mich in nicht allzu ferner Zukunft ins Gefängnis bringen.

Wochen später waren Mickey und ich in einem Shoppingcenter. Wieder tippte mir jemand auf die Schulter. Bevor ich mich umdrehen konnte, hörte ich schon die beleidigte Stimme des Inders: «Das Spiel gegen Home United ist nur 2:2 ausgegangen.» Ich musste einen Moment überlegen. Das Spiel war damals nicht gut für uns gelaufen, ich hatte reichlich zu tun bekommen. Nach dem Schlusspfiff war ich als «Spieler des Tages» geehrt worden. «Ich habe mein Bestes gegeben», antwortete ich Sivakumar, «aber die waren einfach gut.» Der Inder beruhigte sich. «Nächste Woche spielt ihr doch gegeneinander», sagte er und blickte abwechselnd Mickey und mich an. Tatsächlich trafen unsere Vereine Geylang und Sembawang Rangers aufeinander, wir überboten uns schon seit Tagen mit Sprüchen. «Wie geht das aus?» Das Hinspiel hatten wir mit 3:1 gewonnen, die Rangers lagen nur auf Platz elf. «Klar gewinnen wir», sagte ich also und war überrascht, dass sich Mickey ungewohnt realistisch gab: «Wenn wir Glück haben, holen wir ein Unentschieden.» «Mal schauen», sagte der Inder zu Mickey, «vielleicht riskiere ich darauf eine Wette.» Am Ende gewannen wir mit 2:1. Ein ganz normales Ergebnis. Doch Sivakumar hatte, so sollte ich später erfahren, anscheinend einen großen Betrag auf einen hohen Sieg von Geylang gesetzt.

Drei Wochen darauf wiederholte sich das Spielchen. Sivakumar rief an und fragte, ob er auf einen Kaffee vorbeikommen könne. Ich hatte nichts vor und stimmte zu. Wir sprachen einmal mehr zu hundert Prozent über Fußball und null Prozent über Golf. «Nächste Woche spielt ihr gegen Woodlands», sagte er. «Wie schaut's aus?» «Das gewinnen wir.» «Ja klar», entgegnete er grimmig, «das sagst du jedes Mal.» Wir scherzten über meine Prognosen, wie man eben über Fußball redet. Ich erklärte ihm, dass Woodlands über eine lausige Taktik verfüge und nicht zufällig Tabellenvorletzter sei. Niemals wäre mir in den Sinn gekommen, dass er daraufhin erneut einen hohen Betrag setzen wollte.

Doch Sivakumar wollte. Und er ging auf Nummer sicher. Am Freitagabend, einen Tag vor dem Spiel, wurden die beiden besten Spieler von Woodlands von zwei Fremden angegriffen. Der Engländer Max Nicholson konnte fliehen, doch der Kroate Ivica Raguz, der gefährlichste Woodlands-Stürmer, hatte keine Chance: Er bekam einen Hockeyschläger gegen das rechte Knie gerammt. Die beiden Täter flüchteten ohne Beute. Ihr Motiv war klar: Sie wollten den Einsatz von Raguz und Nicholson verhindern. Der Verdacht fiel auf die asiatische Wettmafia. Und der Plan der Buchmacher ging trotz der gelungenen Flucht von Nicholson vor den Attentätern auf. Denn Raguz fiel verletzt aus, und wir gewannen das Spiel ungefährdet mit 2:0.

Schon in den Monaten zuvor hatten Gerüchte um Spielmanipulationen einmal mehr die Schlagzeilen in Singapur beherrscht. Die Liga war einst mit dem Vorsatz gegründet worden, in dieser Hinsicht sauberer zu sein als andere asiatische Ligen. Nun galt sie als eine der anfälligsten weltweit, sie vereinte alle nötigen Faktoren für Buchmacher mit krimineller Energie. Im Schnitt kamen gerade einmal 5000 Zuschauer in die Stadien, einheimische Spieler kassierten selten mehr als 3000 Dollar pro Monat. Leicht ließ sich durch Prämien von Buchmachern das Einkommen binnen 90 Minuten verdoppeln. Hinzu kam, dass in Asien die Wettmafia den Fußball schon in den neunziger Jahren fest im Griff hatte. Während in Deutschland der Skandalschiedsrichter Robert Hoyzer noch zur Schule ging, wurden in Singapur bereits ein bis zwei Millionen Dollar pro Spiel bei Buchmachern gesetzt.

So hatte es in den vergangenen Monaten immer wieder erstaunliche Ergebnisse gegeben. Mittelmäßige Mannschaften wie Tampines oder Balestier gewannen gegen Spitzenteams, nur um einen Spieltag später völlig wehrlos beim Tabellenletzten unterzugehen. Durch die Hockeyschlägerattacke wuchs das Getuschel zu einem handfesten Skandal. Der Druck auf die Regierung stieg, schließlich war Singapur schon damals wie kaum ein anderer Staat um ein Saubermann-Image bemüht. Eine korrupte Liga passte da nicht so recht ins Bild.

Die Spiele gingen normal weiter, doch im Hintergrund suchten die Fahnder mit Hochdruck nach den beiden Attentätern. Die berüchtigte CPIB schaltete sich ein, das «Central Practices Investigations Bureau». Noch unter der britischen Kolonialregierung war diese Spezialeinheit in den fünfziger Jahren gegründet worden. Ihre Beamten galten als die brutalsten in ganz Asien. Kaum eingeschaltet, planten sie, Spieler nach ungewöhnlichen Ergebnissen an Lügendetektoren anzuschließen.

Zwei Wochen war die Attacke das Tagesthema in Singapur. Bis zu jenem Tag, als vor unserem Spiel bei Marine Castle ein

Fax auf der Geschäftsstelle einging, das auch an den Gegner und den Fußballverband von Singapur gesendet wurde. «Geylang wird das Spiel mit 1:0 gewinnen», hieß es darin, «der Kapitän Billy Bone und der Stürmer Brian Bothwell von Geylang haben jemandem eine große Menge Geld übergeben, der den Betrag auf Sieg platzieren sollte.» Das angekündigte Ergebnis trat ein, wir gewannen bei strömendem Regen mit 1:0. Das Fax hatte für einige Tage die Hockeyschlägerattacke aus den Schlagzeilen verdrängt.

Es dauerte nicht lang, da hatte die CPIB den Absender des Fax ausfindig gemacht. Das Dokument war von einem Internetcafé aus versendet worden, der Besitzer identifizierte anhand der Überwachungskamerabilder den dicken Inder Sivakumar als Absender. Die Beamten durchsuchten seine Wohnung und stießen über seine Telefonlisten auf weitere Verdächtige. Bei einem von ihnen wurde der Hockeyschläger gefunden, mit dem das Attentat begangen worden war. Sivakumar hatte mit dem Fax die Ermittlungen von der Attacke ablenken wollen. Wenige Stunden später saß er in Untersuchungshaft. Ihm drohten mehrere Jahre Haft.

Doch der CPIB nutzte der Fahndungserfolg nur wenig. Die Verurteilung eines übergewichtigen Golftrainers ließ sich öffentlich nur schwer als Durchbruch im Kampf gegen Spielmanipulationen verkaufen. Sivakumar schlug den Fahndern einen Deal vor. Er sei die vergangenen Monate immer wieder mit Spielern in Kontakt gewesen. Er bot volle Kooperation gegen Straffreiheit an, und die Ermittler willigten ein. Sechs bis sieben Namen nannte er den Fahndern – darunter meinen und den von Mickey.

Anita, Mickey und ich saßen am folgenden Sonntagnachmittag zu Hause und schauten uns eine ziemlich alberne amerikanische Komödie an: *Deuce Bigalow: Male Gigolo*. Ein platter Film, aber wir lachten uns bei jeder Pointe auf dem Sofa halb schief. Mitten im Film läutete es an der Tür. Mickey ging zur Tür und schaute durch das Guckloch: Vor dem Apartment standen fünf Asiaten, unauffällig gekleidet in Polohemden und Jeans. «Die kenne ich nicht», rief er Richtung Wohnzimmer. «Vielleicht sind das die Zeugen Jehovas», scherzte ich von der Couch aus, «sag ihnen, dass wir nichts brauchen.» Mickey öffnete die Tür. Kaum war sie einen Spalt geöffnet, bekam er bereits eine Faust ins Gesicht. Er ging zu Boden, und die Männer stürmten an ihm vorbei. «CPIB!», riefen sie, «CPIB!»

Anita und ich standen verwirrt von der Couch auf, während die Zivilpolizisten innerhalb von fünf Minuten die ganze Wohnung auseinandernahmen. «Könntet ihr uns vielleicht sagen, was ihr sucht?», fragte ich, als einer gerade in unsere Kaffeedose schaute. «Beweise.» «Was für welche denn?», fragte ich in einer Mischung aus Ärger und Sarkasmus. «Vielleicht können wir euch ja helfen. Schaut doch mal in den Lampen nach.» Anita dagegen war kreidebleich und brachte kein Wort über die Lippen. Wer in Singapur aufgewachsen ist, der weiß, dass mit der CPIB nicht zu scherzen ist.

Schließlich mussten Mickey, Anita und ich zum CPIB-Hauptquartier mitkommen. In T-Shirts, kurzen Hosen und Sandalen stiegen wir in einen Honda der Ermittler. «In einer halben Stunde gehen wir zum Essen, danach noch in einen Club», sagte ich. Die Situation war zu surreal, um sie ernst zu nehmen. Es gehe um Wetten auf S-League-Spiele, hatten die Beamten gesagt, und damit verband uns in etwa so viel wie den Papst mit Frauen. Nach ein paar Minuten, da war ich sicher, würden wir das Gebäude wieder verlassen haben. Ich hatte mich getäuscht.

Durch einen langen Gang führten uns die Polizisten getrennt in drei enge Zimmer. Ich blieb allein zurück. Ein Schreibtisch, zwei Stühle, kein Bild, kein Fenster, alles weiß. Nach fünf Minuten kam ein kleiner Mann herein und begann zu brüllen: «Du wirst das Land in den nächsten fünf Jahren nicht verlassen.» Ich war so überrascht, dass ich lachen musste. Nachdem er sich heiser geschrien hatte, verließ er den Raum wieder.

Ein bis zwei Stunden passierte gar nichts, ich war allein. An den Wänden, das konnte ich regelrecht spüren, haftete der Angstschweiß von Hunderten Verhören in dem schwülen Zimmer. Ein anderer Ermittler betrat den Raum. Er gab sich freundlicher, redete geduldig auf mich ein, doch seine Botschaft war die gleiche und damit genauso lächerlich. Ich lachte ihn aus. Er verzog keine Miene. «Okay, dann muss es eben der Lügendetektor beweisen.»

Der Ermittler führte mich aus dem Zimmer. Wir gingen den Gang runter, der endlos lang zu sein schien. In einem der letzten Zimmer saß eine junge Chinesin, die Gerätschaften um sie wirkten wie in einem Aufnahmestudio. Hinter mir stand drohend der Ermittler. Wortlos schob die Frau mein T-Shirt hoch und legte mir einen Brustgurt um. An meinen Fingern befestigte sie kleine Sensoren.

«Befinden Sie sich derzeit in Asien?» Es war das erste Mal, dass sie etwas sagte. Ihre Stimme klang streng, wie die einer verbitterten, alten Lateinlehrerin. «Ja.»

«Befinden Sie sich derzeit in Europa?» Ich verneinte, während ich mich über die lächerlichen Fragen wunderte. Ein Drucker malte auf einer Schriftrolle ein Diagramm auf, es zeigte kaum Ausschläge. Doch dann kam sie zum Punkt. «Haben Sie Anfang März ein Spiel manipuliert?» Ich wusste, dass diese Frage wichtig war, und obwohl ich mir nichts hatte zuschulden kommen lassen, zeigte das Diagramm nun minimal größere Ausschläge. «Wir haben dich», sagte die Frau. Sie zog das Papier aus der Rolle und schlug mir damit auf den Kopf. Ich wurde aggressiv. «Einen Dreck habt ihr. Ich habe nichts gemacht.» Tatsächlich hatte sie geblufft. Die Ausschläge waren viel zu gering, um als Lüge zu gelten. Der Test wurde in den Ermittlungsunterlagen erst gar nicht angeführt. Doch das erfuhr ich erst viel später.

Wieder führten mich die Polizisten in das weiße Zimmer, wieder saß ich zwei Stunden allein auf dem Stuhl. Ich wollte meinen Anwalt sprechen. Stattdessen kam ein weiterer Ermittler in den Raum. Er hieß Wong, war Ende dreißig, vielleicht 1,65 Meter groß – nicht gerade sympathisch. Er warf die Tür zu und schob schwungvoll den Tisch vor mir zur Seite. «Gesteh endlich», schrie er. «Gesteh endlich!» Ich wollte meinen Anwalt sprechen, doch in Singapur dürfen Verdächtige 48 Stunden ohne Anwalt verhört werden. Ich wurde immer wütender. Ich schaute den Mann an und fragte ihn, ob er an dem «Kleinmann-Syndrom» leide. Da flippte er total aus und haute mir eine runter. «Wenn du mir noch eine reinhaust», sagte ich, «dann müssen dich die Kollegen, die grad über Video zuschauen, von der Wand kratzen.»

Es sollte mein letzter selbstbewusster Spruch des Tages bleiben. Die Ermittler drehten die Klimaanlage auf zehn Grad runter. Sie versuchten meine Finger in einer Schublade einzuklemmen, brüllten mir ins Ohr, schlugen mir ins Gesicht. Immer wieder wechselten sich die Ermittler ab, Leute gingen, andere kamen. Es war wie in einem schlechten Hollywood-Film. Irgendwann, nach 28 Stunden Verhör, gingen mir die Kräfte aus. Wong legte mir ein Papier mit dem Statement von Sivakumar vor.

Dort stand die Geschichte bereits fertig gestrickt. Er habe sich absichtlich mit Mickey und mir angefreundet, um durch Wetten Geld zu verdienen. Er habe mich nach meiner Meinung zu drei Spielen gefragt. Ich hätte dreimal gesagt, wir würden gewinnen und könne das auch garantieren. Für diesen Fall hätte er mir eine Gewinnbeteiligung zugesichert. Nachdem die ersten beiden Spiele dann nicht wunschgemäß geendet hätten, wäre das dritte zur Tilgung meiner Schulden von mir manipuliert worden. Zwei Seiten, auf denen sich kein einziges wahres Wort befand. Doch in diesem Moment, nach 28 Stunden Verhör, wurde mir erstmals mulmig zumute.

Ich gab nun meine endgültige Aussage zu Protokoll. Ja, Sivakumar habe mir gesagt, dass er ab und zu auf Fußballspiele wette, diktierte ich. Aber er habe nie erwähnt, dass er vorhatte, auf unsere Begegnungen Beträge zu setzen. Auf drei DIN-A4-

Seiten stand schließlich, was wirklich geschehen war. Damit unterschrieb ich das glatte Gegenteil von Sivakumars Darstellung. Nach 48 Stunden war das Verhör beendet. Ich verließ das Gebäude – ohne meinen Pass. Den behielt die CPIB.

Als ich vor die Tür trat, blendete mich die Nachmittagssonne, ich hatte 48 Stunden kein Tageslicht mehr gesehen. Ich rief auf Anitas Handy an, die schon nach ein paar Stunden Verhör entlassen worden war. Nur die Mailbox antwortete. Irgendwann erreichte ich ihren Bruder: «Sie möchte nicht mehr mit dir sprechen», sagte er knapp und legte auf. Zu Hause traf ich Mickey, der das Gebäude ebenfalls schon lange vor mir verlassen hatte. «Ich habe irgendwann einfach unterschrieben», sagte er matt, «ich wollte nur noch raus.» Und dann sagte er den Satz, der mich kurzzeitig an seiner Zurechnungsfähigkeit zweifeln ließ: «Ich musste mich dringend rasieren», sagte er, und er meinte das ernst. Mir blieb keine Zeit, nach Einzelheiten zu fragen. Ich musste zum Training, schlaflos.

Niemand verlangte eine Erklärung, warum ich tags zuvor nicht erschienen war. Sie wussten es alle. Die Nachricht von meinem Verhör war bereits im Fernsehen und den Zeitungen die Aufmachergeschichte gewesen. Rund um den Platz drängten sich über 50 Medienvertreter, streng beäugt von zehn Polizisten. Meine Mitspieler schauten mich kühl an, als ich den Platz betrat. Während der zweistündigen Trainingseinheit sprach keiner auch nur ein Wort mit mir. Die Zeitungen waren voll mit den Details meiner Verhaftung. Der Fußballverband hatte in einer Erklärung angekündigt, von der kommenden Saison an Lügendetektoren-Tests bei verdächtigen Spielen einzusetzen – dass meiner negativ ausgefallen war, erwähnten sie nicht. Später rief ich zitternd erneut bei Anita an, sie hob noch immer nicht ab. «Wenn dir deine Angst vor der CPIB wichtiger ist als ich, dann lassen wir's halt sein», murmelte ich kraftlos auf ihre Mailbox.

Ich weiß nicht wie, aber in den folgenden Spielen konnte ich die Geschehnisse ausklammern, sobald ich auf dem Fußballplatz stand. Unter dem extremen Druck schien mein Körper Substanzen auszustoßen, die mich eine Klasse besser machten. In sieben Begegnungen blieb ich sechsmal ohne Gegentor. Nach ein paar Tagen traf ich mich mit Anita, sie entschuldigte sich für ihr Verhalten, und wir lebten wieder als Paar zusammen. Es kehrte ein wenig Frieden ein, und auch die Zeitungen schrieben wieder mehr über Fußball als über Wetten. Insgeheim hoffte ich, dass für die CPIB der Fall mit meiner Aussage erledigt war.

Doch kurz vor Ende der Saison fand ich einen Haftnotizzettel an meinem Kabinenspind: «Bitte sofort die CPIB kontaktieren. Wichtig!», hatte der Manager geschrieben. Sie wollen mir meinen Pass wiedergeben, dachte ich, als ich mich auf den Weg machte. Chronischer Optimismus. Am Morgen hatte schon Mickey einen Termin bei der CPIB gehabt, wo er seine Kaution erneuern sollte. Ich rief ihn an. Mailbox. Ich wählte die Nummer eines Freundes von Mickey, der mir erzählte, dass Mickey seit zwei Stunden nicht herausgekommen sei. Nun schwand mein Optimismus. Zögernd trat ich in das Polizeigebäude ein. Da stellte sich mir auch schon ein Beamter in den Weg: «Herr Pfannenstiel, hiermit sind Sie öffentlich vom Staate Singapurs angeklagt.» Ich blieb wie angewurzelt auf dem Flur stehen, es war der schlimmste Schock meines 27-jährigen Lebens. «Kann ich telefonieren?», war alles, was mir über die Lippen kam. Als ich mich beruhigt hatte, rief ich bei Anita und meinem Rechtsanwalt an. Schon am nächsten Tag sollte die Gerichtsanhörung stattfinden. Anita unterschrieb für die Kaution. Im Falle meiner Flucht hätte sie 100 000 Dollar aufbringen müssen. Journalisten und Fotografen warteten vor dem Gebäude, sie wussten innerhalb von Minuten, dass der Skandal sich ausweitete.

Nachts lagen wir im Schlafzimmer und starrten schweigend die Decke an. Im Nebenraum lag Mickey mit seiner Freundin. Auch sie machten in dieser Nacht kein Auge zu, fast zeitgleich mit mir war er ebenfalls angeklagt worden. In seinem Statement hatte er Dinge geschrieben, die er mir bisher verschwiegen hatte und die auch mich belasteten. Die CPIB hatte ihn in eine Falle gelockt. Mickey war mit Ivica Raguz befreundet, der einige Wochen zuvor Opfer der Hockeyschlägerattacke geworden war. Man brauche seine Aussage, um Sivakumar, dieses Schwein, einzusperren, hatte der Ermittler nach 20 Stunden Verhör zu ihm gesagt: «Für Lutz und dich ist der Fall damit erledigt.» Schließlich unterschrieb Mickey, dass er auf das Versprechen des Inders, uns an Gewinnen zu beteiligen, mit «Okay» geantwortet habe. Das war nicht weniger als ein Geständnis. Mein Name war dabei nicht gefallen. Da ich aber bei der besagten Begegnung dabei gewesen sei, galt ich aus der Sicht der CPIB durch Mitwisserschaft als mitschuldig.

Am Morgen war der komplette Gerichtssaal mit 100 Leuten gefüllt. Die Anhörung dauerte nur zwei Minuten. «Bekennen Sie sich schuldig oder nicht schuldig?», fragte der Richter. «Nicht schuldig.» «Dann kommt es zur Verhandlung», sagte er und ließ uns in die Haltezellen des Gerichtssaals sperren. Ganze zehn Quadratmeter war der Raum groß, keine Fenster – ich zählte 18 Kakerlaken, die in der schwülen Hitze munter über den Beton krabbelten. Die Kaution war auf jeweils 100 000 Dollar festgelegt worden. Jetzt reichte nicht mehr eine Bürgschaft, sondern das Geld musste hinterlegt werden. Ein Vermögen – auch für einen Fußballprofi. Zumindest für einen, der überwiegend in kleinen Ligen unter Vertrag gestanden hatte. Es sollte einige Tage dauern, bis meine Eltern und Anita das Geld aufgetrieben hatten.

Am Abend nach der Anhörung wurden wir mit 20 anderen Inhaftierten in einem Bus zum Untersuchungsgefängnis gebracht. Seit ich eine Gefängniszelle in Singapur gesehen habe, besitze ich eine Vorstellung von der Hölle. Auf dem welligen Betonboden gab es millimeterdünne Strohmatten zum Schlafen, in der Ecke ein Loch zum Urinieren und Scheißen ohne Klopapier, daneben einen Eimer mit dreckigem Wasser zum Nachspülen und Trinken. In der 40 Grad heißen Luft hing ein beißender Gestank. Um drei Uhr in der Früh fing ich an zu weinen, ich konnte mich nicht mehr beruhigen. Dieser Ort konnte mich brechen, das war mir schnell klar.

Anita versuchte alles, um die Kaution aufzutreiben, sie verpfändete Ketten, Ringe, ihren gesamten Schmuck. Nach fünf Tagen gelang es meinen Eltern, das noch fehlende Geld nach Singapur zu transferieren. Während des Wartens kam mir immer wieder der Gedanke, auf einen Wolkenkratzer zu steigen und hinunterzuspringen, wenn ich den Fall tatsächlich verlieren sollte.

Als die Kaution hinterlegt war und ich nach sieben Tagen das Gefängnis – ohne meinen Pass – verlassen durfte, hatte ich eine schlimme Hautallergie: Von Kopf bis Fuß war alles rot. Prompt sprang ein Paparazzo hinter einer Ecke hervor und schoss ein Foto. «Wenn du noch ein Foto von mir machst, verschluckst du deine Kamera», schnauzte ich ihn an. Am nächsten Morgen zeigten die Titelseiten der beiden größten Tageszeitungen dennoch einen Mann mit tiefen Augenringen und tausend roten Pusteln.

Wir fuhren zu Anita, die nicht nur mich, sondern auch Mickey aufnahm. Unsere Vereine hatten uns bereits suspendiert, die Autos an andere Spieler gegeben und unsere Wohnung gekündigt. Auch mein Konto war eingefroren. Ich duschte zwei Stunden lang. Noch am Abend begann meine Vorbereitung auf die Verhandlung, schlafen konnte ich ohnehin nicht – fünf Nächte in Folge nicht. Der Juckreiz, die Bilder aus dem Gefängnis. Es ging einfach nicht. Ich war jeden Tag zwei bis drei Stunden beim Rechtsanwalt. Wir trugen über 100 Zeugenaussagen zusammen, die besagten, dass ich in den drei Spielen fehlerfrei gehalten hatte. Meine Mannschaftskameraden bestätigten mir, dass ich niemanden zur Manipulation angestiftet hatte. Nur ein Zeuge würde gegen mich aussagen: Sivakumar.

Die Fakten sprachen alle für mich. Trotzdem überlegte ich, ob ich flüchten sollte: Mitarbeiter der deutschen Botschaft hatten mir in privaten Gesprächen empfohlen, diesen Schritt zu erwägen und über Thailand und Malaysia illegal auszureisen. Sie wussten, was jeder in Singapur weiß: Wen auch immer die CPIB anklagt, der verliert. Doch mit diesem Schritt hätte ich Anita in ernste finanzielle Schwierigkeiten gebracht. Trotzig sagte ich: «Dann bin ich eben der Erste, der gewinnt.»

Ich rief jeden an, von dem ich auch nur ansatzweise vermutete, er könne Kontakte zur Wettmafia des Landes haben. Es galt, meine Unschuld zu beweisen. Nach ein paar Tagen rief mich Sivakumar an. «Hey, sorry für alles, ich konnte nicht anders», stotterte er am Telefon. «Wir müssen uns unbedingt treffen. Ich helfe dir, aus dem Land zu kommen.» Ich verfluchte ihn lautstark und gab ihm deutlich zu verstehen, was ich von seinem Angebot hielt. Immerhin gab er mir die Adresse eines Cafés in der Innenstadt, wo ich Bekannte von Pal finden würde. Pal war der wichtigste illegale Buchmacher der Stadt und ganz nebenbei der Chef von Sivakumar. Er hielt einen zweifelhaften Rekord in Singapur. Wegen seiner Wettgeschäfte hatte er schon einmal ein Jahr im Gefängnis gesessen, und es hatte damals acht Monate gedauert, bis man bei ihm ein Handy fand. Er hatte es von einem Wächter zugesteckt bekommen. Niemand war es vor oder nach ihm gelungen, Spiele von der Gefängniszelle aus zu manipulieren.

Der Besitzer des Cafés war Fußballfan, er erkannte mich, führte mich zu einem Tisch mit drei Männern und stellte mir einen als «Geschäftspartner von Pal» vor. Der Mann war Mitte dreißig, er begrüßte mich zuvorkommend wie ein Bankangestellter den Kunden zur Anlageberatung. «Du wirst verlieren, die CPIB hat in den vergangenen drei Jahren nur einen einzigen Fall nicht gewonnen», sagte er nach einer Weile freundlich und trank einen Schluck Mineralwasser. Die beiden anderen Männer schwiegen. «Wir können dich aus dem Land bringen. Jeden Freitag fährt ein Auto über die Grenze nach Malaysia, die Grenzbeamten kennen das Auto und lassen es durch. Glaub mir, du hast keine andere Chance.» Ich verkniff mir die Flüche. «Vielen Dank», sagte ich beim Aufstehen, «aber das löse ich anders.» Eine Flucht hätte höchstwahrscheinlich den Verlust meiner internationalen Spielgenehmigung und damit das Ende meiner Karriere bedeutet. Ich war unschuldig, und das wollte ich von einem ordentlichen Gericht schwarz auf weiß bestätigt haben, meine bayerische Sturheit hatte mich bis nach Asien begleitet. Ich ging aus dem Café. Später erfuhr ich, dass einer der beiden schweigenden Männer Pal gewesen war. Er gab sich Fremden gegenüber nur selten bei der ersten Begegnung zu erkennen.

Gleich am ersten Tag erwies sich die Verhandlung als Farce. Staatsanwalt Tan Boon Gin hatte keine Ahnung von Fußball. Mickey und ich hatten in einem der verdächtigten Spiele gegeneinander gespielt, und der Staatsanwalt fragte, ob wir noch unmittelbar vor dem Spiel Kontakt miteinander hatten, «die beiden Kabinen sind doch nebeneinander.» «Ja, glauben Sie, ich hätte unter den Kabinen einen Tunnel gegraben?», antwortete ich und erntete Gelächter aus dem Publikum. Aber beim Rauslaufen sehe man sich doch in den Stadionkatakomben, fuhr der Mann fort. «Es ist relativ unwahrscheinlich, dass zwei gegnerische Spieler in den Tunnel gehen, sich umarmen, das Ergebnis absprechen und sich noch ein Küsschen links und rechts auf die Wange geben», erklärte ich. Für die höhere diplomatische Laufbahn bin ich wohl nicht geeignet, aber ich konnte einfach nicht anders. Ich lachte an diesem Tag so viel, dass ich die Krawatte lockern musste.

In einer Verhandlungspause traf ich den Staatsanwalt auf dem Klo. «Du kommst dir wohl ziemlich schlau vor», sagte er. «Mag sein, dass du es bist. Aber du und dein Freund, ihr sitzt in ein paar Tagen wieder im Bunker.» Ich wurde wütend: «Dann kannst du in den Spiegel schauen und sagen: Und wieder haben wir einen Unschuldigen verknackt.» Der Staatsanwalt schwieg einen Moment. «Versteh mich nicht falsch», sagte er eine Nuance freundlicher, «ich mache nur meinen Job.» Er wusste so gut wie ich, dass an mir ein Exempel statuiert werden sollte.

Das Urteil war für den 27. Dezember 2000 angesetzt. Doch die Richterin meldete sich krank. Ich glaube, sie wollte mir wenigstens das Silvesterfest hinter Gittern ersparen. So wurde also erst der 4. Januar 2001 zu meinem schwarzen Tag: «Angeklagter, erheben Sie sich», sagte die Richterin. Ich hatte immer noch die Hoffnung, dass ich am nächsten Tag nach Hause fliegen würde. Chronischer Optimismus, wie gesagt. Die Richterin fuhr fort: «Sie werden in Anklagepunkt eins für schuldig befunden. Anklagepunkt zwei: schuldig. Anklagepunkt drei: schuldig.» Sie habe keine Veranlassung, dem Statement Sivakumars nicht zu glauben.

Vier Tage später sollte das Strafmaß verkündet werden. Die Zeitungen schrieben, mir würden bis zu fünf Jahre Haft drohen. Da Mickey bereits kurz zuvor für fünf Monate verurteilt worden war und schon im Gefängnis saß, wusste ich, dass ich mich auf eine ähnliche Strafe einstellen musste. Seit Monaten hatte ich neben meiner Recherche intensiv Krafttraining gemacht und reichlich gegessen, um mich im Falle einer Strafe im Gefängnis durchsetzen zu können. Am Tag vor der Verurteilung ging ich zum Friseur und ließ den Pferdeschwanz abschneiden – jene Frisur, die über zehn Jahre lang mein Erkennungszeichen gewesen war, sollte nicht von einer Gefängnisschere zerstört werden. Zudem wurden Häftlinge mit langen Haaren schneller Opfer von Vergewaltigungsversuchen, davor wollte ich mich schützen. Am Nachmittag gingen wir zu einer Freundin von Anita, deren kleine Tochter eine Kostümparty zu ihrem Geburtstag feierte – ich musste mich ablenken, egal wie. Meine letzte Mahlzeit in Freiheit war eine Pizza in einem edlen italienischen Restaurant. Ich bekam kaum einen Bissen herunter.

Als die Richterin das Strafmaß von fünf Monaten verkündete, brach Anita in Tränen aus. Ich stand emotionslos auf. Ein letzter wütender Blick auf die Vereins- und Ligafunktionäre, die mich schon Monate zuvor vorverurteilt hatten. Dann zog ich mich im Nebenzimmer um. Anita kam herein. Wir umarmten uns eine Minute lang. Dann fuhr ich im Sträflingsbus den schon vertrauten Weg ins Gefängnis.

Wärter in Singapur nutzen die erste Nacht von Neuankömmlingen dazu, ihnen ordentlich Respekt einzuflößen. Sie sperrten mich mit einem geisteskranken zweifachen Mörder in eine Zelle. Er bekam starke Tabletten, die ihn in einen permanenten Halbschlaf versetzten. Wenn die Dosis nachließ, beschimpfte er mich laut. Er wollte mich schlagen, doch seine Bewegungen waren durch die Medizin so stark verlangsamt, dass ich ihn locker in eine Ecke der Zelle schubsen konnte. Dort blieb er, dennoch machte ich kein Auge zu.

Immerhin teilte ich mir die Zelle nach ein paar Tagen mit Mickey. Sowie mit zehn Drogenschmugglern, Mördern und Vergewaltigern. Die klebrige Körperlichkeit der schwülen Luft, der Geruch verfaulender Rindfleischreste auf den Essenstabletten war für mich vom ersten Moment an unerträglich. Nachts hörte ich das Schwirren Dutzender Moskitos. Ich hasse diese Tiere, Tausende Male habe ich in meinem Leben nachts Jagd auf diese Angreifer gemacht. Ich habe es nie verstanden, dass sich diese Insekten trotz des milliardenfachen Todes ihrer Vorfahren immer wieder in Schlafzimmer von Menschen begeben, wo sie in einer Mischung aus sadistischem und suizidalem Antrieb einen letzten, viele Stunden langen Todesflug antreten. Hier flogen sie ungestört. Die meisten Häftlinge konnten ohnehin nicht schlafen.

Die Mitarbeiter der deutschen Botschaft hatten uns den Tipp gegeben, uns aus Kämpfen völlig rauszuhalten – mit guter Führung und ihrem Druck könnten sie so nach drei Monaten vorzeitige Haftentlassung erwirken. Doch von ihnen hatte keiner das Queenstown Remand Prison von innen gesehen. Hier herrschten eigene Regeln, vor allem wenn Menschen involviert waren, die zum Tode verurteilt worden waren und nichts

125

mehr zu verlieren hatten. In der Zelle wurden die Portionen auf Tabletts ausgegeben. Immer Reis, oft schlechtes Gemüse mit reichlich Curry und Chili, selten Fleisch. In den ersten Tagen nahmen Mithäftlinge kommentarlos zwei der drei Schüsselchen von meinem Tablett. Ich unternahm nichts dagegen.

Irgendwann kam während des Ausgangs auf dem Gefängnishof ein muskulöser Mann auf Mickey und mich zu. Joga war ein ehemaliger Boxer, der wegen Totschlags einsaß. Wir hatten ihn oft gesehen, wie er meistens alleine an einer Mauer lehnte – er hatte eine unnahbare Ausstrahlung mit seinen ausdrucksvollen Gesichtszügen und den großen, lebhaften Augen, die immer aufmerksam verfolgten, was um ihn herum passierte. Die kleinen Verbrecher trauten sich nicht, ihn anzusprechen, und die schweren Jungs spürten, dass sie ihn besser in Ruhe ließen. Joga war der Schweiger des Gefängnisses, doch jetzt sprach er uns mit seiner tiefen Stimme an. «Jungs, passt ein bisschen auf. Ihr müsst euch wehren, sonst habt ihr bald richtig Schwierigkeiten.» Es habe sich rumgesprochen, dass wir uns das Essen abnehmen ließen. Dort draußen gebe es Gesetze und Anwälte, «und vielleicht hilft euch auch ab und zu die Botschaft. Aber hier gibt es nichts davon.» Egal, ob jemand wegen unbezahlter Parktickets oder Massenmord einsaß: Wer sich keinen Respekt verschaffte, begab sich in Lebensgefahr. «Die sind wie Tiere», fuhr Joga fort, «sie testen, wer das schwächste ist, und schlagen dann zu.» Dass es darüber hinaus im Gefängnis immer wieder zu Vergewaltigungen kam, brauchte er mir nicht zu sagen. Das bekamen alle mit. Ein alter schwächlicher Häftling musste nach einer dieser Nächte behandelt werden, weil ihm die Gedärme aus dem Gesäß hingen.

Tausende Male hatte ich mich in Strafräumen ins Getümmel geworfen, hatte mir dabei mehrmals die Arme und das Nasenbein gebrochen. Doch auf diese Situation hatte mich das Leben nicht im Geringsten vorbereitet. Diesen Job übernahm Joga. Wenn es Probleme gebe, dann sollten wir neben den Schlägen auch auf die Knie treten, «sie gehören zu den empfindlichsten Körperstellen».

Als das nächste Mal ein Chinese, der wegen Drogenschmuggels einsaß, nach meinem Tablett griff, gab ich ihm zwei Schläge auf die Nase und einen heftigen Tritt gegen das Knie. Am Ende lagen er und das Tablett auf dem Boden. Fünf- bis sechsmal habe ich mir eine blutige Nase geholt, aber anderen Nasen deutlich schlimmer zugesetzt. Ein paar Tage später überstand ich in der Dusche einen Vergewaltigungsversuch mehrerer Chinesen. Als sie merkten, dass ich ohne Hemmungen zuschlug, ließen sie von mir ab. Danach war Frieden.

Mit der Zeit freundete ich mich ein wenig mit Joga an, so weit das möglich war. Er erzählte wenig aus seinem Leben, aber immerhin den Grund seiner Haft. Bei einer Kneipenprügelei hatte er einen Mann, der ihn mit einem Messer angegriffen hatte, in Notwehr erschlagen und dafür dennoch zwölf Jahre Freiheitsstrafe und 24 Hiebe bekommen.

Mickey und ich haben diese Form der Bestrafung einige Male miterlebt. Den Gefangenen wird mit einem Rattanstock auf das nackte Gesäß geschlagen. In drei Kerben, immer abwechselnd, immer tiefer. Die Schreie hallten jeden Freitag über das Gelände, man konnte es in jeder Zelle hören, und ich habe sie noch immer nachts im Ohr, wenn ich einmal mehr schlaflos wach liege. Mit jedem Schlag bohrte sich das Holz rund einen Zentimeter tief ins Fleisch. Die meisten wurden spätestens nach sechs oder sieben Hieben ohnmächtig. Dann brach der Beamte ab, die Wunden heilten ein paar Monate aus, und die Strafe wurde fortgesetzt.

Als es an die Vollstreckung von Jogas Hieben ging, lehnte er diese Aufteilung der Strafe ab. «Ich möchte alle Hiebe mit einem Mal haben», sagte er. Ohne einen Mucks hielt er die 24 Hiebe durch, die Wunden reichten bis auf die Knochen, doch Joga ertrug es wie so vieles in seinem Leben: schweigend. Er bestand darauf, ohne Hilfe zurück in seine Zelle zu gehen. Drei Wochen konnte er nur auf dem Bauch liegen. Wir haben keinen Ton des Schmerzes von ihm gehört. Joga war schon vorher einer der respektiertesten Häftlinge, nun umgab ihn endgültig die Aura des Unnahbaren.

Nach vier Wochen bekamen Mickey und ich einen Job in der Wäscherei. Das bedeutete sechs bis sieben Stunden Arbeit am Tag, eine Dose Kekse am Ende der Woche und vor allem: ungeheures Glück. Normalerweise bekommen nur Langzeitinhaftierte diese Aufgabe, die einen wenigstens für ein paar Stunden aus der engen Zelle befreit und manchmal sogar auf den Hof und damit an die frische Luft bringt. Die deutsche und australische Botschaft hatten sich für uns eingesetzt, und ich dankte einmal mehr dem Himmel, dass ich nicht wenige Monate vorher meinen deutschen gegen einen indonesischen Pass eingetauscht hatte.

Wir waren so gesehen keine gewöhnlichen Häftlinge. Schon in den Monaten vor der Verurteilung hatten viele Bürger Singapurs an unsere Unschuld geglaubt. Auch wenn es immer wieder Menschen gab, die uns «Kelong» – Betrüger – hinterherriefen, erkannte die Mehrheit die Ungereimtheiten in unserem Fall. So behandelten uns hinter Gittern auch die Wachmänner gut, vor allem ein Inder. Er war Fan von Geylang United und fragte mich tausend Dinge über Fußball. Wenn ich Besuch von meinem Anwalt bekam, ließ er mich anstelle der einen erlaubten Stunde schon mal für drei Stunden in dem Besucherraum sitzen – ein Segen, denn es war der einzige Raum mit Aircondition in der schwülen Hitze. Doch auch mit den anderen Wachmännern hatte ich wenig Probleme. Wenn ein Häftling mit ihnen reden wollte, musste er dafür in die Hocke gehen. Das machte ich nie: «Wenn ich mit dir rede, dann auf Augenhöhe», sagte ich vom ersten Tag an. Keiner wendete dagegen je etwas ein. Bis auf einen.

Nach einem Monat hatte ich mir durch das viele Chili im Essen den Darm entzündet. In meinem Stuhl war so viel Blut, dass ich dachte, ich würde innerhalb einer Woche verrecken.

Für die Mithäftlinge in meiner Zelle muss es die Wiederentdeckung des Ekels gewesen sein – das Kloloch war schließlich offen in der Zelle, ich musste mein Geschäft vor ihren Augen verrichten. Allerdings verändert sich an einem Ort, in dem Kakerlaken ihre Eier in den Ohren der Häftlinge ablegen, die Wahrnehmung, auch das Empfinden von Ekel. Es beschwerte sich niemand.

Der Gefängnisarzt sagte, ich solle viel Brot mit Kaya essen, einer Kokosnusspaste, und dazu ungewürztes Gemüse. Als ich diesen Wunsch der Küche mitteilte, trat am Nachmittag der Wärter, der für die Essensverteilung zuständig war, vor meine Zelle. Mit einem Gummistock schlug er immer wieder gegen die Gitterstäbe. «Pass auf, du Hund!», brüllte er, seine Macht genießend. «Du bist hier nicht im Sechssternehotel. Noch so eine Aktion, und du kommst in Einzelhaft.»

Das dunkle Loch, in dem man über Tage alleine saß, war die Steigerung der Hölle, die wir ohnehin schon täglich erlebten. Dinge wie Dienstaufsichtsbeschwerden gab es hier nicht, es wäre also vernünftig gewesen, sich vor diesem Menschen in Acht zu nehmen. Dennoch platzte mir der Kragen. Ich trat ganz dicht an die Gitterstäbe heran, unsere Gesichter trennten keine fünf Zentimeter mehr. «Na los, mach die Tür auf!», schrie ich den Wärter an. Andere Häftlinge traten grölend an die Gitterstäbe, mein Auftritt kam einem Amoklauf gleich. «Steck mich jetzt sofort da rein. Jetzt sofort. Aber pass auf deine Geschäfte auf.» Das Gegröle der anderen wurde lauter, der Wärter schaute nun unsicher drein. Ich wusste, dass er kleine Gefälligkeiten für die gefürchteten Triater erledigte – jene oft am ganzen Körper tätowierten Inhaftierten der chinesischen Mafia, die nicht selten auf die Vollstreckung ihrer Todesstrafe warteten. Ab dem nächsten Tag bekam ich das vom Arzt empfohlene Essen und erholte mich schnell.

Jeder Tag fühlte sich wie zwei Wochen an. «Don't think too much», sagt man im Gefängnis, denk ja nicht zu viel nach. Mir ist das nie gelungen. Ein paar Zellen weiter haben sie einmal einen Häftling in einem Müllsack hinausgetragen. In einer Ritze im Boden sickerte ein schmaler Faden Blut. Er war nachts mit seinem Kopf immer wieder gegen die Wand gelaufen, bis er tot war. Hätte ich in dieser Zeit nicht Mickey um mich gehabt, wäre ich wohl auch verrückt geworden. Er hatte mit seiner falschen Aussage unsere Verurteilung zwar erst möglich gemacht, aber das hatte ich ihm längst vergeben. Eine so schwere Zeit schweißt zusammen. Wenn er jemals irgendetwas von mir brauchen soll- te, egal ob morgen oder mit 80 Jahren: Ich würde alles tun, um ihm zu helfen.

Die Monotonie hämmert sich in den Kopf. Jeden Morgen mussten wir um sechs Uhr aufstehen, ein schrilles Geräusch weckte die ganze Gefängnissektion. Dann musste es schnell gehen: sofort an die Gitter treten und dort bleiben, bis der Wär- ter durchgezählt hatte. Diesen Signalton muss der Teufel kom- poniert haben, ich bekam ihn nie mehr aus dem Ohr.

Die Zeit im Gefängnis wollte einfach nicht vergehen – be- sonders am Wochenende, wenn die Wäscherei geschlossen war. Dann hatte ich Zeit zum Nachdenken. Würde ich von der FIFA gesperrt werden? Für ein Jahr, für immer? Und selbst, wenn nicht, würde ich einen neuen Verein finden? Mir wurde bewusst, dass ich außer dem Fachabitur und einigen Semestern Studium nichts hatte, was mir ohne den Fußball eine Zukunft gesichert hätte, zudem hatte ich ein Vermögen für Anwaltskosten aus- gegeben. Am Anfang war da nur die Angst. Doch langsam ar- beitete sich die Leere in mir vor, sie verdrängt alles, wenn die Angst zu groß wird. In dieser Dunkelheit redeten wir manchmal miteinander, ohne uns wirklich wahrzunehmen, so sehr driftet jeder in seine eigene Welt ab. Der Schritt zum Tod ist dann nicht mehr weit. Ich weiß nicht, ob ich diese Zeit ohne Anita, mei- ne Familie und Mickey durchgestanden hätte. Sie haben mich während dieses Unglücks, dieses apathischen Dahinvegetierens lebendig gehalten. Ich hatte bis dahin niemals viel in der Bibel gelesen, auch wenn ich immer ein gläubiger Katholik gewesen war. Nun las ich sie dreimal, ohne eine Zeile auszulassen. Wie wichtig die Religion ist und wie viel Halt sie geben kann, habe ich erst in dieser Extremsituation verstanden.

Am schlimmsten war es, wenn Häftlinge aus Bangladesch in die Zelle verlegt wurden. Die verstanden kein Wort Englisch, dann schwieg man sich über Tage an. Schon kleine Veränderungen des Tagesablaufs kamen mir wie ein Segen vor. Ende Februar feierte Singapur Chun Jie, das chinesische Neujahrsfest hatte auch auf der Insel große Bedeutung. Vor den Gefängnistoren feierten die Menschen die Nacht durch, dahinter freuten wir uns wie kleine Kinder, dass es an diesem Tag etwas besseres Essen gab – ein wenig mehr Fleisch und ausnahmsweise Gebäck als Nachtisch. Ein paar Sekunden Veränderung des grauen Alltags, immerhin. Dann wurden die leeren Teller wieder weggeräumt.

Mir blieb nicht viel mehr, als jeden Tag meine 60 Minuten Liegestütze und Bauchübungen zu machen. Dieses Training bestimmte meinen Tagesrhythmus. Ich habe das lange durchgehalten, bis ich am Ende selbst dafür zu schwach war, weil ich sehr viel Gewicht verloren hatte. Ich versuchte, mein Programm so lange wie möglich durchzuziehen. Im Gefängnis herrscht Darwins Gesetz wie sonst nirgends auf der Welt: Nur der Stärkere setzt sich durch. Wir durften auf keinen Fall schwach werden. Vor allem psychisch: Die Übungen waren zu einem wichtigen Ritual meines Alltags geworden.

Anita war in dieser Zeit neben Mickey mein zweiter großer Halt. 101 Tage war ich in Haft, und ich habe genau 101 Briefe von ihr bekommen. Immer handgeschrieben, immer auf zwei bis vier DIN-A4-Seiten. Die Umschläge hatten immer andere Farben, mal rot, mal blau, mal gelb – schon von außen hatte sie manchmal Herzchen draufgemalt. Diese Zeilen waren meine persönliche Droge, mein Lebenselixier, all meine Kraft. Wenn die Wärter einmal vier Tage keine Post auslieferten, was durchaus öfter vorkam, bin ich halb verrückt geworden. Mich plagte die Angst, dass sie dem Druck ihres Vaters nachgeben würde, der täglich auf sie einredete, die Beziehung zu beenden.

Alle vier Wochen durfte Anita mich besuchen. 15 Minuten in einem kleinen Raum, zwischen uns zehn Zentimeter dickes Panzerglas, direkt neben uns sprachen fünf andere Häftlinge mit ihren Angehörigen wild durcheinander. Wir mussten schreien, um uns zu verstehen. Anita hat viel gelacht in diesen wenigen Minuten und versucht, trotz ihrer tiefen Augenringe glücklich zu wirken, mich aufzumuntern. Später hat sie mir erzählt, dass sie immer erst draußen zu weinen begonnen hat. Mein Anblick war für sie jedes Mal ein Schock: Sie hat mich mit langen Haaren und schicken Anzügen gekannt, nun sah sie mich abgemagert und in Sträflingskleidung. An diesen Anblick konnte sie sich nie gewöhnen. Zwei Tage lang war ich nach diesen Treffen immer im absoluten Tief, weil unser nächstes Treffen nun wieder in unendlicher Ferne zu liegen schien und mir ein Blick genügte, um ihre Qualen zu erkennen. Sie war die einzige vertraute Person neben meinem Anwalt und einem Pfarrer, die ich sehen durfte – das Besuchsrecht war nicht auf meinen Vater oder meine Mutter übertragbar, wir hatten damals nur die Möglichkeit, über Briefe zu kommunizieren.

Sieben Tage vor mir wurde Mickey entlassen. «Wenn ich noch mit dir drinbleiben könnte, würde ich die sieben Tage auch noch aushalten», sagte er zum Abschied. «Spinnst du?», antwortete ich, «fahr nach Hause zu deiner Familie.» Doch als einen Tag später mein zweiter Vertrauter Joga überraschend in ein anderes Gefängnis verlegt wurde, verbrachte ich die restlichen Tage in panischer Angst. Wer im Gefängnis über keine Allianzen verfügt, kann sich seiner Haut nicht sicher sein.

Meiner Haut passierte nichts, dafür versuchten es die Gefängniswärter mit Psychoterror. Umso mehr, je näher meine Entlassung rückte. Sivakumar war für ein paar Tage inhaftiert worden. Er hatte mit seinen Aussagen eine lange Haft verhindern können, dass er überhaupt ins Gefängnis musste, war wohl nur dem Druck der deutschen Botschaft zu verdanken. Sie führten Sivakumar an meiner Zelle vorbei. Ich bin mir sicher, dass das kein Zufall war.

Einen Tag vor meiner Entlassung führte mich ein Wärter dann in den Besucherraum. Ich wartete auf meinen Anwalt, plötzlich führten sie Sivakumar herein. Er sah mich an und erschrak. Ich merkte, wie mein Blutdruck stieg und ich zu schwitzen begann. Wenn ich in diesem Moment unbeobachtet gewesen wäre, hätte ich ihn krankenhausreif geprügelt. Doch in der Ecke standen Wachmänner, und ich befand mich kurz vor der Entlassung. So starrte ich ihn nur schweigend an. Von diesem Blick träumt er vermutlich noch immer.

Am Nachmittag wurde ich erneut in den Raum geführt. Diesmal warteten zwei Unbekannte in dunklen Anzügen auf mich, sie erinnerten mich an die CPIB-Beamten, die mich verhört hatten. «Wir wollen Ihnen nahelegen, unser Land nicht mit Äußerungen in Verruf zu bringen», sagte der Ältere. Ich erschrak, verwundert war ich allerdings nicht. «Was passiert dann?», wollte ich wissen. «Es ist eine Empfehlung, mehr nicht», sagte der Beamte. Ich hielt mich an diese Empfehlung nicht wirklich.

Am 13. April, dem Tag meiner Freilassung, wurde ich in Fuß- und Handschellen zur Einbürgerungsbehörde gebracht. Dort gab man mir einen Eintagespass, erst jetzt löste ein Wärter meine Fesseln. Um 16 Kilogramm abgemagert trat ich vor die Tür der Behörde und schloss Anita in die Arme. Ich konnte nicht weinen. Die Erleichterung hätte sich eigentlich lösen müssen. Doch es kamen keine Tränen, nie mehr. Seit meiner Haft in Singapur keine einzige. Die Tränen sind einfach versiegt, wie bei einem ausgetrockneten Brunnen.

Am Abend musste ich Singapur verlassen haben. Doch vorher führte mich mein erster Gang in Freiheit zu dem Ort, der jeden Ernährungsberater eines Bundesligisten in Schockstarre versetzt hätte und der so gar nicht meinen Prinzipien von gesunder

Ernährung entsprach: Kentucky Fried Chicken. Acht Chicken-burger stopfte ich in mich hinein, dazu drei riesige Colas.

Zum ersten Mal seit dreieinhalb Monaten war mein Magen voll, dennoch blieb das Gefühl, auf der Flucht zu sein. Ich fuhr zu einem Friseur, wo sich eine junge Frau bemühte, meinen Mi-litärschnitt nicht länger wie einen Militärschnitt aussehen zu lassen. Während sie schnitt, organisierte ich über das Telefon bereits meine Abreise. Wir fuhren zur Wohnung und packten eilig meine Sachen zusammen.

Am Flughafen musste ich wegen meines Eintagesvisums zu einem speziellen Abfertigungsschalter. Der Passkontrolleur musterte mich schon von weitem. «Ah, ich habe schon auf Sie gewartet», sagte er. Ich bekam einen Schreck. Sollte es jetzt wirklich noch Probleme mit der Ausreise geben? Mich trieb seit Tagen nur noch der eine Gedanke um: Nichts wie weg! Doch der Beamte lächelte. «Meine Tochter ist großer Geylang-Fan», sagte er, «können Sie mir bitte ein Autogramm geben?» Ich gab ihm eins. Und musste lachen.

*Im Trainingslager von Apollo Guangzhou,
inmitten der Berge von Kunming, zwischen un-
ermüdlichen Chinesen. Dünne Luft, hohe Berge,
immer wieder Ausdauerläufe. Ein Fotograf
einer chinesischen Zeitung war Zeuge des Leids.*

*Anfang der Neunziger
trainierte ich beim FC Bayern
mit. Ich stand noch ganz
unten in der Nahrungskette,
das erkennt man daran, dass
ich die Bälle tragen musste.*

羊城晚报

本报
著名球星
前已与法
队斯特签
约，将于
战里昂

徐
代表国家
为其转会
万美元的
40个月的
另外，徐
一辆汽车

达海
部红
这一
天后，

坡桑
德汉
都通
锦节

12支
的水
阳神
不服
他做
负费
次要
的是

新闻连载

本报讯　记者
周志伟报道　参加
港杯第二回合比
赛的香港代表队昨
天抵达广州，立即
赶赴仁沙头训练基
地进行了两个小时的训
练。

来

港
员共
第
16日
为权
将在
队这
密。

香港队如此早到广
州备战港杯，在历史上
还是第一次。对此，主教
练巴西莱的解释是为了
排除干扰，让队员安心进
行训练。

昨天到达广州的队

五人赛接受报名

1日在天河体育中心举行五人足球赛。
分初中组、高中组、大学组、社会团体组
位组，每队限报8人。本月16日至18日
体育路109号高盛大厦一楼大厅（广州
心后面）接受报名。

1983 war der Rasen in Omas Garten nicht im besten Zustand.

Beim Torwarttraining in Burghausen während der Saison 1998/99. Aber in der Fremde fliegt es sich besser. Ein paar Monate Bayern, dann war ich wieder in der Luft – in einem Flugzeug nach Indonesien.

Mit der Eishockey-Karriere hätte es vielleicht auch etwas werden können – wenn man dabei nur nicht Schlittschuh laufen müsste.

Das erste Bild ohne Pferdeschwanz im Jahr 2001: Nach der Verurteilung zeigten mich die Zeitungen in Singapur ohne mein abrasiertes Markenzeichen ...

... anders als auf einer Postkarte für den S-League Cup 1997 ...

... der Karikatur im Kultmagazin Kickoff ...

... oder der Sammelkarte mit dem stylischen Stern im Hintergrund.

Das Queenstown Remand Prison gilt als eines der berüchtigsten Gefängnisse der Welt – völlig zu Recht.

Ex-S-League keeper jailed for match-fixing

Former Geylang goalkeeper gets five months' jail. He is the second player found guilty of match-fixing in a month.

By ELENA CHONG

FORMER Geylang United Football Club goalkeeper Lutz Pfannenstiel, 27, was sent to prison for five months yesterday for match-fixing — the second S-League player to be jailed for this offence within a month.

He sported a brand-new short crop in place of his long ponytail seen at previous court hearings. Former Geylang goalkeeper was descri...

A professional player for nine years, he had been found guilty earlier this week on three charges...

He had agreed ... $5,000, $7,000 ... to be raised by a ... on his behalf, in ... fixing the matche...

In a similar ... month, Australia...

instructor Sivakumar Madasamy, 26, a man described by Lutz's defence counsel as a "self-confessed bookie", who manipulated the "naive" footballer into his match-fixing scheme.

Defence counsel S.S. Dhillon said his client, an ...

He said his client would most likely have to give up the sport, as a worldwide ban would be imposed on him.

"Apart from playing football and the passion he has for football, there is nothing this accused can ...

KICK OFF

Lutz Pfannenstiel
SEMBAWANG RANGERS

Our knockout leaves 11 men standing with one trophy

September 1997

League Cup

LUTZ PFANNENSTIEL

GK

SPORTS**TODAY**

Kelong: 2 charged

S-League foreign players Australian Mirko Jurilj, 26, a defender from Sembawang Rangers, and German goalkeeper Lutz Pfannenstiel, 27, from Geylang United were charged with corruption yesterday and each face three charges of agreeing to accept bribes in exchange for fixing matches in which their teams were playing. SURESH NAIR investigates...

WHAT LAWYER S

LUTZ Pfannenstiel
Mirko Jurilj spent las
at Queenstown Rema
Prison after they coul
raise the $100,000 ba
defence lawyer S S Dl
Said Dhillon: "They
taken by surprise.
"They thought they
called up for routine
reporting to CPIB on
Monday. They were re
at 6pm and told to ap
court the next day," h
"Now they are charg
thrown a $100,000 ba
I tried to get it reduce
failed.
"But their families a
arranging for the bail
will probably take twc
to raise the money."
On Pfannenstiel's
immediate terminatio
contract by Geylang, I
said: "If he is acquitte

Nie war die Medienpräsenz so groß wie
im Winter 2000 – und ich hätte gerne darauf
verzichtet. Zusammen mit Mickey Jurilj
bei der Anklage.

Der Torwart hinter Gittern – aufgenommen lange
nach der Freilassung.

In Neuseeland wurde ich im Jahr 2002 Publikumsliebling. Die Stadionzeitung sah mich als «den Guten» –
zwei Mitspieler als «den Bösen» und «den Hässlichen».
Von meiner Seite gab es keine Beschwerden.

In der Stadionzeitung in
Calgary im Jahr 2004.

In Neuseeland lieben sie mich:
2005 kehrte ich zurück, der Verein hier nun Otago United. Die
Fans sind immer noch verrückt:
50 Kinder liefen mit Masken
eines Deutschen herum. Das
Original schaut sich das Ganze
eher verwirrt an.

THE GOOD THE BAD & THE UGLY

Starring Lutzino + Bo...

mustangs
CALGARY SC

2004 OFFICAL GAME DAY PROGRAM $2

Lutz Pfannenstiel

Lutz the soccer legionnaire has gone, and while Otago Uni... lost a very good goalkeeper, the big German's local fan club ... him even more.

At one NZFC game, several youngsters paraded around wearing photo masks of their hero, and its possibly the only time I've seen the affable keeper looking a bit embarrassed as those LUTZ PFAN CLUB posters appeared.

As Otago regional goalkeeping coach there was always a gaggle of young keepers waiting for him at George Street school, keen to attend his coaching sessions and repeatedly ask for his autograph. They were his biggest fans.

The luckiest would earn goalkeeping gloves, of which Pfannenstiel always seemed to have an inexhaustible supply despite travelling light gypsy style.

Well, Lutz is on his bike again, initially back ... and Calgary Mustangs, but with

in Deutschland.

Otago United's loan deal with Calgary was supposed to last until the end of NZFC, but a release clause was actioned when the Mustangs found out they will not be playing in the American A League next season.

In fact first reports were that Calgary had gone bust, but later some hope was expressed that they could regain entry in 2006.

However, the Mustangs were not keen on paying top salary to Lutz if the club was only playing local regional soccer in Canada next year.

So, the merry go round of player agents plus interested clubs started, and Otago and the George Street kids lost their keeper.

... is just another horizon to head

searching for freezing ball ... ply his trade with the profi ... earns him headlines.

Of course some head ... gotten as when he was ... match-fixing in Singapore. But ... German FA do not recognize the conviction, and Lutz has clocked up a dozen clubs and many air miles since then.

Even in absentia Lutz may generate more headlines if Otago United's chairman Marc Chidley pursues his compensation demands from Calgary Mustangs.

But regardless of any paperchase in his wake, Pfannenstiel will now be cracking jokes in some foreign dressing room, or strutting in some distant six yard box, and no doubt recruiting yet another adulating Pfan club of starry eyed kids.

Wie ich das hasse: In Norwegen hole ich im Jahr 2003 den Ball aus dem Tor des Nadderud-Stadions, wo mein damaliger Verein Baerum SK seine Heimspiele austrug.

Am Strand von Dunedin im Jahr 2004: Der Blick schweift in Richtung Antarktis, die mich immer fasziniert hat. Ich ahne noch nicht, dass ich Jahre später dort ein Benefizspiel organisieren werde.

Haare ab: Bei meinem letzten Spiel für Baerum SK trat ich gegen Start Kristiansand mit ungewöhnlicher Frisur an. Wir gewannen 2:0, aber kalt war es: minus sechs Grad.

Sieht aus wie eine Studenten-WG, sind aber Fußball- und Rugbyprofis. 2004 verbrachte ich Dutzende Abende in einem Apartment in Dunedin, zusammen mit Chris McKean, Chey Barnes und Jonathan Smith.

*Sie hätten mich auch als Papst vorstellen
können, und ich hätte es nicht gemerkt.
In Armenien berichteten die Zeitungen 2007
über meine Trainerzeit bei Betonit.*

*Zusammen mit
meiner Stieftochter
vor der Skyline von
Vancouver.*

*2008 feier ich mit Amalia in Ibirama,
Brasilien, meinen Weltrekord. Keiner
hatte zuvor auf allen sechs Kontinenten
unter Vertrag gestanden.*

ՖՈՒՏԲ Plus 4 ԱՊՐԻԼ, 2007 ԹԻՎ 13 (576)

Լուաց Պֆանենստիլ. «ԵՍ ՈՉ
ԽՆԴԻՐ ՉՈՒՆԵՄ ՀԱՅԵՐԻ ՀԵՏ

«Բենտնիխ» հաղթանակը «Գանձասարի» նկատմամբ որքան անս
էր, այնքան էլ սպասելի էր: Ընդամենը մեկ ու կես ամսվա պատմությ
ցող կոլեկտիվը, որ հիմնականում համալրված է օտարերկրաց խաղաց
րով, հայտնություն է մեր ֆուտբոլում, և հետաքրքրությունը նրա
նկատմամբ օրեցօր մեծանում է: «Գանձասարի» հետ խաղից հետո կ
մամուլի ասույլխում «Բենտնիխ»-ի գլխավոր մարզիչ Լուաց Պֆանեն
անշափ ուրախ էր և անկաշկանդ զրույցի բռնվեց:

- Մենք արժանի էինք այս
հաղթանակին,- ասաց
գերմանացի մարզիչը: -
Չնայած «Գանձասարն»
այսօր ավելի լավ խաղաց,
քան առաջին հանդիպման
ժամանակ: Երկրորդ կե-
սում, երբ «Գանձասարի»
ֆուտբոլիստներից մեկը
կարմիր քարտ ստացավ,
մենք աand զգու գործելու ավել-
ի շատ հնարավորություն
ստացանք և մեր խաղը
խախացինք: Թող մեծամ-
տություն չհամարվի, բայց
կարող էինք հանգեստ խոշոր
հաշվով: Վերջին 5-6 րոպե-
ներին մեր դարմաշ մեծ
հրաmanց ստեղ-
ծեց, և մեր քախցը բերեց,
որ մեզ գոլ հս : Չնա-
յած կապանում պարտվել
էինք 0-1 հաշվով, մենք այս-
տեղ ....ավ խաղա-

Es sieht so harmlos aus: Mannschaftsfoto mit Vllaznia Shkoder in Albanien im Sommer 2006. Im Hintergrund warten 25 000 verrückte Fans auf das erste Saisonspiel im Loro - Borici-Stadion. Wenn wir verloren haben, bewarfen sie uns mit allem, was ihnen gerade in die Finger kam.

Sicherer Job: 2007 beim Training mit den Vancouver Whitecaps, einem der seriösesten Vereine, für den ich je gespielt habe.

Auftritt mit meiner Charity-Mannschaft beim Hallenmasters in Riesa, hier mit dem ehemaligen Bundesligaspieler Sergej Barbarez.

Fotoshop für Fortgeschrittene: In Buenos Aires modelte ich im Jahr 2008 einige Male für das Mode-Label Conleys.

Boot inklusive: In Flekkeroey/Norwegen durfte ich 2008 das Boot des Präsidenten Terje Marcussen mitbenutzen. Nicht nur deshalb eine der schönsten Stationen meiner Karriere.

*In Brasilien gab es nichts Schöneres:
Auf einer Wasserrutsche in Ibirama.*

*Fans vor dem Boca - Juniors - Stadion
in Argentinien.*

*In meinen sieben Monaten
in Brasilien habe ich
ungefähr 700 Kokosnüsse
verbraucht.*

ALLES AUF NULL

Müde wartete ich mit Anita am Gepäckband auf die Koffer. Was für ein schönes Gefühl. Dieses Warten hatte ich in den vergangenen Jahren Hunderte Male über mich ergehen lassen. Nie zuvor hatte ich diese fortgesetzte Routinetätigkeit meines alten Lebens so sehr genossen wie jetzt. Wie ein kleiner Junge starrte ich auf die Taschen und Koffer, die langsam an uns vorbeizogen, wie einige hektisch heruntergenommen wurden und andere wieder hinter dem Vorhang verschwanden, weil ihre Besitzer nicht schnell genug reagiert hatten.

Wir gehörten zu den letzten Passagieren, die alle Taschen komplett hatten, aber das war mir egal. Ich fühlte, wie sich alle Muskelzellen in meinem Körper entspannten. Das Flugzeug hatte einen Zwischenhalt in Malaysia gemacht, bis dahin hatte ich völlig verkrampft auf meinem Platz gesessen. Erst als wir in Richtung München abgehoben hatten, löste sich die Anspannung allmählich. «Ich bin frei», hatte ich gesagt. Offenbar lauter als beabsichtigt, denn einige Passagiere hatten sich irritiert zu mir umgedreht.

Entspannt gingen Anita und ich in Richtung Ankunftshalle des Münchner Flughafens. Ich freute mich darauf, in wenigen Sekunden meinen Vater in die Arme zu schließen, den ich ein ganzes Jahr lang nicht gesehen hatte. Doch mir kam es vor, als wären zehn Jahre vergangen. Vor mir her schob ich sechs Taschen: zwei von Anita, vier von mir – das war alles, was ich besaß.

Das elektrische Tor am Ausgang öffnete sich, und die ersehnte Ruhe war in weite Ferne gerückt. Stimmengewirr, und ich blickte überrascht in ein Dutzend Kameraobjektive. Die Gepäckhalle hatte wie ein schützender Kokon gewirkt, doch nun hatte ich das Gefühl, dass sich Hunderte Menschen auf mich stürzten. Journalisten umringten mich, während die anderen Wartenden fragend schauten und wohl grübelten, wer dieser hagere Typ sein könnte – ich konnte meine Rippen zählen. Sie werden mich wohl eher für einen drogensüchtigen Rockstar als für einen Fußballprofi gehalten haben.

Überglücklich schloss ich meinen Vater in die Arme. Meine Mutter war Gott sei Dank in Zwiesel geblieben, für sie wäre der Trubel am Flughafen zu viel gewesen. Die Reporter bedrängten mich regelrecht. Es war schon verrückt. Da hatte ich mein Leben lang mit all meiner Kraft für den Fußballsport gekämpft, und nun interessierten sich die Leute für etwas, was ich gar nicht getan hatte: manipulierte Spiele. «Können Sie sich etwas Schlimmeres vorstellen als Gefängnis in Singapur?», wollte einer wissen. «Das kann ich in diesem Moment tatsächlich nicht», sprach ich in sein Mikrophon, während ich noch damit beschäftigt war, die plötzliche Reizüberflutung zu verarbeiten. Schon während meiner Verhandlung hatte es in Deutschland großes Medieninteresse gegeben, bei meiner Verurteilung waren 100 Journalisten im Gerichtssaal anwesend. Der Trubel in München übertraf aber alle meine gehegten Befürchtungen.

Gefängnisgeschichten aus Singapur schienen sich exzellent auf die Zeitungsauflage auszuwirken. So wurde kurz nach meiner Freilassung eine junge deutsche Frau namens Julia Bohl zum Tode verurteilt, weil in ihrer Wohnung über 700 Gramm Marihuana gefunden worden waren. Das Thema bestimmte über Wochen die Titelseiten und bewegte mich tief, weil ich sie bei meinem ersten Aufenthalt in Singapur noch kurz kennengelernt hatte – an ihrer Schule gab ich damals einmal wöchentlich Fußballkurse. Die Verteidigung konnte schließlich doch noch dafür sorgen, dass das Urteil im letzten Moment in eine lange Freiheitsstrafe umgewandelt wurde. Eigentlich ein Ding der Unmöglichkeit: Ab dem Besitz von 500 Gramm Marihuana steht in Singapur verbindlich der Tod durch den Strang, Julia hatte eigentlich keine Chance. Allerdings war die Qualität der gefundenen Drogen so schlecht, dass die Verteidigung mit ihrer Argumentation Erfolg hatte: Es handele sich nur um 250 Gramm reines Marihuana, der Stoff sei gestreckt worden. Diese Raffinesse ihrer Anwälte rettete ihr das Leben.

So dramatisch war die Lage bei mir nicht – auch wenn mich im Laufe der Verhandlung selbst die Forderung nach einer Todesstrafe nicht mehr überrascht hätte. Das Interesse der Reporter war ähnlich groß wie im Fall von Julia Bohl. Eine halbe Stunde lang beantwortete ich Fragen, die ich mir zuletzt selbst oft gestellt hatte. «Warum sind Sie verurteilt worden?» «Welche Spuren hinterlassen drei Monate in Singapurs berüchtigtstem Gefängnis?» Und die schlimmste Frage: «Wie geht es jetzt weiter bei Ihnen?» Ich zuckte mit den Schultern. Darauf hatte ich einfach keine Antwort.

Während mein Vater das Auto über die Autobahn in Richtung Zwiesel steuerte, schaute ich aus dem Fenster und sah die bayerischen Wälder vorbeirauschen. Ich hielt Anita im Arm, im Radio lief Bayern 3, und am Steuer redete mein Vater ungewöhnlich viel für seine Verhältnisse, er schwätzte geradezu. Tiefbayerischer Dialekt, wo ich auch hinhörte – mit jeder Minute ging es mir besser.

Anita dagegen verstand kein Wort. Es war ihr erster Besuch in Bayern. Die Umgebung war für sie völlig neu, sie hatte ähnlich schwere Wochen wie ich hinter sich. Und doch wirkte sie glücklich. Sie hatte gegen alle Widerstände zu mir gehalten, auch gegen den ihres Vaters und seiner täglichen Anrufe. Er war in den fünfziger Jahren mit seinen Eltern aus Sri Lanka nach Singapur gekommen. Dort hatte er nach dem Medizinstudium gleich mehrere hochprofitable Kliniken für Schönheitschirurgie aufgebaut, die ihn zum vielfachen Millionär, aber auch Größenwahnsinnigen gemacht hatten. Anita erzählte mir, wie er einmal durch seine Villa gelaufen war, auf seine Hände starrte und rief: «Diese Hände sind ein Geschenk Gottes.» Immer wieder: «Diese Hände sind ein Geschenk Gottes.» Ein Verrückter. Seine Frau hatte sich schon 15 Jahre zuvor von ihm scheiden lassen und war nach England gezogen.

Unsere Beziehung war ihm bereits vor meiner Anklage ein Dorn im Auge gewesen. Doch nach der Anklage unternahm er alles, um uns auseinanderzubringen. «Verlasse diesen korrupten Versager», schrie er in den Hörer, während Anita ihre täglichen Briefe an mich schrieb. Ein anderes Mal sagte er mit leiser Stimme: «Du bist nicht mehr meine Tochter, ich enterbe dich hiermit.» Dann legte er einfach auf. Als meine Entlassung näher rückte und er realisierte, dass Anita mit nach Deutschland kommen wollte, hatte er eine andere Taktik versucht.

Anita leitete eine kleine Montessori-Schule in Singapur. Diese Schulform geht besonders sorgfältig auf die Stärken und Schwächen der einzelnen Kinder ein, und Anita war eine große Befürworterin dieser Methodik. Einen Tag vor meiner Entlassung rief er sie an, entschuldigte sich für seine Worte und bot ihr einen riesigen Betrag an, um eine deutlich größere Montessori-Schule in Singapur aufzubauen. Der Vater sagte es nicht offen, aber mit dem Angebot verband er natürlich die Hoffnung auf eine Trennung von mir, schließlich musste und wollte ich Singapur verlassen. Nach meiner Entlassung musste ich davon ausgehen, nie wieder ein Visum zu bekommen. Ich hatte ihn nie getroffen, doch als mir Anita später von dem Angebot erzählte, rief ich ihren Vater kurzerhand an und brüllte: «Selbst wenn alles stimmen würde, was man mir vorwirft: Es ist hundertmal korrupter, wenn ein Vater seine Tochter kaufen will.» Anita wusste von diesem Anruf nicht, aber sie hat sich ohnehin nicht kaufen lassen.

All dieser Ärger, all die Tränen schienen nun weit entfernt.

Nach einer guten Stunde Fahrt bogen wir auf unsere kleine Hof-auffahrt in Zwiesel ein. Die Morgensonne tauchte unser Haus mit seiner hellblauen Holzvertäfelung in ein warmes Licht. In den vergangenen Jahren hatte ich den Ort meist nur im Schnee gesehen, an Weihnachten. Nun erlebte ich ihn an einem traum-haften Tag im April. Nie war er mir so schön vorgekommen.

Meine Mutter riss die Haustür auf, als sie das vertraute Moto-rengeräusch in der Einfahrt hörte. Ich war noch nicht ganz aus dem Auto gestiegen, da war sie mir bereits um den Hals gefallen. In der Tür wartete meine Schwester, und ich war selbst über-rascht, wie sehr ich mich freute, sie zu sehen. Mein Vater stellte das Telefon auf lautlos, es hatte schon den ganzen Morgen lang ununterbrochen geklingelt. Ermattet nahm ich auf der kiefer-nen Eckbank Platz. Ich kam mir vor wie auf einer Zeitreise: An der Wand hingen noch immer das Kruzifix und die vier Bilder aus dem Alten Testament. Der vertraute, herzhafte Geruch von Gulasch mit Nudeln zog aus der Küche herüber, und nach und nach lösten sich meine Gedanken aus Singapur. Meine Rück-kehr ins Leben hatte begonnen.

Am nächsten Morgen lief ich zum Sportplatz, dem Symbol meiner unbeschwerten Kindheit. 15 Runden schleppte ich mich über den Rasen, selten war mir Bewegung so schwer gefal-len – ich fühlte mich wie gelähmt, meine Muskulatur war die Belastung nicht mehr gewöhnt. Doch ich war fest entschlossen, meinen Beruf so schnell wie möglich wieder aufzunehmen. Am Nachmittag hatte Gerd Bielmeier Schichtende. Der India-ner, der schon in meiner Jugend jeden Tag Bälle auf mein Tor getreten hatte, hatte noch immer längere Haare und lief noch immer jeden Tag hier seine Runden. Wir redeten nur ein paar Sekunden, er schien zu spüren, dass ich nicht über meine Zeit im Gefängnis sprechen wollte. Dann nahm er den Ball, und ich fing das Leder, immer wieder. Es fühlte sich an wie damals. Er schwieg, ich schwieg. Zwei Verrückte auf dem Rasen, und beide wollen nichts anderes als Fußball spielen. Zu hören war nur der stumpfe Stoß, wenn er schoss, und das dumpfere Geräusch, wenn ich den Ball mit meinen Handschuhen abwehrte. Es tat gut, wieder den Aufprall des Leders zu spüren. Kein Psychiater hätte diesen positiven Effekt erzielt. Wir haben nie viel gesprochen – es traf mich schwer, als ich Anfang des Jahres 2009 von seinem Tod erfuhr.

Doch so recht kam ich in Zwiesel nicht zur Ruhe. Das Telefon stand auch eine Woche nach meiner Rückkehr nicht still, immer wieder sollte ich Journalisten meine Geschichte erzählen. Einige Male warteten sogar Fotografen vor meiner Haustür. Paparazzi in Zwiesel. Was für eine absurde Vorstellung. Normalerweise hätte ich das lustig gefunden, doch mir war nicht zum Lachen zumute. Und auch Anita brauchte nach den schlimmen Monaten in Singapur dringend Ruhe. So beschlossen wir, für ein paar Tage ihre Mutter in England zu besuchen. Sie war nach der Trennung von ihrem psychopathischen Mann 15 Jahre zuvor in ihre Heimat Bradford zurückgekehrt.

Anitas Mutter war eine schlanke, resolute Frau Ende fünfzig und wohnte in einem neuen Haus. Sie begrüßte uns beide mit einer herzlichen Umarmung, schon immer war sie mit ihrer Herzlichkeit das Gegenteil ihres Ex-Mannes gewesen. «Kommt herein, kommt nur herein.» Wir tranken eine Weile Tee aus edlen Porzellantassen. «Was war, das war», sagte sie dann und legte mir den Arm um die Schultern, «wir kriegen dich wieder hin. In einem Monat hast du den ganzen Mist vergessen.» Anita und ich bezogen das Dachgeschoss des Hauses, das Bett war bereits frisch bezogen.

Nach einigen Tagen gingen wir durch Bradford mit seinen wunderbar alten Häusern spazieren, fast kein einziges Bauwerk war hier während des Zweiten Weltkriegs zerstört worden. Die Stadt war früher einmal das britische Zentrum der Wollverarbeitung gewesen, eine ehrliche Arbeiterstadt. Anitas Mutter führte uns zum Horsfall-Stadion, eine jener winzigen Kampfbahnen des englischen Fußballs aus den dreißiger Jahren, mit uralten Sitzen für vielleicht 3000 Zuschauer. Vor ein paar Jahren hatte man die beiden kleinen Tribünen grün und weiß gestrichen und auch die Innenräume ein wenig renoviert, doch noch immer wuchs das Gras des Fußballplatzes in die Tartanbahn hinein. Das Stadion verströmte jenen maroden Charme, den ich am englischen Fußball der unteren Ligen so liebe.

Gerade hatte das Training von Bradford Park Avenue begonnen. Die Spieler des Regionalligisten waren kräftige Kerle, die nach ihrer Schicht in den umliegenden Fabriken direkt zum Stadion gefahren waren. An der Seitenlinie stand ein großer, älterer Mann mit rötlichen Haaren. Ohne lange zu überlegen, ging Anitas Mutter in das Stadion und begrüßte den Trainer. Anitas Mutter redete immer wahnsinnig schnell, und so hatte sie ihm innerhalb von ein paar Sekunden meine Situation erklärt. Der Trainer stellte sich mir als Trevor Storton, ein ehemaliger Profi des FC Liverpool, vor. «Morgen kommst du vorbei», sagte er. «Natürlich kannst du bei uns mittrainieren. Wenn ich dir sonst helfen kann, lass es mich einfach wissen.» Sein Handschlag war fest. Wir kannten uns nicht, aber ich merkte sofort, dass er es ernst meinte mit seinem Angebot.

Am nächsten Tag kehrte ich in mein Leben als Fußballprofi zurück. Morgens ging ich in den Kraftraum, nachmittags trainierte ich mit Bradford, und abends ging ich spätestens um zehn Uhr ins Bett, um am nächsten Morgen wieder fit zu sein. Technisch und taktisch bereitete mir das Niveau der englischen Amateure keine Probleme, aber ich hatte körperlich so viel Substanz verloren, dass ich fast jeden Abend Prellungen behandelte. Einmal brach ich mir sogar den kleinen Finger. Doch das ist mir in meiner Karriere bereits ein Dutzend Mal passiert, meine Hände sehen aus wie eine verbeulte Mistgabel.

Aber meine Zukunft lag längst nicht mehr allein in diesen krummen Händen. Der Fußballverband in Singapur hatte mich nach meiner Verurteilung lebenslang für Profifußball gesperrt und noch dazu einen regelrechten Kreuzzug gegen mich gestartet: Auf Antrag der dortigen Funktionäre weitete der asiatische Verband meine Verbannung auf den gesamten Kontinent aus und beantragte bei der FIFA eine weltweite Sperre.

Bis zur Sitzung des Disziplinar-Komitees des Weltverbands verbrachte ich einige schlaflose Nächte, doch dann kam Ende April das erlösende Fax: Die FIFA war der Ansicht, dass man mir in Singapur nicht genügend Möglichkeit gegeben hatte, meinen Standpunkt deutlich zu machen. Der Antrag auf meinen weltweiten Bann wurde abgelehnt, die FIFA erkannte das Urteil aus Asien nicht an. Zwar weigerten sich die Asiaten, diesen Beschluss auf ihren Kontinent anzuwenden, und beharrten auf der Sperre in Asien, aber damit konnte ich leben. Nie wieder wollte ich Singapur betreten, und auf weitere Profijahre in Malaysia oder Indonesien konnte ich ebenfalls problemlos verzichten.

Doch ich hatte nicht mit Sepp Blatter, dem mächtigen Chef des Weltverbandes, gerechnet. Seine Wiederwahl zum Präsidenten sollte ein Jahr später, im Jahr 2002, stattfinden, aber sie hing nach Spekulationen um finanzielle Misswirtschaft am seidenen Faden. Damals wurden auch dem schwedischen Kandidaten Lennart Johansson ausgezeichnete Chancen eingeräumt. Blatter kämpfte um jede Stimme, ohne die kleinen asiatischen Verbände hätte er kaum eine Chance gehabt. Als in Asien nach dem Verzicht auf meine Sperre ein Sturm der Entrüstung begann, schwenkte er um.

An einem späten Abend im Juni rief mich ein befreundeter englischer Journalist an. Er berichtete gerade für eine Zeitung vom Konföderationen-Pokal in Tokio, dem Mini-Turnier ein Jahr vor der Weltmeisterschaft 2002 in Südkorea und Japan. «Lutz, du wirst nicht glauben, was mir Blatter gerade ins Diktiergerät gesagt hat.» Der Journalist kannte meinen Fall gut, und so hatte er den FIFA-Präsidenten auch auf die Aufhebung meiner Sperre angesprochen. Blatter habe widersprochen, von Aufhebung könne keine Rede sein. «Die FIFA wird dem Widerspruch des asiatischen Verbands stattgeben», fuhr der Journalist atemlos fort. Ich sollte für zwei Jahre gesperrt werden. Lachend sagte ich: «Der 1. April ist vorbei, das glaubst du doch wohl selber nicht.» Ich hatte mich intensiv mit den Strukturen der FIFA beschäftigt und wusste, dass Blatter nicht das Recht besaß, sich über die Entscheidung der Disziplinar-Kommission hinwegzusetzen. Doch der Journalist spielte anstelle einer Antwort die Zitate von Blatter ab. «… they will be banned immediately …» – sie werden mit sofortiger Wirkung gesperrt. Ich traute meinen Ohren nicht, Blatter wollte sowohl für mich als auch Mickey Jurilj eine weltweite Sperre durchsetzen.

Am nächsten Morgen meldete sich mein englischer Spielerberater Mark Steele: «Schalt dein Fax-Gerät ein, es stimmt, sie wollen dich sperren.» Er schickte das offizielle Schreiben der FIFA nach Bradford, nach dem mein Fall vor der FIFA neu verhandelt werden sollte. Ich war am Boden zerstört.

Ich rief bei meinem Rechtsanwalt in Deutschland an. «Bereite sofort eine Schadensersatzklage vor. Wir müssen das morgen sofort einreichen.» Dann telefonierte ich eine Stunde mit Mark Steele, der versprach, einen weiteren Anwalt zu besorgen. Doch auch das reichte mir noch nicht, ich arbeitete bis tief in die Nacht. Da war sie wieder, die Schlaflosigkeit. Während Anita im Nachbarzimmer schlief, rief ich jeden Spielerberater an, mit dem ich einmal zu tun gehabt hatte, bis ich endlich jemanden gefunden hatte, der mir die direkte Durchwahl von Sepp Blatters Büro in Zürich gab. Am nächsten Morgen rief ich die Nummer im Fünf-Minuten-Takt an, bis ich endlich seine Sekretärin am Telefon hatte.

«Ich kenne keinen Lutz Pfannenstiel», sagte die Frau. «Und wie sind Sie an diese Nummer gekommen?» Es bedurfte all meiner diplomatischen Fähigkeiten, dann hörte sie sich meine Geschichte von vorne bis hinten an, über eine Stunde lang. Die Leitung klang seltsam. Ich bin mir sicher, dass sie auf Lautsprecher gestellt hatte und Blatter zuhörte. Sie verabschiedete sich schließlich mit dem Versprechen, sie habe sich Notizen gemacht und werde Herrn Blatter meine Perspektive des Falles schildern. Ob sie das tatsächlich gemacht hat, weiß ich nicht. Tags darauf aber sagte FIFA-Pressesprecher Andreas Herren plötzlich, dass sich die FIFA entgegen den Aussagen von Blatter «nicht mehr mit dem Thema Lutz Pfannenstiel beschäftigen wird». Der Verband hatte eine salomonische Entscheidung getroffen. Ich wurde für ein halbes Jahr gesperrt, allerdings verlegte man den Beginn der Sperre ein halbes Jahr zurück. Mit anderen Worten: Ich war ab sofort spielberechtigt.

Derart erleichtert hatte ich mich noch nicht einmal im Moment meiner Freilassung gefühlt. Im Gefängnis saß ich nur ein paar Monate, diese Sperre hätte mir mein Leben lang das genommen, was ich liebe.

Bradford hätte mich gerne gehalten, doch der Verein konnte mir nicht genug Geld bezahlen, um vom Sport leben zu können. Nach ein paar Wochen vermittelte mich Trevor Storton nach Huddersfield Town AFC, einem Drittligisten, dessen Spieler alle Profis waren. Joe Jordan, der Co-Trainer von Huddersfield, hatte während der siebziger und achtziger Jahre als einer der härtesten Spieler gegolten. Während eines Spiels für Leeds United verlor er seine vier oberen Schneidezähne in einem Zweikampf. Die Ärzte hatten ihm eine Prothese angefertigt, die er aber während der Spiele aus Sicherheitsgründen rausnahm – nicht wenige Gegenspieler berichteten später, seine zahnlose Grimasse habe sie gehemmt.

Für mich wurde er, wie auch sein Chef-Trainer Lou Macari, zu einer Vaterfigur. Ich hatte inzwischen zehn Kilogramm an Muskelmasse antrainiert und an meine alte Form angeknüpft, sodass wir uns schnell einig wurden. Wie schon Jahre zuvor bei meinem ersten Gastspiel in England bekam ich einen «Non-Contract», einen monatlich kündbaren Vertrag, der mir immerhin meine Grundausgaben sicherte. Doch das war nicht das Entscheidende. Storton und Macari päppelten mich wieder auf: nicht, indem sie mir gut zuredeten oder die Erlebnisse aus

Singapur mit mir aufarbeiten wollten. Besonders Storton fand immer Zeit für mich und unterhielt sich gern mit mir. Er kannte meine ungewöhnliche Geschichte, aber er behandelte mich wie jeden anderen Spieler. Bis heute eine Normalität, die mir guttut.

Schnell sprach sich im Team herum, dass der neue Torwart Knast-Erfahrung hatte. Als ich in einem Trainingsspiel einen haltbaren Ball passieren ließ, liefen zwei Mitspieler hinter das Tor und rüttelten an den Maschen, als seien das Gefängnisstäbe. Ich musste schmunzeln und wunderte mich, dass ich darüber lachen konnte. Langsam begann ich offenbar, die Ereignisse zu verarbeiten.

Und dennoch: Als Huddersfield Verhandlungen über einen Profivertrag für den Rest der Saison beginnen wollte, lehnte ich ab. Ich war erst vor drei Monaten entlassen worden, noch fühlte ich mich nicht bereit – weder körperlich noch psychisch. In England kannten mich viele Fußballfans, und nach den Schlagzeilen, die es während meines Prozesses in Singapur auch auf der Insel gegeben hatte, wären die Auswärtsspiele zu einem Spießrutenlauf geworden. Schon bei einem Spiel der Reserverunde gegen einen Verein der Nachbarstadt warfen die Zuschauer Münzen in meinen Strafraum. Die Botschaft war eindeutig: Ich sollte dafür doch bitte ein paar Tore reinlassen. Ich sammelte sie nach dem Spiel einzeln ein, es waren 23: «Zusätzliches Haushaltsgeld», sagte ich abends zu Anita und versuchte ein Lachen, aber danach zumute war mir dann doch nicht. Was kommt wohl als Nächstes, bei größeren Spielen, fragte ich mich. Die gegnerischen Fans würden mich mit Gesängen über 90 Minuten hinweg verspotten.

Es war letztlich ein Freund, den ich Jahre zuvor bei einem Trainingslager in Brasilien kennengelernt hatte, der meinem Leben die nächste unerwartete Wendung gab. Bruce MacDonald war mit dem Trainer des neuseeländischen Erstligisten Dunedin Technical gut befreundet. Er wusste, dass ich trotz der

Strapazen in Singapur in der dortigen Liga problemlos einer der besten Torwarte sein würde. Nachdem der Trainer von Dunedin einige Videos mit Paraden von mir gesehen hatte, war auch er einverstanden.

Der Fußball hatte in Neuseeland den Status einer Randsportart, und doch erschien mir die Abgeschiedenheit und Ruhe des Landes als der beste Nährboden für mein Comeback. Nebenbei wollte ich in Neuseeland mein Studium beenden. Einige Jahre zuvor hatte ich in Düsseldorf per Fernstudium das Fach «Sport und Touristik» begonnen. Mir war bewusst geworden, dass ich meine Zukunft nicht allein auf den Fußballsport aufbauen konnte. Die letzten Prüfungen wollte ich jetzt innerhalb eines halben Jahres durchziehen.

Nur eine Woche später flog ich nach Neuseeland. Es war mein erster Langstreckenflug nach den Anschlägen des 11. September 2001. Wie noch Dutzende Male bekam ich die Auswirkungen dieses schrecklichen Anschlags auf den Flugverkehr zu spüren. Bisher war ich in vielen Ländern in das Flugzeug gestiegen, ohne dass jemand auch nur in mein Handgepäck geschaut hätte. Nun musste ich unerträglich lange Kontrollen über mich ergehen lassen, ja, sogar die Schuhe ausziehen. Über 48 Stunden dauerte die Reise wegen der vielen Sicherheitskontrollen von Manchester, London, Los Angeles und Auckland nach Dunedin.

Übermüdet kam ich in Neuseeland an. Am Flughafen stand ein unfassbar dicker Mann in einem überdimensionalen roten Hawaii-Hemd und mit einem Pappschild in der Hand: «Lutz Pfanestil» stand darauf, etwas verhunzt, geschrieben. Als ich ihn begrüßte, lachte er über das ganze Gesicht: «Hey, ich bin Jonny Warren. Gut, dich hier zu haben, Mann. Du wirst bei mir und meiner Familie wohnen.» Ich bekam einen kleinen Schreck, dabei hatte ich mit meinem neuen Zuhause großes Glück. Jonny war ein menschgewordener Teddybär, einer der besten Menschen, die ich je getroffen habe. Er hätte in jedem Anti-Ehrgeiz-Werbespot die Hauptrolle spielen können, ein Mensch mit herrlich wohltuender, beruhigender Lethargie. Er war einfach zufrieden mit dem, was er hatte, und vielleicht war genau das der Grund, warum ich ihn so mochte. Denn diese Fähigkeit zur Zufriedenheit besitze ich leider bis heute nicht. Ich zog in sein Haus ein, ein älteres Gebäude ganz in der Nähe der Stadt. Er war, wie viele Neuseeländer, mit einer ungeheuren Gastfreundschaft gesegnet. Seine Kinder waren längst aus dem Haus, ich bewohnte das ehemalige Zimmer seiner Tochter – ein paar Poster von Musikstars hingen noch an den Wänden. Er freute sich, dass ich einzog, denn er war, seitdem er mit 26 Jahren aus England nach Neuseeland ausgewandert war, so etwas wie der Edelfan von Dunedin Technical. Seit Jahren hatte er kein Heimspiel mehr verpasst, und erfahrene Fans setzten sich auf der Haupttribüne nicht hinter ihn, denn sein riesiges Kreuz versperrte den Blick auf die Hälfte des Spielfeldes. Jonny hatte lange in seinem eigenen Hotel als Koch gearbeitet. Er bereitete sensationelle Menüs zu und war, da bin ich mir sicher, der beste Koch Ozeaniens. Ein Engel in Fetter-Mensch-Gestalt.

Meine Entscheidung, nach Neuseeland zu gehen, gehörte zu den besten meines Lebens. Ich verdiente hier zwar nur 2500 Euro, so wenig wie selten in meiner Karriere. Doch schon bei der ersten Trainingseinheit merkte ich, dass Dunedin Technical eine Sonderrolle im bezahlten Fußball einnahm, so familiär ging es hier zu. Nach dem anstrengenden Flug hatte mir der Präsident geraten, erst am nächsten Tag ins Training einzusteigen. Ausgeschlossen, am Tag meiner Ankunft erschien ich zur Nachmittagseinheit. Ich begrüßte jeden einzelnen Spieler mit Handschlag, und schon in diesen Minuten lachten wir viel.

Vermutlich hatten sie fast alle von meiner Zeit im Gefängnis gehört, schließlich hatte das Zeitalter von Google längst begonnen, und man musste nur meinen Namen eingeben, um sich ein Bild zu machen. Doch das zählte hier nicht. Fast alle Spieler waren miteinander befreundet, die meisten von ihnen spielten schon seit Jahren zusammen. Einige waren Profis, einige studierten, wieder andere hatten noch nebenbei einen Beruf – trotz der unterschiedlichen Lebensentwürfe funktionierte das Team. Die Jungs wollten den Titel holen, und sie wussten, dass ich für neuseeländische Verhältnisse ein ausgezeichneter Torwart war. 17 Stunden schlief ich nach der ersten Trainingseinheit, doch ich hatte mich auf Anhieb integriert.

Auch die Stadt war mir sofort sympathisch. Mit ihren vielen Hügeln, den kleinen Häusern und den Wäldern erinnerte sie mich an meine Heimatstadt Zwiesel. Sie war auf dem Lavagestein eines vor vielen Millionen Jahren erkalteten Vulkans erbaut worden, und auch wenn die Gegend mit ihren vielen Wäldern herrlich grün war, sah man in einigen Ecken noch immer die unterschiedlichen Gesteinssorten, die sich im Laufe der Geschichte entwickelt hatten. Die Menschen von Dunedin hatten eine der schönsten Städte des Landes aufgebaut und sich auch von den geographischen Unwägbarkeiten nicht beeindrucken lassen. Einer meiner Mitspieler wohnte in der Baldwin-Street: Sie ist laut Guinness-Buch der Rekorde mit 35 Prozent Steigung die steilste Straße weltweit und hat damit in etwa das Gefälle einer Skisprungschanze. Die Häuser sahen so aus, als würden sie jeden Moment den Berg hinunterrutschen. Ein Kult in Dunedin: Jedes Jahr im Februar stürzen sich Hunderte Irre mit Inlinern die Straße runter und hetzen, wenn sie das noch können, anschließend wieder hoch. Wer das am schnellsten schafft, hat gewonnen und ist für ein paar Tage eine Art Superstar in Dunedin. Diese Straße zieht die Verrückten an: Kurz vor meiner Ankunft stellte der Bayer Thomas Hugenschmidt hier einen Geschwindigkeitsrekord mit dem Fahrrad auf: Er fuhr sie mit knapp 120 Stundenkilometern hinunter. So bekloppt bin noch nicht einmal ich.

Innerhalb weniger Tage hatte ich das Gefühl, mit der Mannschaft seit Jahren zusammenzuspielen. Wir trainierten hart, und natürlich war der Leistungsdruck auch hier enorm – doch gleichzeitig hatte der Verein eine Atmosphäre, wie es sie im deutschen

Profifußball wohl zuletzt in den siebziger Jahren gegeben hatte, jener Zeit, in der sich alle paar Wochen mal ein Reporter zum Training verirrte und die Spieler noch nicht jedes Wort auf die Goldwaage legten und sich nach einem Bundesligator noch nicht gleich für einen außerirdischen Superstar hielten. Ob man Profi war, Krankenpfleger oder Student, das war in Dunedin egal. Nach den Spielen tranken wir im Vereinslokal mit den Fans noch ein Bier, und an trainingsfreien Tagen trafen sich die Familien zu gemeinsamen Ausflügen oder im Café. Es wurde in dieser Stadt einfach mehr gelacht und weniger geflucht als an anderen Orten. Für die Mannschaft galt das Gleiche.

Innerhalb weniger Tage hatte ich meinen Humor, den ich in Singapur verloren geglaubt hatte, wiederentdeckt. Morgens ging ich in den Kraftraum, lernte anschließend für meine Abschlussprüfung an der Universität und ging nachmittags zum Mannschaftstraining – nur aus solch bitterernsten Tätigkeiten konnte mein Alltag nicht bestehen. Phil Kelly war einer unserer Stürmer. Er war schon 32 Jahre alt, beherrschte aber noch immer gewaltige Kopfbälle und wuchtige Distanzschüsse. Hauptberuflich lebte er von einem Dozentenjob an der traditionsreichen Universität von Dunedin, wo fast jeder zweite Einwohner der Stadt studierte. Wir waren morgens laufen. «Sorry, Lutz», sagte er bereits nach einer halben Stunde. «Ich muss mich beeilen. In einer Stunde fängt meine Vorlesung an.» Während er in seinen Jeep stieg, fielen mir die Seminare in Deggendorf wieder ein, die ich zehn Jahre zuvor besucht hatte. Der Stoff war damals unfassbar langweilig, aber das Ärgern der Professoren hatte mir immer extrem viel Spaß bereitet. Ich beschloss, meine Erinnerung aufzufrischen.

Nach dem Duschen fuhr ich zur Medizinfakultät der Universität und parkte direkt vor dem Gebäude. Durch das Fenster sah ich, wie Phil gerade Diagramme an einer Videopräsentation erklärte – er gab gerade einen Krankenpflegekurs, es waren fast nur Frauen in der Vorlesung. Als ich die Tür öffnete, entwich

Phils Gesicht jegliche Farbe. «Entschuldigung, Herr Professor, ich bin zu spät», sagte ich und setzte mich in die letzte Reihe. Phil schwieg ein paar Sekunden, dann fuhr er fort. «… Die Linksherzinsuffizienz bezeichnet eine Leistungsschwäche der linken Herzkammer. Kommt es zu einer Volumenüberlastung, ist das linke Herz nicht in der Lage, das ankommende Blut aus dem kleinen Kreislauf ausreichend in den großen Körperkreislauf zu pumpen …» Ich meldete mich. Keine Reaktion. Als Phil mich zu ignorieren versuchte, schnipste ich laut mit den Fingern, sodass sich einige Studentinnen zu mir umdrehten und er mich einfach nicht mehr übersehen konnte. Genervt fragte er, was ich denn wolle. «Herr Professor», fing ich grinsend an, «Sie haben die letzten drei Spiele nicht getroffen. Die Herzen der Fans lassen ausrichten, dass es bei Dunedin Technical eine Unterversorgung an Toren von Ihnen gibt.» Die angehenden Krankenpflegerinnen lachten laut auf, sie wussten natürlich von Phils Fußballkarriere. Auch der Stürmer konnte sich ein Grinsen nicht verkneifen. «Nächstes Wochenende, nächstes Wochenende», sagte er. Tatsächlich erzielte Phil in unserem nächsten Heimspiel ein Tor. Ich hielt meine Besuche in seiner Vorlesung von nun an für ein gutes Omen. Doch wann immer ich mich zu seinen Studentinnen setzte, bildeten sich in Sekunden Schweißperlen auf seiner Stirn.

Ich erholte mich schnell von dem schweren Jahr, das hinter mir lag. Jeden Tag packte ich ganz bewusst voll mit Arbeit. Morgens stand ich um sieben Uhr auf und begann für meine Abschlussprüfung zu lernen. Danach folgten zwei Trainingseinheiten, und wenn ich nicht Phil oder Jonny ärgerte, lernte ich bis spät in die Nacht. Meine Vergangenheit holte mich dennoch immer wieder ein. In den ersten Wochen war ich extrem aggressiv auf dem Platz, und wenn mich meine Mitspieler nicht zurückgehalten hätten, hätte ich wohl gleich reihenweise Platzverweise kassiert. Nachts lag ich oft schlaflos wach, und mir kamen die Bilder des toten alten Mannes in den Sinn, den sie mit einem

Plastiksack aus seiner Zelle getragen hatten. Oder ich hörte die Schreie der Häftlinge, wenn die Prügelstrafe vollzogen wurde.

Innerhalb der Mannschaft rührte wie schon in England keiner in meinen alten Wunden. Sie taten einfach so, als habe ich nie im Gefängnis gesessen. Nur einmal, da konnten sie es nicht ignorieren. Jeden Montag, dem Tag nach dem Spiel, fuhren wir zum Regenerationstraining in ein öffentliches Schwimmbad. Das Programm war immer das gleiche: ein bisschen Schwimmen, Aqua-Jogging und dann in den Whirlpool. Dort lag dann die gesamte Mannschaft mit geschlossenen Augen, während hinter uns ein Wellenbad tobte. Plötzlich ertönte ein lauter Ton, es war das Signal an die Badegäste, dass es von nun an für eine Viertelstunde Wellen geben würde. Meine Mitspieler kannten das fiese Geräusch schon, ich aber schreckte schlagartig aus meinem Halbschlaf hoch – es war das gleiche Signal, das in Singapur morgens um sechs die Häftlinge geweckt hatte und uns nur ein paar Sekunden Zeit gab, um uns vor den Gitterstäben aufzustellen. Reflexartig, fast panisch sprang ich auf, so schnell, dass die anderen Spieler um mich rum nass gespritzt wurden. Erst nach ein paar Sekunden realisierte ich, dass dies ein Schwimmbad in Dunedin und kein Gefängnis in Singapur war. Meine Mannschaftskameraden lachten noch Tage später über den Vorfall – und auch ich konnte darüber lachen.

Die Saison begann mit drei Siegen und drei Niederlagen eher mäßig, doch ich näherte mich der Form, die ich vor meiner Festnahme gehabt hatte. Ich war zurück in meinem normalen Profialltag – und dazu gehörte für mich auch immer ausgeprägter Aberglaube. Jahrelang spielte ich nur mit weißen Stutzen über den Schienbeinschonern, eine andere Farbe kam für mich lange nicht in Frage. Meine bitteren Erfahrungen in Singapur konnten aber auch sie nicht verhindern, und so bestand ich von nun an auf schwarzen Stutzen – mit weißen Knöchelbandagen.

Außerdem reagierte ich seit meiner Jugend stets gleich auf ein verlorenes Spiel oder einen Torwartfehler: Ich wechselte das Trikot, und das gestaltete sich mitunter kompliziert. Denn es durfte nicht das gleiche Modell sein, es musste eine andere Farbe haben. Dieser Tick war bei mir so ausgeprägt, dass ich schon bei Vertragsgesprächen darauf pochte, dass mehrere Modelle zur Auswahl stehen.

Wirklich irritiert hat das nur selten, Fußballer sind wohl die Berufsgruppe mit dem ausgeprägtesten Aberglauben überhaupt. Bei Eintracht Frankfurt bestand Mitte der siebziger Jahre Trainer Gyula Lorant darauf, dass die Spieler vor dem Anpfiff gemeinsam Kaffee tranken und ein Stück Marmorkuchen aßen: 21 Spiele in Serie blieb das Team ungeschlagen. Und Trainerlegende Udo Lattek zog auch im Hochsommer 1987 seinen blauen Strickpulli erst dann aus, als der 1. FC Köln nach 14 ungeschlagenen Spielen wieder eine Niederlage kassierte. Einige erklärten sogar den Erfolg Frankreichs bei der WM 1998 damit, dass Kapitän Laurent Blanc nach Siegen stets die Glatze von Torhüter Fabien Barthez geküsst hatte.

Bei Dunedin hatte ich ein rotes, gelbes, grünes, schwarzes, weißes und blaues Torwarttrikot zur Auswahl, die der Verein vor der Saison mit dem Logo des Hauptsponsors beflockt hatte. Doch als wir Mitte der Saison einige schlechtere Spiele erwischten und ich ein Trikot nach dem anderen wechselte, ging selbst dieser Vorrat zu Ende: Ausnahmsweise verzichtete ich auf einen Trikotwechsel und änderte die Taktik. Anstelle einer schwarzen zog ich eine graue Hose an. Auch diese Änderung erfüllte ihren Zweck, wir stabilisierten uns wieder. Am Ende der Saison wurde ich ins All-Star-Team der Liga und zum Torwart der Saison gewählt. Ich war wieder mitten im Leben. Auch dank der richtigen Trikot- und Hosenfarben.

Mit Anita kriselte es, sie sträubte sich immer mehr gegen das unsichere Leben an meiner Seite. Und dennoch wurde ich in Dunedin sesshaft, soweit das als Fußballprofi möglich ist. Die Saison lief nur von November bis April, sie sicherte mir nur für die Hälfte des Jahres ein Einkommen. Doch kurze Spielzeiten gab es auch in anderen Ligen, glücklicherweise in der anderen Jahreshälfte. Und so stand ich in den folgenden Jahren während der Sommermonate bei Vereinen in Kanada und Norwegen im Tor – und kehrte in den Wintermonaten immer wieder nach Dunedin zurück.

Gleich zu Beginn meiner zweiten Saison in Neuseeland wurde mein Vorrat an Torwarttrikots massiv dezimiert. Jonny war leider schwer erkrankt, deshalb war ich diesmal mit meinem Mitspieler Craig Smith und einer Studentin in ein größeres Haus gezogen. Nach dem Training kamen Craig und ich nach Hause, und als ich mein Zimmer betrat, lag meine Kleidung wild verstreut auf dem Boden. Fraglos gibt es ordentlichere Menschen als mich auf dem Planeten. Aber sah das wirklich heute Morgen schon so aus? Da hörte ich Craig im Nachbarzimmer fluchen: «What the fuck? Wo ist meine Playstation?» Nun fiel mir auf, dass auch in meinem Zimmer Dinge fehlten: Der DVD-Spieler war weg, zwei Sonnenbrillen, und auch meine Torwarttrikots lagen nicht mehr im Schrank. Diebe hatten das kleine Fenster im Badezimmer aufgehebelt. Sie waren am helllichten Tag in das Haus eingestiegen.

Wir riefen den Präsidenten des Vereins und die Polizei an, eine halbe Stunde später war das Haus voller Menschen. Gelangweilt nahm der Polizist den Fall auf: «In den vergangenen Wochen hatten wir in der Gegend viele Einbrüche auf diese Art und Weise», sagte er. «Ihr solltet nicht allzu große Hoffnung haben, dass eure Sachen wieder auftauchen.» Ich hatte gehört, dass Neuseeland zu den Ländern mit überdurchschnittlich vielen Einbrüchen gehörte, aber damit wollte ich mich nicht abfinden. «Das ist alles, was Sie tun können?» Der Polizist schaute auf: «Wir probieren natürlich alles», sagte er gelangweilt, «und geht mal morgen zum Pfandleihhaus. Vielleicht verkauft der Dieb eure Sachen dort.» Sofort drehte ich mich zum Präsidenten um: «Wann machen die auf?» «Um neun Uhr.» «Alles klar, um acht Uhr bin ich bei dir, dann fahren wir dorthin.» Noch in der Nacht schrieb ich eine Liste der fehlenden Gegenstände und überschlug den Wert: 3000 Euro Schaden.

Am nächsten Morgen saß um 9 Uhr 01 im Pfandleihhaus ein Fußballtorhüter mit einem Puls von 180 und trug in ein Formular die Liste seiner gestohlenen Gegenstände ein. Der Tisch stand in der Ecke des Büros. Aus den Augenwinkeln sah ich den Schalter, an dem eine alte Frau die ersten Kunden bediente. In die Schlange der Wartenden reihte sich ein riesiger Maori in einem weiß-roten Eishockey-Shirt von Tommy Hilfiger ein, zwei Meter groß und locker 110 Kilogramm schwer. Ein cooles Hemd trägt er, dachte ich, und wendete mich wieder dem Formular zu. Doch dann kam der Mann an die Reihe. «Ich möchte diesen DVD-Player hinterlegen. Wie viel bekomme ich dafür?» Ungläubig schaute ich auf und sah meinen DVD-Player auf dem Tisch. Und das Eishockey-Shirt erkannte ich nun auch – ich hatte es erst einige Monate zuvor in Bradford gekauft. Es war einer dieser Momente, in denen ich die Beherrschung verlor. «Was du dafür kriegst? Eine blutige Nase», rief ich. Der Maori drehte sich um, und nach einem Schlag ins Gesicht trat ich ihm mit voller Wucht gegen das Knie – eine Körperstelle, die bei dem indigenen Volk Neuseelands äußerst verletzlich ist. So hatte ich es zumindest gelernt. Im Gefängnis von Singapur hatte es einen aggressiven Maori gegeben, und mein indischer Freund hatte mir nur diesen einen Rat gegeben: «Wenn du jemals mit ihm Stress bekommst, tritt ihm als Erstes gegen das Knie.» Die ruhenden Gefängnisinstinkte kamen in diesem Pfandleihhaus wieder hoch.

Diesen Idioten sucht die Polizei seit Monaten, schoss es mir durch den Kopf. Er war für mich vogelfrei. Ich stürzte mich auf den Hünen, der so überrascht war, dass er nur schützend die Hände vor sein Gesicht hielt und sich nicht wehrte. Eilig stürzte der Präsident herbei und zog mich von dem Mann weg. Ein paar Minuten später liefen auch schon zwei Polizisten zur Tür herein, die von der Mitarbeiterin des Pfandleihhauses gerufen worden waren. Sie zerrten mich von dem Maori weg, der nun auch zu

Wort kam: «Ich bin nicht der Dieb», stammelte er. «Derjenige, der mir das Zeug gegeben hat, heißt Bryan Clark. Er schuldet mir seit Monaten Geld. Ich wusste, dass ich das nie wiedersehen würde, und war einverstanden, dass er mir dafür diese Sachen gibt.» Ich lachte laut auf. «Was für ein Bullshit. So einen Blödsinn habe ich noch nie gehört.» Doch die Polizei glaubte ihm. Sie suchten Bryan Clark seit Monaten, ein Drogenabhängiger mit einem Strafregister länger als die Bibel. Langsam glaubte ich dem Maori, beschimpfte ihn aber dennoch weiter. «Wenn du ihn siehst, richte ihm aus, dass ich ihm die Ohren abbeißen werde. Für jeden einzelnen gestohlenen Dollar wird er büßen. Und wenn ich dich nochmal auf der Straße sehe, mache ich genau da weiter, wo ich jetzt aufgehört habe.» Mit weit aufgerissenen Augen wandte sich der Maori den Polizisten zu: «Der spinnt doch, er bedroht mich.» Gelangweilt klärte mich einer der Beamten auf, dass Bedrohung eine Straftat sei, doch dann gingen sie auch schon zur Tür. Für sie war der Fall erledigt. Auch der Maori eilte davon. Ein paar Monate später traf ich ihn in einer Kneipe. Wir lachten über die Schlägerei. «Ist schon in Ordnung», sagte er, «ich habe noch nie so einen Wahnsinnigen gesehen. Das war wie eine Lawine, die nicht zu stoppen ist. Du warst von allen guten Geistern verlassen.»

Ich lachte, denn zu diesem Zeitpunkt hatte sich die Geschichte bereits zu einer Kuriosität entwickelt, wie ich sie auch noch nicht erlebt hatte. Am Abend nach meiner Begegnung mit dem Maori im Pfandleihhaus malte der Präsident in der Vereinsgaststätte den Vorfall in den wildesten Farben aus. Es passiert nicht viel in Dunedin, und so schaffte es die Geschichte, zum Gesprächsthema Nummer eins im Verein zu werden – drei Tage später musste ich nach einem Heimspiel in der Kneipe die Prügelei noch einmal schildern. «Na ja», beendete ich meine Erzählung. «Ich habe ja das meiste zurückbekommen, außer meinen Torwarttrikots.» 1500 neuseeländische Dollar fehlten auch, aber ich entdeckte die komische Seite der Angelegenheit. «Wenn ihr zufällig jemanden seht, der nicht so aussieht wie ich, aber die Nummer eins und Pfannenstiel auf dem Rücken stehen hat, ruft mich an.»

Am folgenden Dienstag klingelte tatsächlich mein Handy. Genervt schaute ich auf den Bildschirm, ich aß nach dem Training gerade in der Küche ein Müsli mit Craig und mag es nicht besonders, wenn man mich beim Essen stört. «Westpac Trust», stand da. Meine Bank. Ich nahm ab. «Hey, hier ist Moose», meldete sich der Bankdirektor, der in der Altherrenmannschaft spielte. Seine Stimme klang aufgeregt. «Pass auf. Ich verarsche dich jetzt nicht. Vor meiner Bank steht einer mit seinem Fahrrad und hat ein schwarzes Torwarttrikot an. Rat mal, was hintendrauf steht.» Mein Puls verdoppelte sich innerhalb einer Sekunde. «Halte ihn irgendwie auf, ich bin sofort da.»

Zwei Kilometer waren es von unserem Haus bis zur Bank. Diese Strecke, so habe ich an diesem Tag herausgefunden, kann ein Auto innerhalb von 60 Sekunden zurücklegen. Vor der Bank stand Moose, er hatte den Fahrradfahrer natürlich nicht aufgehalten. Aber ich konnte den Dieb noch sehen, der schmächtige Mann wirkte wie die Ruhe selbst. Mit schnellen Schritten ging ich hinter ihm her und erkannte einen Gegenstand nach dem anderen. Mein Torwarttrikot war ihm viel zu groß und schlabberte an ihm wie ein schwarzes Nachthemd. Die roten Haare des Diebes leuchteten unter meiner Baseballmütze – ich hatte noch gar nicht bemerkt, dass das Cappie fehlte. Seine Sonnenbrille erkannte ich auch, sie gehörte meinem Mitbewohner Craig. Ich tippte dem Mann von hinten auf die Schulter. «Bryan Clark?» Er drehte sich freundlich lächelnd um. «Yes man, what can I do for you?» «Du kannst eine Menge für mich tun», zischte ich und rammte ihm mit meiner Stirn auf die Nase. Clark schrak erschrocken zurück, ich merkte ihm an, dass er unter Drogen stand. Doch auch ich verlor die Kontrolle über mich, wie schon ein paar Tage zuvor bei meiner Auseinandersetzung mit dem Maori. In Momenten wie diesen entfesselt sich eine große Wut in mir. Immer wieder schubste ich den Dieb, rückwärtstaumelnd stolperte er vor mir her. «Die Kopfbedeckung, wo hast du die her? Her damit.» Ich riss sie ihm vom Kopf und schlug ihm mit der flachen Hand gegen den Kopf. «Die Sonnenbrille? Brauch ich dich gar nicht fragen, die gehört nicht dir.» Clark stolperte in eine Gasse, während ich ihm einen gestohlenen Gegenstand nach dem anderen vom Leib riss. «Das Hemd? Kommt mir sehr, sehr bekannt vor. Zieh das aus.» Ein paar Sekunden später stand er mit seinem dürren Oberkörper auf der Straße. «Die Hose? Du weißt schon, wem die gehört, oder? Runter damit.»

Bisher hatte sich Clark wie unter Schock verhalten. Nun wehrte sich der Dieb. «Die zieh ich nicht aus.» Meine rechte Faust landete mit voller Wucht an seiner Schläfe. Benommen öffnete er den Gürtel. Nun stand er da: Turnschuhe, Socken und eine graue, hässliche Unterhose. Aus den Augenwinkeln sah ich, dass am Eingang der Gasse einige Passanten stehen geblieben waren. Einer telefonierte lautstark mit der Polizei – sie mussten mich für den Verbrecher und Clark für das Opfer halten, aber das war mir in diesem Moment egal. Und einzugreifen traute sich keiner.

In Clarks Geldbeutel fand ich 1000 Dollar, 500 weniger, als mir gestohlen worden war. «Wo ist der Rest?», schrie ich. «Die habe ich nicht mehr», stammelte Clark. Er habe damit das Fahrrad und Drogen bezahlt. Dafür bekam er eine weitere rechte Gerade. Ich war kurz davor, ihn zu zwingen, seine Unterhose auszuziehen und dann durch die Straßen zu jagen.

Doch die Passanten waren inzwischen näher gekommen. Dann hielt auch ein Polizeiwagen am Eingang der Gasse. Drei Beamte kamen eilig auf uns zu. Sie erkannten Clark sofort. Zur Überraschung der Passanten nahmen sie nicht mich, sondern das Opfer meiner Schläge fest. Widerwillig ließ ich von dem Einbrecher ab, doch mein Adrenalinspiegel war noch immer auf maximalem Pegel, und ich gebe zu, dass ich bisweilen eine große Klappe habe. «Inspektoren von Dunedin», tönte ich. «Ich bin am Freitag ausgeraubt worden. Es hat mich vier Tage gekostet, ihn zu finden. Raucht ihr den ganzen Tag Marihuana?» Einer der Polizisten kannte mich, er war ein großer Fan von Dunedin Technical und musste grinsen. Dann wurde er ernst. «Warum blutet Clark denn so?» Der Dieb antwortete selbst: «Weil er mich die ganze Zeit geschlagen hat.» Stimmt das, wollte der Polizist wissen: «Nein, der ist immer hingefallen», erwiderte ich, «die ganze Zeit, keine Ahnung, warum.» Der Polizist zögerte einen Moment, dann nickte er: «Ja, das denke ich auch. Er ist immer hingefallen. Komm in zwei Stunden ins Präsidium. Dann nehmen wir deine Aussage auf, und die Sache ist für dich erledigt.»

Das war sie natürlich nicht. Die Zeitungen und TV-Sender stürzten sich auf die Geschichte. «Der dümmste Dieb Neuseelands», titelte der *New Zealand Herald*, und das erste Mal seit meiner Zeit in Singapur riefen auch wieder Dutzende Journalisten aus Deutschland an. Selbst Vertreter von Tommy Hilfiger meldeten sich und schickten mir ein paar Shirts, weil ich in den Interviews immer wieder erzählt hatte, dass ich den Maori an einem Hilfiger-Shirt erkannt hatte. Ich fand das lustig, absichtliche Werbung wollte ich damit eigentlich nicht machen. Dafür ließ ich in meinen Interviews auch keine Gelegenheit aus, mich über die neuseeländische Polizei und ihre vergebliche Suche nach Clark lustig zu machen. Die Beamten registrierten das durchaus, ohne es mir aber wirklich übelzunehmen. Als ich ein paar Tage nach dem Vorfall aus einem Supermarkt kam, fuhr gerade ein Polizeiwagen vorbei. Die Beamten schalteten das Megaphon auf dem Autodach ein. «Hey, Sherlock Pfannenstiel», schallte es über die Straße, «mal wieder auf Verbrecherjagd?»

Ich hatte in Singapur schreckliche Erfahrungen mit der Polizei gemacht. Doch den unerschütterlichen Glauben, dass sich in Uniformen nur humorlose Sadisten befinden konnten, hatten mir die Polizisten in Neuseeland schon zuvor genommen, in einer meiner ersten Nächte in Neuseeland. Ich wollte nach einem Spiel mit dem alten Ford von Jonny Warren zum Haus eines Mitspielers fahren, das 15 Kilometer außerhalb von Dunedin stand. Auf dem Weg sammelte ich einen Mitspieler ein. Uns beiden fiel nicht auf, dass die Tanknadel auf null stand – bis der Motor auf der Rückfahrt um zwei Uhr nachts ausging. Mitten auf einer einsamen Landstraße. Bis zur nächsten Tankstelle waren es drei Kilometer. Ich fluchte gewaltig, stieg aus und suchte den Reservekanister. Vergeblich. Ein Anruf bei Jonny – kein Empfang. Irgendwann liefen wir einfach los, anstelle eines Reservetanks nahmen wir eine leere 2-Liter-Cola-Flasche mit zur Tankstelle. Eine halbe Stunde später kamen wir an. Ich drückte die Flasche dem Tankwart in die Hand. «Zwei Liter LPG bitte.» Der Neuseeländer schaute mich ungläubig an und fing an zu lachen. «Willst du mich verarschen?» «Warum, mir ist Benzin ausgegangen, das Auto tankt LPG, hat mir der Besitzer gesagt.» Der Tankwart lachte jetzt nur noch lauter. «LPG ist Gas, du Vollidiot. Da musst du mit einer Gasflasche kommen.» Ich setzte zu einer kleinen Schimpftirade an, über Jonny, meinen Mitspieler und den hämischen Tankwart. Aber eigentlich ärgerte ich mich am meisten über mich selbst.

Wir hätten das Auto irgendwie zur Tankstelle transportieren müssen. Doch inzwischen war es drei Uhr nachts, und wir verschoben das auf den nächsten Morgen. An der Tankstelle gab es ein Telefon, doch weder Jonny noch das örtliche Taxiunternehmen nahmen den Hörer ab. Also liefen wir. Fünf Kilometer nach Dunedin. Ein Albtraum. Schweigend marschierten wir die spärlich beleuchtete Landstraße entlang. Alle paar Minuten kam ein Auto vorbei, doch keines hielt an. Dann stoppte doch noch ein Wagen. Es war die Polizei. «Du bist doch der deutsche Torwart, oder?», fragte der Fahrer. Er besaß eine Dauerkarte bei Dunedin, seit Jahren hatte er kein Heimspiel verpasst. «Steigt ein, wir bringen euch nach Hause.» Wir nahmen das Angebot dankend an, auch wenn es mich daran erinnerte, dass ich in Singapur in Polizeiautos einsteigen musste – wenn auch unter gänzlich anderen Vorzeichen. Locker plauderte ich mit dem Dunedin-Fan über die letzten Spiele. Dann erzählte er plötzlich von Wolfgang. Ein deutscher Polizist, der vor ein paar Jahren nach Neuseeland ausgewandert war. In dieser Nacht hatte er Nachtdienst auf der Wache. Der Polizist gab mir das Mikrophon. «Hey, du musst mir einen Gefallen tun. Wir funken ihn an, und du beschimpfst ihn einfach auf Deutsch, mach irgendwas.» Dem Mann war offenbar langweilig. Ich nahm das Mikrophon. «Okay. Aber wir machen einen Deal. Danach gehe ich ans Steuer und darf mit Blaulicht und Horn durch die Stadt fahren.» Mein größter Jugendtraum war es, eines Tages wie Ratko Svilar im Fernsehen übertragen zu werden. Dies hier war der zweite. Natürlich funkte ich die Zentrale an.

Wolfgang meldete sich. «Hier spricht der deutsche Botschafter von Neuseeland, Markus Neumann», phantasierte ich. «Wir wissen jetzt alles, es ist zwecklos, die Vorfälle zu leugnen.» Man merkte, wie verwirrt Wolfgang auf einmal war. «Welche Vorfälle?», stotterte er. «Ich habe nichts gemacht.» Die beiden Polizisten freuten sich wie kleine Kinder, als sie die verzweifelte Stimme des deutschen Kollegen hörten. «Sie wissen genau, wovon ich rede. Es ist auch in Neuseeland verboten, Sex mit Schafen zu haben», schnauzte ich in das Mikrophon. «Melden Sie sich morgen auf der deutschen Botschaft, Ihre Papiere sind bereits vorbereitet.» Da prusteten die beiden Polizisten im Auto los. Auch Wolfgang in der Zentrale lachte, als er den Scherz erkannte. Er verabschiedete sich mit dem Versprechen, dass er sich unser nächstes Heimspiel anschauen würde. «Okay, jetzt darf ich ans Steuer», sagte ich zu seinen beiden Kollegen. Sie ließen mich tatsächlich die verbleibenden drei Kilometer bis zu meinem Haus fahren – auch als ich das Blaulicht einschaltete und mit dem langen, weißen Polizeiauto mit 70 Studenkilometern durch die Stadt raste, sagten sie nichts. Ich schrie durch den Lautsprecher in die leeren Straßen, weit hallte meine Stimme. Die Beamten ließen es geschehen. Ein paar Monate zuvor hätte ich mir das nicht träumen lassen, aber in Neuseeland habe ich ausschließlich nette Polizisten getroffen.

Der Verein war für mich zu einer zweiten Familie geworden. Auf dem Platz erbrachte ich meine Leistung, und abseits davon verziehen mir die Neuseeländer meine kleinen und großen Verrücktheiten. Kurz nach dem Beginn meiner zweiten Saison in Dunedin fuhr ich mit ein paar Mitspielern zu einem der größten Reservate für Blue-Eye-Pinguine in der Nähe der Stadt und machte eine Führung mit. Ich grinste, als ich sie sah – die Tiere erinnerten mich an hässliche Tauben, aber ich mochte ihren treudoofen Blick und ihre staksige Art, sich zu bewegen.

Der Biologe hielt einen kleinen Vortrag darüber, wie intelligent sich diese Tiere an die unterschiedlichen klimatischen Bedingungen anpassen, denen sie ausgesetzt sind. Mir fielen Glasnost und Perestroika wieder ein, die beiden Äffchen, deretwegen ich in Singapur meine Wohnung renovieren, aber auch viel lachen musste.

Einen Pinguin als Haustier. Warum eigentlich nicht? Der Gedanke ging mir nicht mehr aus dem Kopf. Auch nachts nicht. Wach lag ich in meinem Bett, das Ticken des Weckers nervte mich. Ich schaltete den Fernseher an und musste doch an den Pinguin denken. Ich griff nach einem Fußballmagazin – und legte es wieder weg. Nach einer Stunde stand ich auf und tat, was ich meistens tat, wenn ich eine verrückte Idee hatte: Ich setzte sie um. Leise stand ich auf, zog einen schwarzen Kapuzenpulli und eine schwarze Jeans an, griff nach einem Rucksack und einem Paar Torwarthandschuhen und fuhr mit meinem Auto los. Es regnete, als ich in der Nähe des Strandes parkte, wo die Pinguinkolonie nistete. Den letzten Kilometer ging ich zu Fuß, um nicht die Aufmerksamkeit der Tierpfleger zu erregen, die in einem Strandhaus Nachtwache hielten.

Ich zog eine Mütze über den Kopf und stellte mich an den Rand des Zaunes, meine Schuhe versanken halb im Morast des Parkplatzes, während ich meine Torwarthandschuhe überstreifte. Im Schein meiner Taschenlampe lief ich los. Die Tiere waren nicht zu sehen, sie schliefen in Erdlöchern. Ich griff blind in eines der Löcher. Es war leer. Ein zweites Loch, auch leer. Im dritten Loch spürte ich etwas Weiches. Mit einem Griff hob ich den Pinguin aus seinem Loch und legte ihn in meinen Rucksack. Er bewegte sich kaum, der Schock war offenbar zu groß. Dann erkannte er die Situation und stieß mit seinem Schnabel nach mir. Zum Glück hatte ich meine Torwarthandschuhe an, er hätte sich sonst wohl befreien können. Ich lief zurück zum Wagen, legte den Rucksack samt Pinguin auf die Rückbank und fuhr los.

Es war eine bekloppte Idee, und falls dies Tierschützer lesen: Ja, es war ein Fehler. Das Tier wirkte nicht gerade begeistert, doch er würde sich schon noch mit mir anfreunden, redete ich mir ein. Der Pinguin schrappte auf dem Rücksitz am Stoff des Rucksacks. Ich drehte mich zu ihm um. «Du wirst es gut bei mir haben», versprach ich. Erst jetzt machte ich mir Gedanken, wie ich dem Pinguin ein ordentliches Zuhause bieten könnte. An einer 24-Stunden-Tankstelle kaufte ich zehn Kilogramm Eis.

Leise trug ich den Rucksack mit dem Tier in mein Badezimmer und hob den Pinguin in die Badewanne, in die ich zuvor das Eis gefüllt hatte. Er schaute mich irritiert an, aggressiv hackte er mit seinem Schnabel nach mir und gab Geräusche wie eine tollwütige Ente von sich. Allmählich wurde mir bewusst, dass die ganze Sache wohl doch komplizierter war, als ich gedacht hatte. Die Sonne ging gerade auf, und mein Mitbewohner Craig wollte duschen. Wie angewurzelt blieb er stehen, als er den Pinguin sah. Er sagte nichts und verarbeitete erst einmal die Eindrücke. Ein Pinguin im Bad einer neuseeländischen WG, am Montagmorgen um sieben. «Du kannst jetzt nicht duschen», sagte ich. Craig kannte mich inzwischen. Er winkte ab und verzichtete an diesem Morgen auf eine Dusche. Die Unterbringung erschien mir für ein paar Tage als praktikabel, zumal das Klo in einem separaten Bad war.

Ich fuhr eilig zur Tierhandlung, wo ich dem Pinguin einige Fische in einer Plastiktüte mit Wasser kaufte. Stolz servierte ich meinem neuen Haustier sein Frühstück. Ich kippte es in die Badewanne. Er fraß die Fische tatsächlich, doch unsere Freundschaft vermochte das nicht zu vertiefen. Er saß einfach nur da, und soweit ein Pinguin böse gucken kann, tat er das. «Beruhige dich erst einmal», sagte ich. «Ich muss zum Training, danach schauen wir weiter.»

Am Mittag kam unser Präsident Marc Chidley mit in mein Haus, wir aßen oft zusammen. «Wunder dich nicht über den Pinguin, falls du ins Bad gehst», sagte ich beiläufig, als wir eintraten. «Ich habe ein neues Haustier.» Chidley lachte, während er seine Jacke aufhängte: «Gab es in deinem Leben einen Tag, an dem du auch nur ein bisschen ernsthaft warst?» Er glaubte mir erst, als er die Badezimmertür öffnete, wo ihm grässlicher Gestank entgegenschlug und der Pinguin ihn von der Badewanne aus anstarrte. Dem Präsidenten verging die gute Laune schlagartig. Sein Gesicht lief ein wenig rot an, so wie immer, wenn Ärger drohte. «Lutz, bist du von allen guten Geistern verlassen?» Die nächsten fünf Minuten kam ich nicht zu Wort. Er hielt ein ausführliches Referat über die Bedeutung der Pinguine und des Naturschutzes in Neuseeland. «Wenn das rauskommt, hast du 10 000 Dollar Strafe am Hals, und die setzen dich schneller ins Gefängnis oder in ein Flugzeug nach Deutschland, als du schauen kannst.» Das Argument mit dem Gefängnis zeigte Wirkung.

Ich wartete bis zum Einbruch der Dunkelheit, legte den Pinguin wieder in den Rucksack und brachte ihn zum Strand zurück. Längst hatte ich eingesehen, dass ich eine Dummheit begangen hatte. Der Pinguin watschelte im Eiltempo in Richtung Wasser, ohne zurückzublicken. Freunde waren wir nicht geworden.

Chidley kam am nächsten Tag wieder zum Essen. Ich hatte Hühnchen zubereitet. Als ich das Fleisch servierte, schaute er mich schief an. «Hallo? Das ist Hühnchen», sagte ich. Ob er mir das wirklich geglaubt hat, weiß ich bis heute nicht.

ALLES SCHWARZ,
ALLES HELL

Der Tag, an dem ich dreimal starb, begann wie jeder andere in England: Es nieselte, als ich morgens um acht die Vorhänge zur Seite zog. Ich machte 225 Sit-ups für den Bauch und 100 Liegestütze. Eine kurze Dusche, Müsli zum Frühstück, ein Blick in die Zeitung: Der Sportteil war doppelt so dick wie sonst. Acht Sonderseiten zum Boxing Day, einem der Höhepunkte des Sportjahres in Großbritannien.

Seit ein paar Monaten spielte ich nun tatsächlich bei Bradford Park Avenue. Nach dem Ende meiner ersten Saison in Neuseeland war ich für ein paar Monate zu dem englischen Fünftligisten gewechselt, um die Zeit bis zur nächsten Saison in Neuseeland zu überbrücken. Und es gab noch einen Grund: Anita war inzwischen im siebten Monat schwanger, wir wollten, dass das Kind in England geboren wird. Dort, wo wir die Unterstützung ihrer Mutter hatten.

Ich hatte dieses Weihnachtsfest nicht in Zwiesel verbracht, sondern in Bradford. Wir hatten einen kleinen Baum, Anitas Mutter hatte einen Truthahn zubereitet. Die Reise nach Deutschland hätte zu viel Kraft gekostet, denn wer sich nicht ordentlich auf den 26. Dezember vorbereitet, der hat im englischen Profifußball nichts verloren. Während die deutsche Bundesliga am zweiten Weihnachtsfeiertag nichts aus ihrem Winterschlaf reißen könnte, findet an diesem Tag in England einer der wichtigsten Spieltage der Saison statt: Boxing Day. Wer an diesem Tag gewinnt, für den, so der Mythos, steht auch der Rest der Saison unter einem guten Stern. Zu keinem anderen Spieltag kommen so viele Zuschauer, an keinem anderen Spieltag ist die Stimmung so angeheizt.

Ich setzte mich an den Küchentisch und schlug die Zeitung auf. Wie jedes Jahr stritten die Kolumnisten, woher denn jetzt der brutal klingende Name Boxing Day für den christlichen Feiertag stamme. Ich habe in meinem Leben ungefähr ein Dutzend Theorien gehört. Am glaubwürdigsten kommt mir eine Version vor, nach der «Boxing Day» auf die Zeit der Leibeigenschaft zurückgeht. Am ersten Weihnachtsfeiertag musste die Belegschaft der feinen Herrschaften arbeiten, am zweiten Feiertag bekam sie dafür frei und neben den Resten des Festbanketts ein paar Geschenke – alles verpackt in einer kleinen Box. Wegen dieser kleinen Boxen behielt der Tag seinen Namen auch noch Jahrhunderte später. Wirklich idyllisch geht es in England an diesem Tag nicht zu: Viele Geschäfte öffnen wieder und verramschen ihre nicht verkauften Weihnachtsartikel. Es wimmelt in den Innenstädten an diesem Tag vor kaufwütigen Engländern in Jagdlaune.

Die meisten aber gehen zum Fußball – und zwar in ausgeprägter Trinklaune. Für mich bedeutete der Boxing Day vor allem eines: harte Arbeit. Traditionell fielen an diesem Spieltag viele Tore – böse Zungen behaupten, dass sich die Abwehrspieler an den Weihnachtstagen zuvor reichlich Mut antrinken. Wer es als Stürmer etwas ruhiger hat angehen lassen, der kommt zu reichlich Torschüssen.

Eilig überflog ich den Vorbericht zu unserem Ligaspiel gegen Harrogate Town. Der Autor erklärte uns zum klaren Favoriten. Anita schlief noch. In diesen Tagen wollte ich sie wegen ihrer Schwangerschaft eigentlich keinen Handgriff mehr alleine machen lassen. «Natürlich komme ich nachher ins Stadion, Mutter kommt auch», sagte sie schlaftrunken. «Es ist doch Boxing Day.»

185

Ich wollte widersprechen, doch ich wusste, dass es zwecklos war. Wenn sich Anita etwas in den Kopf gesetzt hatte, dann war sie nicht davon abzubringen. Noch einen Kuss, und dann hupte draußen auch schon Trainer Trevor Storton, der mich abholte. Seit er mich nach meiner Haft in Singapur hatte mittrainieren lassen, war zwischen uns eine tiefe Freundschaft entstanden. Damals hatte seine Tochter, gerade einmal 19 Jahre alt, einen schweren Unfall erlitten. Sie rang monatelang mit dem Tod, ich hatte ihn oft ins Krankenhaus begleitet, bis sie sich zum Glück erholte. Unsere beiden Schicksale hatten uns zusammengeschweißt.

In der Kabine zog ich mein lila-schwarzes Trikot an. Bewusst hatte ich das Shirt gewählt, es war seit Jahren eines derjenigen, in denen ich am wenigsten verloren hatte. Ein Glücksbringer, der dringend benötigt wurde. Zuletzt hatten wir ein paar schwächere Spiele gemacht, und auch ich hatte für kuriose Schlagzeilen gesorgt. Ein paar Wochen zuvor hatte ich mich mit hohem Fieber zu einem Spiel geschleppt und mir so ziemlich jedes Grippemittel gekauft, das ich kriegen konnte – mit dem Resultat, dass ich den Ball dreimal sah. Als ich mich dreimal für den falschen Ball entschieden hatte, stand es 0:3. In der Kabine kollabierte ich, in der zweiten Halbzeit musste ein Verteidiger ins Tor. Die englischen Zeitungen hatten ihren Spaß an der Geschichte.

Aber, wie erwähnt, der Boxing Day kann alles ändern. Ich lief auf das Spielfeld, mein Puls beschleunigte sich mit jedem Schritt. Schon nach dem Warmmachen war ich völlig durchnässt, der raue Wind arbeitete sich durch meine Kleidung. Ich habe den Regen immer gemocht. Er erfrischt die Seele und erinnert jede Körperfaser daran, dass sie lebendig ist. Fußballspiele befreit er von taktischen Zwängen, macht den Boden so unberechenbar, dass beiden Mannschaften keine andere Wahl bleibt, als den Kampf als alles entscheidenden Faktor zu akzeptieren. Wenige Gerüche sind sinnlicher als die, die ein zerschundener Fußballplatz ausströmt, der 90 Minuten lang von Regen und Fußball-stollen bearbeitet wurde.

Das Spiel begann stürmisch, ein prestigeträchtiges Nach-barschaftsduell. Es war eine dieser Partien ohne Mittelfeld, mit hohem Risiko versuchten wir von der Abwehr ohne Umwege in den Angriff zu kommen. Hohe weite Bälle, und alle laufen hin-terher, in England nennen sie das «Kick-and-Rush». Der Begriff ist eigentlich antiquiert, schließlich wird in der Premier League inzwischen der technisch feinste Fußball weltweit gespielt. Doch in den Ligen darunter lebt dieser Stil weiter. Fast immer, wenn nach einem dieser Bälle der Abwehr ein Fehler unterlief, resultierte daraus eine Großchance für Harrogate Town: Im Mi-nutentakt flogen die Bälle auf mich zu, ich bekam schon in den ersten Minuten zwei Ellenbogen ins Gesicht. Es war eines jener Spiele, die ich liebte.

Wir waren überlegen. Schon nach einer Minute führten wir durch den alternden Ex-Profi Simon Collins mit 1:0, Robbie Pain-ter erhöhte wenige Minuten später auf 2:0. Doch dann begann die 29. Minute. Aus dem Mittelfeld passte Harrogate in die Spitze, wo sich keiner für Clayton Donaldson zuständig fühlte. Der Stür-mer mit karibischen Wurzeln und Rasta-Locken hatte zu einem seiner Sprints angesetzt, die ihn später in die Premier League bringen sollten. Plötzlich war er alleine vor mir. Der Ball rollte genau zwischen uns, zehn Meter trennten uns beide von ihm. Ich wusste nicht genau, ob ich ihn rechtzeitig vor ihm erreichen würde. Wenn nicht, würde ich alt aussehen. Aber es war meine einzige Chance, das sichere Gegentor zu vermeiden. Meine Füße versanken halb im matschigen Rasen. Wasser spritzte. Die Zu-schauer standen von ihren Sitzen auf und schrien, als verfolgten sie das Finale eines 100-Meter-Laufes. Ich schaute abwechselnd auf Donaldson und den Ball. Er hatte einen kleinen Vorsprung, doch den würde ich aufholen. Ich musste ihn aufholen. Noch zwei Meter. Ich grätschte an der Strafraumgrenze in den Ball, doch da war Donaldson schon da. Er schoss den Ball aus vollem

Lauf gegen mich, dann traf er mit dem Knie im Fallen meinen Brustkorb. Es war, als würden Dutzende Blitze auf einmal einschlagen. Mir blieb die Luft weg.

Ich stand auf und wollte den Schiedsrichter anschreien, schließlich war Donaldson hart in den Zweikampf gegangen. Dann plötzlich Schwärze. Ich fiel um. Sackte zusammen, ohne jede Reaktion. Wie von einem Blitzschlag getroffen, landete ich in dem aufgeweichten Rasen. Es war, als sei von einem Moment auf den anderen jede Spannung aus meinem Körper entwichen.

Was in den nächsten Sekunden passierte, weiß ich nicht mehr, meine Mitspieler haben es mir später erzählt. Der Schiedsrichter ließ das Spiel weiterlaufen, Verteidiger Paul Sykes schoss den abgeprallten Ball zum Anschlusstreffer in mein leeres Tor. Das Gebrodel auf der Tribüne nahm diesen zornigen Ton an, der immer einsetzt, wenn die Heimmannschaft einen Gegentreffer kassiert. Der Schiedsrichter zeigte zum Mittelkreis – nur noch 2:1.

Erst jetzt merkten die Zuschauer, dass ich noch immer reglos und offenbar in Todesgefahr an der Strafraumgrenze lag. Die meisten Zuschauer verstummten schlagartig, es herrschte eine gespenstische Stille im Stadion. Ein Mitspieler erzählte später, es sei nicht lauter gewesen als auf einer einsamen Wiese. Auf der Tribüne krallte sich Anita unter Schock am Anorak ihrer Mutter Margaret fest. Zwei Sekunden, die wie eine Ewigkeit wirkten. Einer jener unheimlichen Momente, in denen die Zeit stehenbleibt.

Unser Physiotherapeut Ray Killick begriff die Situation als Erster. Er rannte mit seinem kleinen Medizinkoffer auf den Platz, einmal stolperte er, sodass er fast gefallen wäre. Die Spieler riefen wild durcheinander, winkten hektisch zur Auswechselbank, von wo aus nun auch der Mannschaftsarzt von Harrogate loslief. Langsam setzte besorgtes Gemurmel auf der Tribüne ein. Völlig regungslos lag ich vor meinem Strafraum, als Ray mich erreichte, aus meinem Mund floss weißgelbe Flüssigkeit. Ray begleitete die Mannschaft seit über 20 Jahren, ein knochiger Typ mit grauen Haaren, die er meistens unter einer grünen Baseballmütze versteckte. Seine Methoden waren etwas veraltet, aber der Verein war ohne ihn und seinen trockenen Humor nicht denkbar.

Ray fühlte meinen Puls und fing an zu fluchen. «Nichts.» Mein Atem hatte ausgesetzt. «He is fucking dead», schrie er panisch. «He is fucking dead.» Ray gab für den englischen Fußball-Verband Kurse in Erster Hilfe. Auf dem Feld war er aber noch nie in die Situation gekommen, tatsächlich Mund-zu-Mund-Beatmung leisten zu müssen. Nun war es so weit, und er zögerte nicht, überstreckte meinen Hals und blies mir Luft in den Mund. Es signalisierte auch dem Letzten im Stadion, wie ernst die Lage war. Unserem Trainer Trevor Storton flossen die Tränen über das Gesicht. Co-Trainer Ian Thompson, als Spieler früher ein absolut unerschütterliches Raubein, kauerte hinter der Ersatzbank. Er konnte nicht auf das Feld sehen, erzählte er mir später: «Ich konnte es einfach nicht.»

Nach ein paar Minuten kam ein Betreuer auf die Tribüne zu Anita und ihrer Mutter Margaret. Sie sollten mit auf das Feld kommen, es könne sein, dass sie den Vater ihres Kindes zum letzten Mal lebend sehe. Die Sekunden vergingen wie Stunden. «Ich habe ihn wieder», rief Ray nach einer gefühlten Ewigkeit. Mein Atem hatte wieder eingesetzt. Weinend stand Anita daneben, Margaret hatte sie in den Arm genommen. «Bleib wach, bleib wach», rief sie mir zu. Meine Augen waren auf, doch sie rollten nach oben. «Bist du sicher, dass er lebt?», schrie sie Ray an, «bist du ganz sicher?» Nein. Nach ein paar Sekunden stoppte mein Atem wieder. Ray setzte erneut zur Mund-zu-Mund-Beatmung an. Ich atmete wieder, doch nur für ein paar Sekunden. Es war mein Glück, dass Ray seine Wiederbelebung gleich dreimal gelang und auch der Krankenwagen wenige Minuten später auf das Feld fuhr. Das Spiel war da längst abgebrochen worden – ein

Ereignis, das in England ungefähr so oft wie ein gewonnenes Elfmeterschießen der Nationalmannschaft vorkommt.

Und doch: Diese Dinge passieren im Fußball, es gab mehrere prominente Fußballprofis wie den kamerunischen National-spieler Marc Vivien Foe oder den Ungarn Miklós Fehér, die an Herzstillständen auf dem Feld starben. Wenn mir irgendwer im Alter von 20 Jahren gesagt hätte, dass mein Leben eines Tages auf dem Fußballplatz enden würde, hätte ich das akzeptiert. So pathetisch das auch klingen mag: Ich lebe für den Fußball, und ich wäre auch für ihn gestorben. Diese Vorstellung gefällt mir besser, als qualvoll und gebrechlich in einem Krankenhaus meine letzten Atemzüge zu machen.

Doch ich wachte auf. Ich sah wie auf einem kleinen, ver-schwommenen Bildschirm das Gesicht einer jungen Frau. Der Bildschirm wurde wieder schwarz. Kurz darauf erschien die Frau erneut, nun etwas klarer. «Er wird wach», hörte ich sie dumpf sagen. Eine zweite Frau erschien auf dem Bildschirm, der nun langsam etwas breiter wurde. Ich kam schlagartig zu mir. Noch immer lag ich auf der Trage, mit der man mich vom Rasen in den Krankenwagen gehievt hatte. Mein geliebtes Torwarttrikot war aufgeschnitten, ich wusste nicht, dass das für die Wieder-belebungsversuche nötig gewesen war. Ich versuchte Arme und Beine zu bewegen. Es ging nicht. War ich gelähmt? Ich erschrak. Erst jetzt erkannte ich, dass ich an Armen, Beinen und sogar dem Kopf mit Fixierungsgurten an die Trage befestigt war.

Wo war ich? Ich kannte den Raum nicht – aber die Kata-komben des Stadions waren groß, du kannst nicht jeden Winkel kennen, dachte ich. Ein enges weißes Arztzimmer mit ein paar Schränken, an einem davon standen zwei Krankenschwestern in grünen Kitteln, die mir den Rücken zuwandten. Sie sehen aus wie Außerirdische, schoss es mir durch den benommenen Kopf. Dann erinnerte ich mich: Ich musste ausgewechselt wor-den sein. Am Boxing Day, unmöglich. Das Letzte, woran ich mich erinnern konnte, war der Zusammenprall mit Donaldson. «Was zum Teufel ist hier los?», fuhr ich eine der Krankenschwestern an. Sie drehte sich um, in der Hand hielt sie eine Beruhigungsspritze. Den stechenden Schmerz in meiner Brust ignorierte ich. «Warum habt ihr mich ausgewechselt?» Ich zerrte an den Gurten, mit denen meine Beine und Arme fixiert worden waren. «Macht mich sofort los, ich muss zurück aufs Feld.» Die Frau lächelte. «Sie sind im Royal Hospital von Bradford. Und das Spiel ist vor über einer Stunde abgebrochen worden. Seien Sie lieber froh, dass Sie noch leben.» Ich glaubte ihr kein Wort.

Ein junger Arzt kam zur Tür hinein. «Wir machen Sie nun los», erklärte er. «Wir mussten erst eine Kernspintomographie durchführen, um sicherzustellen, dass Ihre Wirbelsäule nicht verletzt ist.» Noch immer verstand ich nicht, was passiert war.

Anita und der Manager von Bradford betraten das Zimmer. Anita hatte von Tränen gerötete Augen, doch nun freute sie sich einfach nur, mich zu sehen. Langsam richtete ich mich auf und umarmte sie vorsichtig. Sie erzählte mir von dem Zusammenprall und den drei Wiederbelebungen. «Du hast einen gewaltigen Schlag auf den Solarplexus bekommen. Mehrere Organe haben ausgesetzt. Wir haben unglaubliches Glück, dass du noch lebst.» Durch den Schlag waren die Gefäße im Bauchraum erweitert worden, sodass der Blutdruck zum Herz reduziert worden war und nicht mehr ausreichend Blut zur Versorgung der Organe zur Verfügung gestanden hatte. Meine Lungenflügel waren komplett eingefallen, ohne Rays Wiederbelebung hätte ich keine Chance gehabt.

Ich hörte ihnen zu. Doch wäre der stechende Schmerz in meinem Brustkorb nicht gewesen, hätte ich schwören können, sie erzählten von jemand anderem. Am Boxing Day hatte ich noch nie ein Spiel verpasst. Bereitwillig ließ ich mich nun röntgen und einige Tests der Organfunktionen über mich ergehen. Mein Brustbein hatte einen Haarriss, doch der Rücken war intakt, und auch die anderen Tests ergaben, dass ich mich schnell erholt hatte. «Sie bleiben für drei Tage im Krankenhaus. Die Lungen brauchen einige Tage, bis sie sich erholt haben. Wir sehen uns morgen», verabschiedete sich der Arzt.

Ich wollte nach Hause. Sofort. Ich konnte aufstehen, also konnte ich auch nach Hause. Meine Sturheit hat mich schon einige Male in Schwierigkeiten gebracht, auch diesmal konnte mich keiner davon abhalten. Anita fuhr mich schließlich nach langen Diskussionen nach Hause.

Meine Eltern, ich hatte meine Eltern vergessen. Ihnen hatte es nie eingeleuchtet, dass ich den zweiten Weihnachtsfeiertag auf dem Fußballplatz und nicht in der Kirche verbrachte. Ich hatte ihnen versprochen, dass ich nach dem Spiel anrief, so wie ich es eigentlich immer nach Spielen machte. Diese Angewohnheit habe ich seit der Jugend beibehalten, doch diesmal warteten sie seit 17 Uhr, die Uhr gegenüber meinem Bett zeigte schon 21 Uhr 30 an. Ich griff zum Telefon. Meine Mutter war am Telefon. «Hallo», sagte ich und konnte mein Mundwerk einmal mehr nicht im Zaum halten. «Ich war gerade tot. Dreimal. Aber jetzt lebe ich wieder.» Meine Mutter erschrak, als sie die Geschichte hörte. Sie kann noch heute jede Minute dieses Tages erzählen, den Spaziergang durch den Schnee und die Atemnot, die sie am Nachmittag gehabt hat. Sie schwört, dass sie gespürt hat, was zeitgleich in England passierte. Ich habe es ihr nicht immer leichtgemacht.

Die folgenden Tage waren ein Albtraum. Nicht die Schmerzen, sondern die Untätigkeit. Lustlos zappte ich durch die Fernsehprogramme. 45 Programme in 45 Sekunden. Ich blätterte in einigen Fußballmagazinen, doch auch das brachte keine Besserung. Auch die unzähligen Genesungswünsche und Blumen, die aus allen Teilen des Landes für mich eintrafen, konnten meine Laune nicht bessern. Die Ärzte hatten mich dringend dazu aufgefordert, zehn Tage auf jegliche Bewegung zu verzichten. Das kann ich nicht, ich muss mich bewegen, mit Menschen kommunizieren.

Nach zwei Tagen verließ ich das Bett. So schlimm waren die Schmerzen nicht. Anita redete stundenlang auf mich ein, aber ich hörte nicht auf sie. Fußball ist für mich wie eine Sucht. Nach fünf Tagen fuhr ich zum Training. «Hey, Lutz», begrüßte mich Trevor Storton. «Schön, dass du mal vorbeischaust. Haben dir die Ärzte erlaubt, schon wieder aufzustehen?» Ich holte meine Sporttasche aus dem Kofferraum: «Ich schau nicht vorbei, Trevor. Ich mache mit.» Storton protestierte, aber er konnte mir schlecht verbieten, mich ins Tor zu stellen. Hinter dem Zaun hörte ich ein paar Fans lästern, wie unverantwortlich ich mit meiner Gesundheit umginge. Aber ich hatte keine Schmerzen und konnte ohnehin nicht anders. Und ich redete mir ein, dass ich nicht lange warten durfte mit meinem Comeback. Skispringer müssen nach schweren Unfällen so schnell wie möglich wieder auf die Schanze, sonst bekommen sie Angst vor ihrem Sport. Mir ging es genauso. Ich hatte Angst davor, Angst zu bekommen. Angst vor Zweikämpfen, Angst, mich ins Getümmel zu werfen.

Zwei Tage später hatte Bradford das nächste Spiel. Ich bestand auf meinem Einsatz, und Storton stimmte schließlich zu, nachdem ich eine Ewigkeit auf ihn eingeredet hatte. Wie vor jedem Spiel nahm ich mir alle Zeit der Welt für das Anlegen der Torwartausrüstung. Ich wählte ein Trikot aus, mit dem ich bislang wenig verloren hatte. Ein grünes, schließlich hatte das schwarz-lilafarbene mir bei meinem letzten Spiel nur wenig Glück gebracht. Es war ein Pokalspiel, und die Fans teilten die Sorge von Trevor und meiner Familie nicht. Sorgen um die Gesundheit haben im englischen Fußball wenig Platz. Mein Landsmann Bert Trautmann war als ehemaliger Kriegsgefangener in den fünfziger Jahren bei Manchester City zur Legende aufgestiegen. Er hatte ein Spiel mit angebrochenem Halswirbel gespielt, ihn kannte auch Jahrzehnte später jeder Fußballspieler in England.

Ich möchte mich mit Trautmann nicht auf eine Ebene stellen, aber es griffen die gleichen Mechanismen. Als ich das Feld betrat, erhoben sich die Fans – auch die gegnerischen. Der Stadionsprecher rief: «Hier ist der Mann, der für Bradford dreimal sein Leben ließ.» Applaus brandete auf, die Menschen riefen meinen Namen – auch nach dem Spiel, obwohl wir verloren hatten. Es ist viele Jahre her, dass ich in dieser Stadt gespielt habe. Wenn ich aber in England bin, versuche ich mir immer ein Spiel dieser großartigen Truppe anzuschauen. Den Stadionsprecher gibt es immer noch. Wenn er mich sieht, ruft er immer noch das Gleiche in sein Mikrophon: «Wir begrüßen heute einen Mann auf der Tribüne, der für Bradford Park Avenue dreimal sein Leben ließ.»

8

ROAD-TRIP DURCH KANADA – EIN JAHR AUF DER STRASSE

Die Comic-Figur Popeye ist für mich Kult. Ich habe die Abenteuer des spinatfutternden Matrosen mit der verrauchten Stimme und der unbändigen Kraft in den tätowierten Armen immer geliebt. Als Kind verschlang ich die Comics und konnte nicht umschalten, wenn eine seiner Serien lief.

Vielleicht war das der Grund, weshalb ich für die grölenden nordamerikanischen Fans in meinem Rücken keine Wut empfinden konnte. Ich stand im Tor der Calgary Mustangs, und hinter mir sang die gegnerische Fankurve die altbekannte, knarzende Popeye-Titelmelodie, die so herrlich nach Seemannskneipe klingt. Nur den Text hatten sie umgedichtet. Und so grölten sie nicht «I'm Popeye the sailor man», sondern gleich nach dem Anpfiff «He's Lutzie, the Jailor man». Immer wieder: Lutz, der Häftling. Tuuuut. Tuuuut.

Anita und ich hatten England inzwischen verlassen, es gab zu viele andere Orte, die uns noch reizten. Bei meinen Vereinswechseln folgten wir dem Diktat des Profifußballs und gingen dorthin, wo es das meiste Geld zu verdienen gab. Nachdem unsere Tochter Georgina geboren worden war, wechselte ich zunächst in Norwegen in die Erste Division zu Bærum SK nach Oslo. Ich spielte die vielleicht beste Saison meines Lebens. Die Sportjournalisten des Landes wählten mich zum Torhüter des

Jahres, und Ende der Saison 2003 lagen mir lukrative Angebote von mehreren norwegischen Top-Vereinen sowie von dem neugegründeten kanadischen Verein Calgary Mustangs vor. Auch für die Reserverunde beim AC Mailand war ich kurz im Gespräch, bei dem italienischen Weltklasse-Verein absolvierte ich ein sechswöchiges Trainingslager. Anita und ich entschieden uns letztlich für Kanada.

Nun spielte ich also mit meinem neuen Verein auswärts in Portland. Bei keinem anderen Verein war die Atmosphäre derart aufgeheizt. Die Fans versuchten alles, um mich aus dem Konzept zu bringen. Das ist nichts Ungewöhnliches für Torhüter – auf Oliver Kahn wurden im Laufe seiner Karriere vermutlich so viele Bananen geschmissen, dass er damit jederzeit den Affenbestand in deutschen Zoos hätte versorgen können. Der Torwart hat eine der wichtigsten Positionen innerhalb einer Mannschaft und ist mehr von seinen Nerven abhängig als jeder andere Spieler auf dem Platz. Wem es gelingt, den Gäste-Torwart zu verunsichern, hat tatsächlich den Grundstein für einen Heimsieg der eigenen Mannschaft gelegt. Hier in Portland waren sie wirklich einfallsreich, das musste ich zugeben. In der zweiten Halbzeit wechselten sie zum Gospel-Song «He's got the whole world in his hand» – genau genommen zur Melodie des feierlichen Kirchenliedes. Der Text lautete anders. «He's got the whole jail in his ass», schallte es durchs Stadion, und in diesem Fall verzichte ich mit Rücksicht auf sanfte Gemüter auf eine Übersetzung.

Ich registrierte den Gesang durchaus. Als singapurianische Gefängnishure hatten mich einige Betrunkene schon beim Einlaufen ins Stadion beschimpft. Aber es war wie immer, wenn ich provoziert wurde: Ich spielte deutlich stärker als im Normalfall. Zehn Minuten vor Schluss stand es 1:1. Ich hatte rund ein Dutzend Schüsse abgewehrt, doch die Fans besangen mich weiterhin unermüdlich. «Singapoooore – Prison Whooooore.» Da merkte ich, dass mich das nicht wirklich störte. Wenn auch mit Narben – die Wunde aus Singapur war einigermaßen verheilt. Als das Spiel wegen einer Auswechslung unterbrochen war, drehte ich mich zu den Portland-Fans um und begann zu ihrem Gesang zu tanzen. Viele fingen an zu lachen, da dirigierte ich ihre Sprechchöre. Als jemand einen Becher Bier in meine Richtung warf und ich einige Spritzer auf den Ärmel bekam, rief ich: «Das ist kein deutsches Bier.»

In England wurde Jürgen Klinsmann vom ungeliebten Spieler mit dem Ruf eines Schwalbenkönigs zum Publikumsliebling, weil er sein erstes Tor für die Tottenham Hotspurs mit einem Hechtsprung feierte und eine Schwalbe simulierte. Wer sich selbst nicht zu ernst nimmt, hat in England gewonnen. In Nordamerika funktionieren diese Mechanismen nicht anders. Die Zeitungen feierten am nächsten Tag meine Tanzeinlage.

Wir waren einige Wochen zuvor, Anfang März 2004, in Calgary angekommen. 17 Grad Celsius, strahlender Sonnenschein. «Hier können wir es aushalten», sagte ich. Doch das Wetter ist unfassbar unbeständig in Kanada, und schon bei meinem ersten Heimspiel erlebte ich das Gleiche wie einige Jahre zuvor in Finnland. Beim Anpfiff war es zwölf Grad warm, es versprach, ein wunderbarer Frühlingsnachmittag zu werden. Doch dann drehte der Wind, ein eisiger, regnerischer Sturm zog aus den Rocky Mountains herüber, die Berge beginnen eine Autostunde westlich von Calgary. Der Platz kühlte in der zweiten Hälfte auf minus fünf Grad ab. Wir spielten auf Kunstrasen, wie meistens in Kanada, und dieses Material zeigte sich von einer seiner fiesesten Seiten. Schon wenn ein Kunstrasen trocken ist, nervt er je nach Qualität extrem. Bei einigen Trainingseinheiten war die Reibung so groß, dass mein Trainingsanzug gequalmt hatte. Andere sind mit winzigen Gummikügelchen aus zerschredderten alten Autoreifen bestreut, um die Reibung zu reduzieren. Dieses Zeug arbeitet sich überallhin vor, in die Augenlider und Nasenlöcher – es gibt keinen Ort, der vor ihnen sicher ist. Manchmal dauerte es eine Woche, bis ich diese Kügelchen aus den Ohren entfernt hatte. Hier in Calgary fühlte es sich an, als habe jemand eine Tonne Seifenlauge über dem Platz ausgekippt, es war extrem rutschig. Hinzu kam, dass die Kälte mich überrascht hatte. Unaufhörlich lief ich in meinem Strafraum auf und ab, um mich warm zu halten. Meine kanadischen Mitspieler spielten derweil weiter, als sei nichts passiert. Sie waren diese Temperaturschwankungen seit der Kindheit gewöhnt.

Die Mannschaft war vor der Saison komplett neu aufgestellt worden. Zwei Investoren hatten für rund 200 000 Dollar eine Profilizenz gekauft und stellten nun ein Team zusammen. Ein paar Kanadier wechselten von Ligakonkurrenten zu uns. Hinzu kam eine interessante Mischung: Neben mir verpflichteten die Mustangs einen Stürmer von der Karibikinsel Trinidad und Tobago, der gerne bis weit in die morgendliche Trainingseinheit hinein schlief. Einen slowenischen Mittelfeldspieler, ein absoluter Frauenschwarm, der aber jeden Tag stundenlang mit seiner Freundin in Slowenien telefonierte. Einen belgischen Innenverteidiger, der bei seinem ersten Training all sein Geld und vor dem ersten Auslandsflug seinen Pass verlor. Einen niederländischen Spielmacher namens Geert Brusselers, der wie ich schon überall auf der Welt gespielt hatte. Und dazu den deutschen Trainer Thomas Niendorf, einen Disziplinfanatiker, der sein Handwerk in der DDR gelernt hatte. Die Investoren hatten sich offenbar gedacht, je unterschiedlicher die Charaktere, umso besser passen sie zusammen. Sie hatten recht.

Mein Leben bestand in diesem Jahr aus einem einzigen Road-Trip. In der nordamerikanischen Liga USL spielten wir mehrmals pro Woche – sie sah Partien in Kanada und den USA vor. Der Spielplan richtete sich nach der Region. So gab es Wochen, die komplett im Westen Nordamerikas angesetzt waren: Dann sind wir zum Beispiel nach Vancouver geflogen und von dort mit mehreren kleinen Minibussen weitergefahren, immer sechs in einem Bus. Drei Stunden nach Seattle, am Abend gespielt, am nächsten Tag weiter nach Portland. In der kommenden Woche standen dann die US-Bundesstaaten Minnesota und Milwaukee auf dem Programm. Manchmal dauerten die Reisen zwölf Tage. Leben auf der Straße. Ein wenig fühlten wir uns wie Rockstars auf Tournee. Wenn sechs junge Männer über Stunden auf so engem Raum zusammengepfercht werden, gibt es nur zwei Möglichkeiten: Sie bekriegen sich, oder sie beschließen, eine coole Zeit miteinander zu verbringen. Wir entschieden uns für Letzteres.

Auf diesen Fahrten feierten wir Geburtstage, spielten Karten und erzählten uns die verrücktesten Geschichten aus unserem Leben. Zugegeben, es ging vor allem um Frauen. Und ich stellte fest, dass ich nicht der einzige Fußballprofi war, dem das Leben kuriose Wendungen beschert hatte. Vermutlich gibt es keinen Beruf, der dafür so gute Voraussetzungen bietet. Er entwurzelt und zwingt einen an immer neue Orte und in immer neue Umfelder. Wer in seinem Leben schon einmal in eine andere Stadt gezogen ist, der weiß, dass dies die hektischsten Phasen im Leben sind. Wer sich nun wiederum Menschen vorstellt, die jährlich umziehen, dabei meistens das Land wechseln und bei ihrer täglichen Arbeit von Hunderttausenden hochemotionalen Menschen beobachtet werden, der kann sich in etwa vorstellen, wie bewegt die Lebensläufe der Spieler waren, die da stundenlang über kanadische Landstraßen fuhren.

Ich war dieses Leben gewöhnt. Zu meinen größten Stärken zählte immer, dass ich trotz neuer Umgebung schnell meine Form fand. Vielleicht war es aber auch umgekehrt, und ich fand meine Form gerade deswegen. Mein Kopf braucht nach einer gewissen Zeit neue Eindrücke, frische Eindrücke habe ich immer in mich aufgesaugt. Mitspieler, die sich vor fremden Ländern hinter ihrer Playstation verstecken, verstand ich nie – und so verhalten sich Tausende Profis.

Nordamerika wirkte positiv auf mich, ich knüpfte an die Form der Vorsaison in Norwegen an. Vielleicht waren die Jahre 2003 in Oslo und 2004 in Kanada tatsächlich die besten meiner Karriere.

Die USL-Profiliga, in der wir spielten, orientierte sich in ihrer Vermarktung an den amerikanischen Profiligen im American Football und Basketball, es gab Statistiken für alles. Ich mochte das. Nach ein paar Spieltagen war ich wie schon damals in Singapur der Spieler mit den meisten gehaltenen Torschüssen. Wir spielten immer wieder unentschieden, und da dann in Nordamerika die Verlängerung entscheidet, führte ich bald auch die Statistik mit den meisten Spielminuten der Liga an. Ich liebe diese Rechnerei.

Und doch war es komisch, in Kanada und den USA Fußball zu spielen. Erst hier wurde mir bewusst, wie unterschiedlich dieser Sport in die Kultur der Regionen integriert ist. In Europa ist er ein Ventil der Emotionen, ein Identifikationsfaktor, eine Wissenschaft. Die Menschen saugen auch die kleinsten Details über diesen Sport in sich auf. Allein in Italien gibt es drei täglich erscheinende Sportzeitungen. Und auch in Deutschland hält sich jeder Fan für kompetent genug, die Lage der Nationalmannschaft zu beurteilen. Doch sosehr sich Rudi Völler, Jürgen Klinsmann oder Jogi Löw auch über die Kritik aus «dem Volk der 80 Millionen Bundestrainer» geärgert haben mögen – erst in Kanada wurde mir bewusst, wie kompetent die Fans in Deutschland sind.

Manchmal kam es mir vor, als wären die Leute nur zum Essen ins Stadion gekommen. Die Zuschauer saßen auf der Tribüne und breiteten in aller Seelenruhe ihr Essen aus, während sich unten auf dem Feld längst ein hitziges Spiel entwickelt hatte. Viele gingen zum Fußball wie Menschen in Deutschland ins Café – um ein bisschen zu quatschen. In Kneipen mühen sich unbekannte Bands oft um ein wenig Aufmerksamkeit, während sich an den Tischen alle unterhalten und die Künstler ignorieren. Ich weiß jetzt, wie sich das anfühlt.

Besonders extrem war es ein paar Jahre später. 2007 stand ich bei den Vancouver Whitecaps unter Vertrag, und wir spielten gegen Los Angeles Galaxy. Normalerweise hatten wir selten mehr als 10 000 Zuschauer, diesmal waren über 70 000 da. Sie kamen einzig und allein, um einen der nettesten Spieler des Weltfußballs zu sehen – Galaxy hatte einige Monate zuvor David Beckham verpflichtet. Er war einer der wenigen Fußballstars, den dank seiner glänzenden Vermarktung und der Ehe mit Spice-Girl Victoria auch in Kanada jeder kannte. Er machte ein eher unauffälliges Spiel. Den Zuschauern war das egal. Einen spektakulären Volleyschuss eines unserer Stürmer bedachten sie mit höflichem Applaus, ebenso wie Bälle, die ich noch irgendwie aus dem Torwinkel holte. Bei jedem Einwurf von Beckham dagegen brach ein Orkan los, die Menschen erhoben sich jubelnd von ihren Sitzen. Fußball ist in Nordamerika vor allem eins: ein Showgeschäft.

In Calgary entschädigte mich die großartige Natur für das Schattendasein, das der Fußball im Vergleich zu uramerikanischen Sportarten wie Eishockey oder American Football fristete. Nach dem Training fuhr ich manchmal stundenlang durch die Gegend. Der Verein hatte mich in einem Haus etwas außerhalb von Calgary untergebracht und mir einen riesigen Jeep zur Verfügung gestellt, mit dem ich in meiner freien Zeit die Gegend erkundete. Viele hatten mir gesagt, dass die Stadt eine Betonwüste irgendwo in einer richtigen Wüste sei. Das konnte man so sehen, aber ich mochte sie. Calgary ist aufgeräumt, und vor allem die Menschen machen mit ihrer Offenheit die Bausünden wett, die viele Ölgesellschaften mit ihren hässlichen Bürogebäuden hier angerichtet haben. Es gibt einen Stadtteil namens Kensington, von dessen Hügeln aus man die Rocky Mountains am Horizont sieht. Oft bin ich hier abends hingefahren. Bessere Orte, um die Gedanken zu sortieren, gibt es nicht viele auf diesem Planeten. Die Fahrten und Wanderungen in die Wälder der Rocky Mountains werde ich nie vergessen. Anita und ich trafen teilweise stundenlang keinen einzigen Menschen.

Auf unseren Fahrten sahen wir am Straßenrand zweimal einen Braunbären. Sie verirren sich immer wieder aus den Bergen nach Calgary und sind zwar keine Monster, aber auch keine Kuscheltiere. Hunderte von ihnen werden jährlich erschossen, weil sich die meistens bewaffneten Bewohner von ihnen bedroht fühlen. Teilweise zu Recht, wenn sie in Häuser eindringen und die Speisekammern plündern. Einige Unfälle sind dagegen allein auf die Unvernunft der Menschen zurückzuführen. In der Zeitung las ich einmal einen Artikel über ein japanisches Ehepaar, das mit seinem 14-jährigen Sohn an einem Parkplatz Rast machte. Ein Bär näherte sich und suchte im Mülleimer friedlich nach Essensresten. Die Eltern schickten den Kleinen vor, um ein Foto von dem Tier zu machen. Er ging bis auf ein paar Meter an ihn ran, woraufhin der Bär nervös wurde, mit der Pranke über den Kopf des Kindes fuhr und ihm die Kopfhaut wegriss. Der Junge musste notoperiert werden, er überlebte zum Glück. Es war einer der wenigen Unfälle mit Menschen in dieser Zeit – allerdings fiel der Windhund meiner Nachbarin einer Bärenattacke zum Opfer.

Nach ein paar Wochen kamen auch Anita und unsere Tochter Georgina zu mir nach Kanada. Anita konnte sich nicht so recht aus Bradford lösen, sodass sie schon in Norwegen nur rund die Hälfte der Zeit bei mir gewesen war und den Rest in England verbracht hatte. Sie akzeptierte meinen Weg, wünschte sich aber nichts sehnlicher als ein normales Leben in einem kleinen Häuschen in England mit einem Mann, den sie auch hin und wieder zu Gesicht bekam. Ich wusste, dass meine Zeit als Profi begrenzt war, und so konnte ich ihr diesen Wunsch nicht erfüllen – trotz allem, was sie für mich getan hatte. Es kriselte.

Wenn Anita da war, führte ich ein ruhiges, abgeschiedenes Familienleben. Doch wenn sie wieder weg war, ging ich abends mit der Mannschaft feiern. Wir alle bekamen von den Clubs und Bars der Stadt VIP-Eintrittskarten zugeschickt, wie alle Profisportler der Stadt. Besonders die Eishockey- und wir Fußballspieler standen bei den Frauen in Calgary hoch im Kurs.

Nach einem Spiel in Minneapolis in den USA fuhren wir zu sechst in die Stadt. Vor einem Club war ordentlich etwas los, spontan gingen wir rein. Doch kaum hatten wir den Laden betreten, bemerkten wir die seltsamen Blicke, mit denen uns die Gäste musterten. Als Nächstes merkten wir, dass fast nur Männer da waren. «Das ist ein Schwulen-Club», sagte ich zu meinem holländischen Mitspieler Geert Brusselers. «Was soll's», erwiderte er, «solange uns keiner blöd anmacht, ist alles gut. Ein Bier trinken wir hier.» Nur Chris, ein großer italienischer Verteidiger, wirkte, als sei er in einen Raubtierkäfig gefallen. «Muss das sein?», fragte er. «Nur ein Bier, und wir fahren woandershin», besänftigte ich ihn.

Im Laufe meiner Karriere habe ich immer wieder mal mitbekommen, dass ein Mitspieler schwul war. Ich weiß von zwölf homosexuellen Spielern allein in der deutschen Bundesliga. Für mich war das nie ein Problem, sehr viele Fußballspieler sind allerdings auch im einundzwanzigsten Jahrhundert noch hochgradig homophob. In Deutschland hat sich bislang nur der ehemalige Zweitligaspieler Marcus Urban geoutet – allerdings erst nach seiner Karriere, die er wegen des psychischen Drucks schon Anfang der neunziger Jahre frühzeitig beendet hatte. Homosexualität im Fußballumfeld ist bis heute eines der letzten Tabus dieser Gesellschaft.

Ich habe das nie verstanden. Für mich gehört es zu den wichtigsten Regeln, jeden so leben zu lassen, wie er es wünscht. Diskussionen brachten da nichts, aber zumindest provozieren wollte ich den Italiener ein wenig. Die Bar war ein Stockwerk höher, eine Wendeltreppe führte nach oben. Als wir zur Treppe gingen, blickte sich Chris immer wieder um, als würden gleich zehn Schwule über ihn herfallen. Ich lachte ihn aus, und als er die Treppe hochging, fasste ich ihm durch das Geländer hindurch im Scherz an den Hintern. Die anderen johlten, doch Chris drehte sich wütend um. Hinter ihm stand ein Fremder, der sich nicht lange über das panische Gesicht des Italieners wundern konnte, denn da hatte er schon einen Fausthieb im Gesicht. Ein Riesentumult brach los. Der Fremde fiel die Treppe hinunter, ein paar Gläser gingen zu Bruch. Hysterische Schreie überall. Mittendrin stand der Italiener und schaute wie ein Achtjähriger, der sich in eine Nacktbar verlaufen hatte. Wenn ich schlechte Laune habe, reicht es noch heute, an dieses Bild zu denken, und ich muss lachen.

Besonders mit Brusselers war ich in dieser Zeit oft unterwegs. Unbeschwert und manchmal nicht ganz clever erkundeten wir das Land. So besuchten wir das Calgary Stampede, eines der größten Indianerfestivals in der Nähe von Calgary. Ich hatte meine Recherchen zu diesem Thema aus Karl-May-Büchern bezogen, dachte aber, das fehlende Wissen mit meiner offenen Art wettmachen zu können. Spontan ging ich auf einen riesigen Indianer zu und begrüßte ihn mit «Hugh, mein roter Bruder». Später erzählte mir ein Kanadier, dass diese Bezeichnung als hochgradig rassistisch wahrgenommen wird. Der Indianer lief drohend ein paar Meter hinter Brusselers und mir her.

Er hatte einen Tomahawk in der Hand, so richtig bedrohlich war die Situation allerdings nicht. Der Mann war sturzbesoffen. Alkohol gilt unter den nordamerikanischen Ureinwohnern als großes Problem. Eine kanadische Bekannte arbeitete als Krankenschwester die Hälfte des Jahres in Yellowknife, der Hauptstadt der Northwest Territories im Norden Kanadas, wo viele Indianer leben. Sie verbrachte ihre Tage damit, Scheibenwischerflüssigkeit und Spiritus aus Mägen zu pumpen.

Ich genoss das Leben – nur die Saison lief nicht ganz nach Wunsch. Sosehr ich mich auch darüber freute, ein paar Statistiken anzuführen, so gerne hätte ich das jederzeit gegen einen Platz in den Play-offs eingetauscht. Der Verein versuchte alles. Mit Brian Carnduff hatten wir sogar einen eigenen Mannschaftspriester. Ein großer Fußballfan, kräftig, Anfang vierzig, hohe Stirn, der uns zu allen Spielen begleitete. Vor Heimspielen beteten wir zusammen zehn Minuten in einem Raum neben der

Umkleide, bei Auswärtsspielen in der Kabine. Ich bin praktizierender Katholik und betete schon zu Beginn meiner Profikarriere vor dem Anpfiff das Vaterunser, mir haben diese Minuten mit Carnduff immer sehr gutgetan. Wir baten um Gesundheit, insgeheim aber auch um ein bisschen Glück beim Spielergebnis. Doch selbst der kirchliche Beistand half am Ende nichts. Für das Erreichen der Play-offs hätten wir unter die ersten vier kommen müssen, am Ende war es nur Platz fünf.

Ich besaß einen Zweijahresvertrag, doch ich wusste, dass der Verein wegen des verpassten Saisonziels nun jeden Dollar dringend brauchte: Ich willigte ein, an Dunedin nach Neuseeland ausgeliehen zu werden, jenen Verein, bei dem ich mich während meiner Gastspiele in den Jahren zuvor so wohlgefühlt hatte. Dass der Ausleihvertrag eine Klausel beinhaltete, nach der ich von einem auf den anderen Tag wieder nach Calgary geholt werden konnte, störte mich nicht.

Es war für mich bereits das dritte Mal, dass ich bei Dunedin spielte, und ich hatte mich innerhalb von ein paar Tagen wieder in die alte Routine eingelebt: trainieren, ein wenig Leute ärgern, ab und zu die Vorlesungen von unserem Stürmer stören. Ein halbes Jahr, genau während der besten Jahreszeit in Neuseeland, wollte ich hier spielen und dann pünktlich zum Start der nordamerikanischen Saison im April 2005 zurück in Calgary sein. Diesmal würde ich den Meistertitel mitbringen, da war ich mir sicher. Schließlich standen wir nach der Hälfte der Saison auf Platz eins. Wir waren mit zwölf Siegen und nur einer Niederlage so gut wie nie in der Vereinsgeschichte gestartet.

Doch zehn Tage vor Weihnachten traf ein Fax in Dunedin ein, das mir jegliche Weihnachtsstimmung verdarb. Wegen finanzieller Probleme sei es fraglich, ob es die Calgary Mustangs im kommenden Jahr noch gebe. Ich müsse noch vor Weihnachten zurück sein, damit man einen Transfer zu einem anderen Verein einfädeln könne. Da war er wieder, der Verschiebebahnhof des internationalen Fußballs. Und ich mitten auf dem Bahnsteig.

Ich blieb nur ein paar Tage in Calgary. Aber das reichte, um zu realisieren, dass die Calgary Mustangs tatsächlich kurz vor der Auflösung standen. Einige kanadische Spieler hatten bereits Vorverträge mit Ligakonkurrenten abgeschlossen. Die Geschäftsstelle war telefonisch kaum noch zu erreichen, und auch die Homepage war seit Wochen nicht aktualisiert worden. Die Investoren hatten nach der verpassten Qualifikation für die Play-offs und dem insgesamt enttäuschenden Zuschauerschnitt ihre Zuwendungen eingestellt. Ich traf den Vize-Präsidenten Michael Kratky in seinem Büro. Mir fiel schon beim Eintreten auf, dass die meisten Aktenordner im Regal hinter seinem Schreibtisch bereits verschwunden waren: «Mach dir keine Sorgen», fing er an. Eine Einleitung, die immer Grund für Sorge ist, das lehrt die Erfahrung. «Wir haben einen Verein in der ersten ukrainischen Liga, der dir sogar deutlich mehr zahlen kann als wir. Und das Niveau ist sehr ordentlich dort.»

Ich bin ein von Grund auf unpolitischer Mensch. Dennoch hatte ich mitbekommen, dass es gerade in der Ukraine heftig kriselte. Die Kunde von der «Orangenen Revolution» hatte sich in der Vorweihnachtszeit 2004 bis nach Neuseeland rumgesprochen. Wie dramatisch die Lage wirklich war, erkannte ich erst, als ich nach Kiew flog, zusammen mit einem kanadischen Rechtsanwalt, der den Transfer regeln sollte.

Schon seit Monaten munkelten die Menschen, Oppositionsführer Wiktor Juschtschenko sei vergiftet worden – was Ärzte nach der Wahl auch tatsächlich bestätigten. Seine Organe waren durch das verabreichte Dioxin gefährlich angegriffen worden und sein Gesicht völlig entstellt. Während des emotionalen Wahlkampfs war er für vier Wochen ausgefallen. Ende November hatte es eine Stichwahl zwischen ihm und dem amtierenden Premierminister Wiktor Janukowytsch gegeben, die Letzterer angeblich knapp gewann. Doch internationale Wahlbeobachter protestierten und berichteten von massiven Fälschungen, weder die Europäische Union noch die USA erkannten das Ergebnis an. Fortan protestierten täglich Hunderttausende in Kiew gegen die aktuelle Regierung, die wiederum Tausende Soldaten mobilisiert hatte. Als der Anwalt und ich im Januar nach Kiew kamen, war die Stimmung so explosiv, dass es jeden Moment blutige Aufstände hätte geben können. Direkt vor unserem Hotel schmissen die Demonstranten Steine auf Polizisten. Das Taxi fuhr uns im Schritttempo durch die Innenstadt zum Vereinsgelände. An Fußball, so vermutete ich, dachte in diesen Wochen außer uns beiden keiner.

Doch der Verein bereitete sich ungerührt auf den Ligastart Ende Februar vor. Die Funktionäre konnten unsere Skepsis angesichts der politischen Krise nicht verstehen. «Das beruhigt sich schon», sagte mir der Manager. «Die Zeiten sind nur ein wenig hektischer als sonst. Aber das gibt sich.» Zweimal trainierte ich mit, doch die Demonstrationen vor unserem Hotel verloren auch in der dritten Nacht nicht an Intensität. Der Vertrag war noch nicht unterschrieben, und ich beschloss, Kiew so schnell wie möglich zu verlassen.

Ich teilte dem Präsidenten des Vereins meine Entscheidung mit. Man habe mich fest eingeplant, aber akzeptiere meinen Beschluss, behauptete er und gab mir die Hand. Mein Flugticket nach Calgary sei im Sekretariat hinterlegt, dort mache eine Mitarbeiterin noch eine Kopie für die Buchhaltung. Doch die Frau gab mir das Ticket einfach nicht. «Hier ist kein Ticket», sagte sie. Und der Präsident sei nicht zu sprechen. Es war seine Art, sich für meine Absage und das unerwartete Torwartproblem zu rächen. Ich regte mich eine halbe Stunde auf, dann fuhr ich mit dem Rechtsanwalt zum Flughafen. Dort wollten wir einfach ein neues Ticket kaufen.

Dachten wir zumindest bis zu dem Moment, in dem wir den Flughafen erreichten. Denn dort herrschte heilloses Chaos. «Wenig Chancen auf Flüge diese Woche», sagte die Mitarbeiterin der Fluggesellschaft. Weder nach Deutschland noch zu einem anderen Flughafen, von dem aus wir zurück nach Kanada hätten fliegen können. «Wir sind völlig ausgebucht.» Die gesamte Bevölkerung schien das eigene Land verlassen zu wollen. Hinter uns wurden die anderen Menschen, die auf ein Ticket hofften, ungeduldig. «Fahren Sie nach Rumänien oder nach Polen», riet uns die Frau. «Hier tut sich in den nächsten Tagen nichts. Vielleicht haben Sie dort mehr Erfolg.»

Wir fuhren mit einem Taxi direkt zum Bahnhof. Es war inzwischen später Nachmittag, eine Stunde mussten wir auf den Nachtzug nach Czernowitz an der Grenze zu Rumänien warten. Unsere Nerven waren vom Stress der vorangegangenen Tage angekratzt, doch als ich in den uralten, vor Arbeit ergrauten Nachtzug Richtung Rumänien stieg, fiel die Anspannung von mir ab. Wir hatten umgerechnet zwölf Euro für die Fahrt nach Czernowitz bezahlt, 18 Stunden sollte sie dauern. Der kanadische Anwalt hatte während der gesamten Wartezeit kein Wort gesagt, so sehr nervte ihn diese Aussicht. Ich dagegen freute mich wie ein kleines Kind auf die Fahrt, dieses Rattern durch die ukrainischen Wälder. Es war schon in Finnland fast zehn Jahre zuvor so gewesen – das Rumpeln des Zuges unter mir und die Monotonie vorbeiziehender Wälder beruhigen mich wie kaum etwas anderes. Und in der Ukraine ist es nicht anders als im hohen Norden, wenn auch die Züge maroder sind: Ich schaute acht Stunden lang aus dem Fenster und sah acht Stunden nichts als Bäume. Dann fuhren wir kurz durch einen winzigen Bahnhof, und danach kamen weitere sieben Stunden lang nur Bäume. Alle zwei Stunden brachte ein Schaffner Zitronentee. Wir tranken ihn nicht. In Kiew hatte man uns erzählt, dass in den Zügen immer wieder Schlafmittel in die Getränke gemischt werden, um so leichter an das Gepäck der Passagiere zu kommen. Wir hatten beide unsere Laptops und etwas Bargeld dabei, da wollten wir nichts riskieren.

Im Morgengrauen erreichten wir Czernowitz. Der Bahnhof war seit dem Ende der Sowjetunion nicht renoviert worden. Ein einziger grauer Klotz, überall bröckelte der Putz. Ein paar schrottreife Taxis standen davor. 30 Kilometer waren es bis zur Grenze. Fünf Dollar kostete die Fahrt, doch über die Grenze wollte uns der Fahrer nicht bringen. «Njet. Njet», sagte er nur. So mussten wir zu Fuß über einen verlassenen Grenzübergang gehen. Ein kleines Häuschen mit einer Schranke mitten im Wald. Der Kanadier gab inzwischen wieder Laute von sich. Er fluchte leise in sich hinein.

Zehn Stunden dauerte die Zugfahrt in die Hauptstadt Bukarest. Dort beschleunigte sich unsere Reise fundamental. Wir flogen nach München, wo ich ein paar Tage bleiben wollte, während der Kanadier weiter nach Calgary flog. Mein Vater holte mich vom Flughafen ab. «Geht es dir gut?», fragte er, ohne eine Miene zu verziehen. «Passt schon.» Er hatte die Nachrichten über die Ukraine aufmerksam verfolgt, doch das vermochte ihn nicht mehr wirklich zu beunruhigen. Er war, was Sorgen um seinen Sohn betrifft, abgehärtet.

Und auch ich war schon in schwierigeren Situationen gewesen. Mein Vertrag in Calgary lief noch über ein Jahr, der Verein konnte mich nicht zwingen, zu einem anderen Club zu wechseln. In den kommenden beiden Monaten regelten die Mustangs alle Details des Insolvenzverfahrens – nur einen geeigneten neuen Verein für mich fanden sie nicht. Auch meine Spieleragenten taten sich schwer, die meisten europäischen Ligen waren mitten in der Saison. Zwei Wochen vergingen ereignislos, da beschloss ich, zurück nach Kanada zu fliegen. Die Saison startete Anfang April, und ich nahm, wie im Vertrag vorgesehen, Anfang März ein Flugzeug nach Calgary.

Mit gepackter Sporttasche ging ich am nächsten Morgen in die Geschäftsstelle, die sich direkt neben dem Stadion befand. Die Tür stand offen, das Empfangsfoyer war bereits völlig leer geräumt. Ein Kopierer stand noch in einer Ecke, ein paar Kabel schauten aus der Decke – sogar die Lampe hatten sie abmontiert. Ich wollte gerade wieder gehen, da hörte ich aus dem Büro des Eigentümers John Torode Geräusche. Ein Bauarbeiter packte Ordner zusammen. «Hier ist niemand mehr. Wenn du zu Torode willst, musst du in sein Büro.»

Torode hatte sein Geld mit gigantischen Immobilienprojekten verdient, der Geschäftssitz war ein paar Straßen weiter. In seinem Vorzimmer saß die Sekretärin, im Raum dahinter studierte Torode irgendwelche Unterlagen. Er erschrak, als er mich sah: «Hi, John, ich bin jetzt wieder hier», begrüßte ich ihn, als wäre nichts geschehen. «Wann legen wir mit dem Training los?» Torode sprach mit leicht erhöhter Stimme, wie immer, wenn er sich aufregte. Und er regte sich schnell auf. «Sag mal, Lutz, bist du schwer von Begriff? Die Mannschaft gibt es nicht mehr.» Ich lächelte. «Das kann ja sein, aber meinen Vertrag gibt es noch, und der läuft noch über ein Jahr. Ich gehe davon aus, dass ihr mir in ein paar Tagen wieder ein Auto und eine Wohnung organisiert habt.» Torode beschimpfte mich eine Weile, aber damit konnte er mich nicht beeindrucken. «Ruf morgen wieder an», grummelte er schließlich. «Dann finden wir eine Lösung.»

Doch am nächsten Morgen nahm niemand ab, weder im Büro noch am Handy. Auch am folgenden Tag nicht. Kurzerhand fuhr ich zurück ins Büro. Wieder saß die Sekretärin an ihrem Schreibtisch. Durch den Türspalt zum großen Zimmer sah ich John: «Er ist nicht da», erdreistete sich die Sekretärin. Ich zeigte in Richtung John. «Da sitzt er doch.» «Nein, er ist nicht da.» Ich machte die Tür auf und zeigte auf John. «Er sitzt da.» Die beiden versuchten das Problem durch Schweigen zu lösen. Ich habe selten etwas so Kindisches erlebt, aber mir liegen abstruse Situationen. «Wenn er nicht da ist», sagte ich mit erhobener Stimme, «dann richte ihm bitte aus, dass ich in den kommenden zehn Minuten zuerst die Liga anrufe. Danach habe ich einen Termin beim Arbeitsanwalt. Dann gehen wir das Ganze vor Gericht an, und John kann für die Gerichtskosten noch einmal das gleiche Geld wie für mein Gehalt investieren. Danke, John.» Kopfschüttelnd verließ ich sein Büro.

Doch John Torode wollte es darauf ankommen lassen. Wir

telefonierten noch zweimal, und er war sich sicher, dass er wegen der Insolvenz des Vereins nicht zahlen müsse. Die Wochen vergingen. Ich gab bei Vereinen der Stadt Torwarttraining, alles lief auf einen langwierigen Prozess hinaus – etwas, das ich mir schon zeitlich kaum erlauben konnte. Fußballprofis verlieren nach einiger Zeit ohne Spielpraxis massiv an Marktwert. Die Tage vergingen, und wahrscheinlich säße ich noch heute auf meinem Hotelzimmer, wenn ich nicht zufällig in einem Restaurant den zweiten großen Investor des Vereins, Dr. Hanne, getroffen hätte.

Wie für John Torode war auch für ihn das misslungene Investment bei den Mustangs keineswegs existenzbedrohend gewesen, für die beiden war der Verein so etwas wie der FC Chelsea lange Zeit für den russischen Öl-Milliardär Roman Abramowitsch. Ein Spielzeug, ein Prestigeobjekt. Hanne hatte die Abwicklung des Insolvenzverfahrens Torode überlassen, er wusste gar nicht, dass ich in Kanada war. «Komm morgen in mein Büro», sagte er. Hanne war kein Mann, der lange verhandelte, er bewies Rückgrat – eine Seltenheit in diesem Geschäft. Am nächsten Tag einigten wir uns innerhalb von zehn Minuten. Er zahlte mir mein Grundgehalt bis zum Ende der Saison in bar aus, ich verzichtete auf Zahlungen für das Auto, Wohnung und Punktprämien – ein Posten, der vor Gericht verhandelt worden wäre. Ich ging mit einem großen Umschlag, prall gefüllt mit Geldscheinen, nach Hause.

Das Geld gab mir nur für ein paar Wochen Sicherheit, denn das meiste verwendete ich dazu, einen Großteil meiner Anwaltsschulden zu begleichen, die ich einige Jahre zuvor in Singapur gemacht hatte. Noch immer stotterte ich den sechsstelligen Betrag ab, der während meiner Verhandlung angelaufen war. Aber immerhin konnte ich noch einen Monat in Kanada bleiben, während ich mir einen neuen Verein suchte.

Diese Suche läuft immer gleich ab. Ich kannte schon damals etwa 30 Spielervermittler in der ganzen Welt, sie alle haben meinen Lebenslauf und Videos mit Zusammenschnitten einiger Spielszenen. Die Vormittage verwende ich während dieser vereinslosen Zeiten darauf, mich fit zu halten. Die Nachmittage sitze ich an einem Tisch mit exakt vier Werkzeugen, egal, an welchem Ort des Planeten ich mich gerade befinde: vor mir mein Laptop, daneben ein Telefon, ein Schreibblock und ein abgegriffenes Ringbuch, in das ich mir ungefähr 500 Telefonnummern geschrieben habe. Ohne dieses Buch bin ich verloren. Auf meinem Bildschirm sind manchmal ein Dutzend Fenster des Chat-Programms Skype geöffnet, parallel telefoniere ich. Nach und nach sammeln sich auf dem Block Angebote aus allen Teilen der Welt. Sobald ein Transfer zustande kommt, kann sich der entsprechende Berater über bis zu 20 Prozent eines Jahresgehalts freuen, das er von meinem neuen Verein bekommt. Das sind in meinem Fall natürlich lächerliche Beträge im internationalen Vergleich. An den Transfers der Bundesligasaison 2007/08 kassierten Spielerberater 45 Millionen Euro an Provisionen – Tendenz steigend. 140 lizenzierte Spielervermittler gibt es allein in Deutschland.

In diesem Fall konnte sich ein russischer Berater freuen. Er hatte für die Mustangs schon den ersten Kontakt in die Ukraine hergestellt. Nun wartete er mit einem Angebot von einem Erstligisten im Westen der Ukraine auf. Die kleine Stadt sei recht idyllisch gelegen und Hunderte Kilometer von Kiew und dem Zentrum der Aufstände entfernt. Ohnehin habe sich die Situation völlig beruhigt.

Das hatte sogar ich mitbekommen. Die Zeitungen im Frühjahr 2005 waren voller hoffnungsvoller Meldungen aus der Ukraine. Juschtschenko war inzwischen zum Präsidenten ernannt worden, die «Orangene Revolution» war entgegen meinen Befürchtungen ohne großes Blutvergießen vonstattengegangen. Zudem war es nicht einfach, einen Kurzzeitvertrag bis zum Start der neuseeländischen Liga im November zu finden. Mein ehemaliger Verein Dunedin, an den ich bis zur Insolvenz von Calgary ausgeliehen war, hatte mir schon jetzt ein neues Angebot für die neue Saison gemacht. Die fing allerdings erst in einem halben Jahr an, zur Überbrückung kam diese Offerte gerade recht. Mit Anita endete inzwischen jede Kommunikation in einem handfesten Streit, unsere Beziehung war so gut wie zerstört. So nahm ich kurzerhand das Angebot aus der Ukraine an. Ich holte die durchsichtige Schutzhülle hervor, in der ich meine SIM-Karten für das Handy aus den verschiedenen Ländern aufbewahre. Es sind inzwischen 15 Stück. Ich setzte die ukrainische Karte ein, die ich mir nur ein paar Wochen zuvor gekauft hatte.

Als ich in der Ukraine ankam, war tatsächlich von der «Orangenen Revolution» nichts mehr zu spüren. Doch der Agent transferierte mich zu dem korruptesten Verein, bei dem ich je gespielt habe und dessen Namen ich lieber nicht nennen werde. Ich war nur ein paar Wochen dort, ich habe keine offiziellen Spiele dort gemacht, er taucht in keinem meiner Lebensläufe auf. Ich wurde in einem Hotel untergebracht und vertraute darauf, dass ich mich schon irgendwie allein zurechtfinden würde. Man stellte mich dem Übersetzer des Vereins vor, was ich sehr höflich fand. Er war ein sehr netter Mensch mit netten Umgangsformen – aber wenig hilfreich. Denn er konnte zwar übersetzen, wunderbar sogar, aber leider nur Spanisch und Russisch. Da saß ich nun in einem ukrainischen Hotelzimmer, spielte in einer Mannschaft, in der kaum jemand Englisch sprach, und musste mich in einer Stadt orientieren, für deren Menschen das Gleiche galt.

Ich brauchte einen Übersetzer. Sofort. Schon nach der ersten Trainingseinheit telefonierte ich stundenlang herum. In der Stadt gab es niemanden, der mir hätte helfen können. Auch in Kiew telefonierte ich vier Übersetzungsagenturen ab, niemand hatte eine Lösung für mich. Genervt rief ich eine kleine Agentur an, sie war die letzte auf meinem Zettel. «Wir können leider niemanden zu Ihnen schicken», sagte die Mitarbeiterin. Fast hatte ich die Hoffnung aufgegeben, aber dann hatte sie doch noch eine Idee: «Wir haben eine Übersetzerin, die derzeit ausschließlich Ölbohrungsuntersuchungen übersetzt. Sie sitzt die ganze Zeit am Schreibtisch. Wir können einen Telefonservice vereinbaren. Wann immer Sie ein Verständigungsproblem haben, rufen Sie an, und wir reichen den Hörer weiter.» Ich stimmte zu. Fortan war eine Frau namens Amalia mit ihrer vornehmen, gebildet klingenden Stimme meine Allzweckwaffe. Um ehrlich zu sein, überraschte es mich, dass sie den Auftrag nicht schon nach ein paar Tagen kündigte. Denn bei ihr läutete von nun an alle paar Minuten das Telefon. Wenn ich zum Essen fuhr, reichte ich den Hörer an den Kellner weiter. Kurz darauf musste sie dem Taxifahrer den Weg beschreiben. Wenn der Trainer in der Kabine Anweisungen gab, hielt ich den Hörer hoch und ließ sie übersetzen. Einmal sogar nachts vom Hotel aus: «Ich habe jetzt Hunger. Sag mal bitte dem Zimmerservice, er soll mir etwas besorgen.» Offenbar zahlte der Verein gut, denn die Übersetzerin behielt ihre geschäftliche Höflichkeit auch da noch.

Doch selbst Amalia konnte mir nicht in allen Situationen helfen. Der Präsident, ein älterer Mann mit radikal zurückgegelten Haaren, gab mir nach ein paar Tagen einen schwarzen BMW X5 mit verdunkelten Scheiben als Dienstwagen. Allradantrieb, 200 PS, nagelneu und feinste Lederausstattung. Es war das beste Auto, das mir je von einem Verein zur Verfügung gestellt wurde. Nur ein Navigationsgerät hatte der X5 nicht. Vom Hotel zum Trainingsplatz waren es ganze fünf Minuten, doch ich verfuhr mich schon am zweiten Tag hoffnungslos.

Nachdem ich ein paar Minuten durch die vermüllten Straßen der Stadt gefahren war, hielt ich an einer Straßenecke an und ließ die Fensterscheibe herunter. «Spricht hier jemand Englisch?», rief ich. Vor einem Kiosk saß ein Mann auf einer Bank, bei ihm stand ein älteres Pärchen. Die drei glotzten mich verständnislos an. Dann kam doch noch ein junger Mann auf mich zu. «Gut, dich zu sehen», fing ich an, als er das Auto erreichte. Dann sah ich, dass er eine Pistole gezogen hatte. «Steig ganz vorsichtig aus, und dir passiert nichts», sagte er in gebrochenem Englisch, ruhig, als würde er mir tatsächlich den Weg beschreiben. Ich erschrak und merkte gleichzeitig, dass er es ernst meinte. Kaum war ich ausgestiegen, fuhr der Typ davon, meine Sporttasche mit meinem Handy lag noch auf dem Rücksitz. Ich wusste, dass Autoentführungen in Südafrika ein großes Problem waren. Dort werden aus diesem Grund die meisten Neuwagen inzwischen mit Peilsendern verkauft. Gestohlene Fahrzeuge werden so mit Hubschraubern auf den großen Autobahnen Johannesburgs geortet und dann mit Motorradkommandos verfolgt. In der Ukraine hatte ich mit solchen Problemen nicht gerechnet.

Die drei Passanten wirkten allerdings nicht sonderlich schockiert. Der Mann vor dem Gemischtwarenladen stand langsam auf und winkte mich heran. Er zeigte in einer Ecke auf sein Telefon und sagte etwas auf Russisch, vermutlich durfte ich telefonieren. Ich rief bei meiner Dolmetscherin in Kiew an, ihre Nummer war die einzige, die ich auswendig wusste. Amalia rief beim Verein an, und eine halbe Stunde später hatte mich ein Mitarbeiter abgeholt.

Vor dem Training musste ich dem Präsidenten erklären, wie mir das nagelneue Auto des Vereins abhandenkommen konnte. Er fing mich am Eingang der Kabine ab und gab mir zu verstehen, meine Dolmetscherin anzurufen. Amalia erklärte ihm die Ereignisse des Vormittags. Als der Präsident informiert war, tippte er etwas in sein Handy, er beachtete mich nicht weiter. «Go», sagte er schließlich und winkte mich weg wie einen kleinen Jungen. «Go Training.»

Vor dem Vereinsgelände gab es einen großen Parkplatz. Als ich nach der Trainingseinheit daran vorbeiging, traute ich meinen Augen kaum. Auf dem Parkplatz stand der BMW X5, der mir am Vormittag gestohlen worden war. Irritiert lief ich ins Büro. Der Präsident war nicht zu sprechen, keiner wollte mir erklären, wie das Auto wieder aufgetaucht war. Erst Wochen später erzählten Mitarbeiter des Vereins Amalia, was passiert war.

In der ukrainischen Fußballszene war bekannt, dass der Präsident viele Kontakte zur Unterwelt hatte und auch bei den Kleinkriminellen der Stadt gefürchtet war. Alle seine Autos hatten bestimmte Nummernschilder, die in der kriminellen Szene der Stadt bekannt waren. Als der Dieb nach dem Überfall das Nummernschild sah, brachte er das Auto unverzüglich zurück zum Verein und entschuldigte sich offiziell für das Missverständnis. Ein schlechtes Gewissen wird er kaum gehabt haben – schließlich, so erzählte man mir später, war der Wagen in Deutschland gestohlen worden –, eher Angst um sein Leben.

Ich ahnte nun, wie sich der Verein mein Gehalt leisten konnte. Doch das war nicht der einzige Grund, warum ich weder die Stadt noch den Verein mochte. Es war ein heruntergekommener Ort, einmal blieb ich nachts im Hotel eine halbe Stunde lang im Aufzug stecken. Das Notfalltelefon funktionierte nicht, und es hätte mich nicht gewundert, wenn auch die Luftzufuhr defekt gewesen und ich erstickt wäre. Irgendwann öffnete ein mürrischer Techniker die Tür. Bis zum nächsten Geschoss fehlte noch ein Meter, als der Aufzug stecken geblieben war. Ich zog mich hoch. Mein Zimmer war im siebten Stock, doch fortan benutzte ich ausschließlich die Treppe.

Es gab in diesen Wochen wenig schöne Momente für mich. Mein Leben bestand vor allem aus Training, kaum jemand hier sprach Englisch oder Deutsch. Und so freute ich mich, als ich mich nach einem Testspiel in Kiew auf einen Kaffee mit Amalia traf. Wir hatten nun schon Hunderte Male miteinander telefoniert, meistens nur für ein paar Sekunden, doch sie war so etwas wie meine Lebensversicherung geworden. Ich hatte ein recht konkretes Bild von ihr vor Augen. Oft hatte ich mir eine adrett gekleidete Endvierzigerin mit strenger Brille vorgestellt, die in einem tristen Büro Ölbohrungsberichte übersetzte, während hin und wieder ein Fußballprofi anrief.

Ich hatte mich getäuscht, zumindest was das Erscheinungsbild von Amalia anging. Sie war erst Ende zwanzig, schlank und hatte feine Gesichtszüge sowie lange, lange Beine. Am Telefon klang sie immer wie eine Finanzbeamtin, hochprofessionell, doch nun saßen wir bei Sonnenschein in einem Kiewer Café, und sie sprudelte vor Lebensfreude.

Gerade hatten Anita und ich uns getrennt, und es tat gut, mit Amalia zu reden. Fortan rief ich sie nicht nur an, wenn ich eine Übersetzung brauchte. Wir dachten ähnlich über das Leben, unsere Telefonate dauerten stundenlang. Sie erzählte mir von ihrer kleinen Tochter, vom Leben in Taschkent, während ich ihr nach und nach von den Höhen und Tiefen meines Lebens berichtete. Langsam verliebten wir uns ineinander.

Doch gleichzeitig wollte ich nichts lieber, als die Ukraine so schnell wie möglich verlassen. Ich war nicht der Einzige in der Mannschaft, der diesen Wunsch hatte. Kaum einer hier bekam pünktlich sein Gehalt. Ein Senegalese war vor vier Monaten verpflichtet worden, hatte aber noch keinen einzigen Dollar gesehen. Zwei andere Spieler und ich hatten ihm ein paar hundert Dollar gegeben, sonst hätte er nichts zu essen gehabt. In den Vorbereitungsspielen wurde er von den Fans ausgepfiffen, einzig und allein wegen seiner schwarzen Hautfarbe, sie waren hochgradig rassistisch. Die vergangenen Jahre in Kanada, Norwegen und Neuseeland waren für mich fast idyllisch verlaufen. Nun hatte mich das Chaos endgültig wieder.

Kurz vor dem Ende der Vorbereitung fasste ich einen Entschluss: Hier wollte ich nicht leben, zwei Monate waren genug. Ich bat erneut um die Auflösung meines Vertrages. Und ging.

EXISTENZGRÜNDER IN
ARMENIEN GESUCHT

Der Platzwart war nicht da. Schon wieder nicht. Es war heiß an diesem Augusttag in Albanien, über 35 Grad und keine Wolke am Himmel. 22 Spieler warteten vor der Kabine darauf, dass der Mann mit dem Schlüssel endlich auftauchen würde. Zwei Stunden hatten wir trainiert. Dass es am Trainingsplatz kein warmes Wasser für die Duschen gab, fanden wir nicht schlimm. Das Problem war, dass es auch kein kaltes gab, solange dieser Mensch nicht sein kleines Häuschen öffnete und das Wasser andrehte.

Endlich kam der Albaner angetrottet und warf den Generator an. Es klang wie ein Oldtimer-Motor, dann tropfte rostfarbenes Wasser aus den sowjetischen Leitungen. Ungeduldig standen wir vor den Duschen und beobachteten, wie es immer klarer wurde und sich so weit erhitzte, bis sich ein wenig Dampf bildete. Man konnte das relativ gut kalkulieren: Nach drei Minuten sah es in etwa so aus, als ob man seiner Haut diese Flüssigkeit zumuten konnte.

Während Fußball-Deutschland gerade das Sommermärchen 2006 feierte und sich an der WM im eigenen Land berauschte, war ich nach Albanien gewechselt. Aus Neugierde. Mein guter Freund Uli Schulze, 1974 Torhüter des Europacupsiegers 1. FC Magdeburg, war gerade vom neunmaligen albanischen Meister Vllaznia Shkoder als Trainer verpflichtet worden und hatte mich gefragt, ob ich nicht mitkommen wolle. Ich hatte über so ziemlich jede Fußballliga der Welt bis dahin etwas gehört. Über Albanien, das gerade einmal doppelt so groß ist wie Thüringen, wusste ich aber kaum etwas. Schon allein deshalb sagte ich zu.

Ich trat die Reise mit meinem zukünftigen albanischen Mitspieler Uliks Kottri an. Knapp drei Tage und 1400 Kilometer dauerte sie, eine halbe Weltreise von Deutschland über Österreich, Slowenien, Kroatien, Bosnien und Montenegro, bis wir schließlich Albanien erreichten. Die Straßen in dem Land gelten als die schlechtesten in Europa, hatte mir Schulze gesagt. Gebrauchtwagen ohne Totalschaden wären in dem Land nur selten aufzutreiben. Also hatte ich in Bayern für 3000 Euro einen alten Golf 3 gekauft und nicht – wie sonst eigentlich immer – einen BMW.

Je mehr wir uns Uliks' Heimat näherten, desto tiefer wurden die Schlaglöcher. Allein ein 80 Kilometer langer Schotterweg über eine Bergkette kostete uns vier Stunden. Und doch beeindruckte mich die raue Landschaft Albaniens. Wie riesige Pilze standen am Straßenrand winzige Betonbauten. Uliks freute sich, etwas über die bewegte Geschichte seines Landes zu erzählen. «Die haben wir Enver Hoxha zu verdanken.» Der Diktator hatte das Land in den achtziger Jahren in die absolute Isolation geführt und besonders in den Grenzgebieten Tausende Ein-Mann-Bunker erbauen lassen. Wenn sie inzwischen nicht als Schafstall umfunktioniert worden waren, dann meist als öffentliche Toilette.

Ich kann nicht sagen, dass ich Shkoder vom ersten Moment an mochte. Es hatte seit Tagen geregnet, was die Kanalisation völlig überforderte. Ein leicht fauliger Geruch zog durch die Straßen. Und doch faszinierte mich die Stadt. In ihr herrschte eine Hektik wie in Istanbul. Es schien mehr Autos und kleine Motorräder als Einwohner zu geben, sie fuhren kreuz und quer. Viele fuhren auch verkehrt herum im Kreisverkehr, halsbrecherisch in den Kurven. Unscheinbar und verloren standen am

Straßenrand Kreuze – der wüste Fahrstil der Albaner kostete viele Menschenleben.

Der Verein hatte in der vergangenen Saison immerhin das Pokalfinale erreicht, die letzte Meisterschaft war aber viel zu lange her, sie datierte aus dem Jahr 2001, die Anhänger forderten Veränderungen angesichts der langen Durststrecke. Neben Trainer Schulze und mir waren gleich 15 neue Spieler gekommen. Und der Präsident wollte immer mehr frisches Personal: Allein während eines dreiwöchigen Trainingslagers in Magdeburg testeten wir rund ein Dutzend Spieler. Die meisten taugten nichts, immer wieder ließen wir am Hauptbahnhof Spieler mit ihren Rucksäcken aus dem Mannschaftsbus aussteigen. Von dort aus fuhren sie weiter zum nächsten Probetraining. Tausende junge Männer reisen in den Sommermonaten auf diese Weise durch Europa, immer in der Hoffnung auf einen Vertrag, wie klein die Liga oder das Gehalt auch sein mag. Auch das ist die Realität des Fußballgeschäfts, jenseits der Millionentransfers um Michael Ballack oder Cristiano Ronaldo.

So unterschiedlich das Fußballgeschäft in Albanien im Vergleich zu den Ligen dieser Superstars auch sein mag – die Leidenschaft der Fans ist auch in Shkoder nicht geringer als in Städten wie Manchester oder Liverpool, zwei der großen Bühnen des Weltfußballs. Der Ort hatte gut 100 000 Einwohner, und 99 000 davon schienen fanatische Fans zu sein. Überall hingen die rot-blauen Flaggen des Vereins. Zu unseren Heimspielen kamen 30 000 Zuschauer. In dieser Masse wohnte eine ungeheure, berauschende und manchmal auch erschreckende Kraft. Viele brachten Raketen und bengalische Feuer mit ins Stadion. Wenn wir gewannen, trugen sie uns schon nach unbedeutenden Ligaspielen auf Schultern aus dem Stadion. Wenn wir aber verloren, entfesselte sich eine immense Wut.

Anita und ich hatten uns schon Monate zuvor getrennt. Oft hatte ich seitdem gegrübelt und einen Weg gesucht, um meine Tochter Georgina regelmäßig zu sehen. Es war keine einfache

Zeit. Dafür hatte mich meine ehemalige Übersetzerin Amalia begleitet. Wir waren nach meiner Abreise aus der Ukraine in Kontakt geblieben und einige Zeit nach meiner Trennung von Anita ein Paar geworden. Sie ist eine Frau, die nicht lange zögert. Und so hatte sie von einem auf den anderen Tag ihren Übersetzerjob in Kiew gekündigt und mich zuerst nach Neuseeland und nun auch nach Albanien begleitet. Wir hatten die Phasen einer normalen Beziehung einfach etwas abgekürzt und schnell geheiratet. Plötzlich hieß Amalia mit Nachnamen Pfannenstiel, für russischsprachige Menschen ein Zungenbrecher – sie konnte am Anfang ihren eigenen Namen nicht aussprechen.

Das Umfeld für unsere ersten Ehemonate hätte kaum explosiver sein können. Das Spielergebnis bestimmte die Laune der Fans über Tage hinweg. Zunächst hielt ich das für etwas Positives. Es reichte ein Sieg zum Beginn der Saison, und Passanten erkannten mich auf der Straße. Wildfremde luden mich auf einen Tee ein, einmal sogar spontan zum Essen. Plötzlich sah ich den ganzen Tag ausschließlich lachende Gesichter. Doch das dritte Spiel verloren wir auswärts überraschend mit 1:3. Nun verstand ich, warum im Stadion so viele Polizisten waren. Als sich unsere Niederlage abzeichnete, flogen Dutzende Feuerwerkskörper von beiden Tribünen auf den Platz, die Fans zielten regelrecht auf uns Spieler. Und den Schiedsrichter. Er hatte einen umstrittenen Elfmeter gegen uns gepfiffen und musste nun mit einem Dutzend Sicherheitskräften vom Platz begleitet werden – die Fans schmissen Steine, Tomaten und Eier in seine Richtung. Lynchjustiz light.

Die meisten Stadien waren in miserablem Zustand. Vor einem Pokalspiel beim Drittligisten Sarander an der griechischen Küste verbrachte ich zwanzig Minuten damit, Scherben aus meinem Strafraum zu räumen. Es gab kaum ein Spiel, bei dem ich nicht von Feuerzeugen oder Steinen getroffen worden wäre. Einmal lief mitten während der zweiten Halbzeit ein kleiner Junge, vielleicht zehn Jahre alt, an den Polizisten vorbei bis hinter mein

Tor. Als er vier Meter hinter mir war, warf er eine Plastikflasche an meinen Kopf, zeigte mir seinen Mittelfinger und lief zurück zu den anderen Fans. Als wir später vom Stadiongelände fahren wollten, bewarfen einige Verrückte unseren Bus mit faustgroßen Steinen. Ich fühlte mich wie in einem Atommülltransporter, umzingelt von aufgebrachten Demonstranten.

Uli Schulze versuchte alles, um die technisch hervorragende, aber disziplinarisch lausige Mannschaft auf Trab zu bringen. Zweimal täglich setzte er lange Trainingseinheiten an, die älteren Spieler jammerten, sie hätten noch nie so viel laufen müssen.

Doch während Schulze mit Hilfe eines Übersetzers stundenlange Vorträge über Taktik hielt, vertrauten die älteren Spieler auf andere Erfolgskonzepte. Nach unserer überraschenden Niederlage stand ein Heimspiel gegen Tirana SK an, eines der absoluten Prestigeduelle der Saison. Zum Abschlusstraining brachte der Physiotherapeut ein Schaf mit zum Sportplatz. Er kam mit dem Fahrrad, das Tier führte er lässig an einer Leine. Mit großer Ruhe band er es an einen Zaun und stellte sich an den Rand des Platzes, wo wir uns gerade warm liefen. Ich schmunzelte. Da fährt wohl einer sein Hausschaf durch die Gegend, dachte ich und musste an den Pinguin denken, den ich Jahre zuvor vergeblich zu einem Haustier machen wollte. Stoisch schauten Physiotherapeut und Schaf zu, während wir einige Freistoßvarianten einstudierten. Die Mannschaft war körperlich in einem guten Zustand, wir hatten allen Grund, optimistisch in das Spiel zu gehen. Doch das reichte den albanischen Spielern nicht.

Nach der Einheit gingen sie zu dem Schaf. Der Physiotherapeut zog ein großes Messer aus einer Tasche und ging mit zwei entschlossenen Schritten auf das Tier zu. Das Schaf bockte und schien das Unheil zu ahnen, doch es hatte keine Chance. Mit einer schnellen Bewegung durchschnitt der Betreuer die Kehle. Eine große Blutlache verteilte sich auf dem trockenen Rasen, der zu hart war, um die große Menge Flüssigkeit aufnehmen zu können. Es ging so schnell, dass ich kaum verstand, was da gerade passierte. Angewidert drehte ich mich weg, das Schaf zuckte noch. Der Physiotherapeut dagegen sagte in aller Ruhe ein paar Worte. Es klang nicht außergewöhnlich feierlich, hatte keine Spur eines Kultes oder dergleichen. Eher eine nüchterne Ansprache, während die Spieler mit einer Gelassenheit um ihn und das verblutende Schaf standen, als warteten sie auf den Bus. Schweigend ging ich vom Trainingsplatz. «Du wirst sehen, wir gewinnen morgen», sagte einer später zu mir. Tatsächlich hatte der Hammel sein Leben nicht ganz umsonst gelassen. Am nächsten Tag erreichten wir gegen Tirana immerhin ein 1:1, und kurz darauf schlugen wir Pokalsieger Elbasani mit 2:0.

Die Stadt war mit ihren 100 000 Einwohnern kaum größer als Marburg in Mittelhessen, hatte aber drei täglich erscheinende und konkurrierende Zeitungen. Eine solche Konstellation ist für die journalistische Qualität eine Katastrophe. In Spanien beschweren sich Spieler immer mal wieder über die Sportzeitungen «Marca» und «AS», die allein Real Madrid zehn Seiten in jeder Ausgabe widmen. Man kann das so klar sagen: Egal, ob bei Real Madrid, Manchester United oder aber dem winzigen Vllaznia Shkoder in Albanien – der Alltag von gut 20 Berufsfußballern ist für so viel Papier einfach nicht interessant genug.

So aggressiv wie in Albanien erlebte ich den Boulevard-Journalismus allerdings selten. Die Reporter griffen zu den skurrilsten Methoden, um an die aktuellsten Nachrichten und Gerüchte zu gelangen. Sie hatten keine Achtung vor den Spielern und noch weniger vor sich selbst.

Zwei Tage nach unserem Sieg gegen Elbasani betrat ich das Klo neben unserem Trainingsplatz. Hier hatten nur wir Spieler Zutritt. Es gab zwei Boxen, eine war abgeschlossen. Als ich wieder herauskam, warteten schon drei Albaner ungeduldig. Ich zuckte mit den Schultern – keine Ahnung, wer da so lange für sein Geschäft brauchte. Eigentlich war es ja auch egal, aber den Trödler wollte ich ein wenig verspotten, und so blickte ich unter die Trennwand, in der Hoffnung, die Schlafmütze an den Schuhen zu erkennen.

Es waren Straßenschuhe. Niemand unserer Spieler benutzte dieses Klo außerhalb der Trainingszeiten, sie alle trugen dabei Fußballschuhe. «Wer ist da?», fragte nun einer der wartenden Albaner. Keine Antwort. Wir klopften an der Tür. Es dauerte eine Zeitlang, bis der Mann heraustrat. Er war ein Reporter der größten Zeitung. Besessen von krankhaftem Ehrgeiz, hatte er sich stundenlang auf dem Klo eingeschlossen, nur um ein Gespräch zwischen Spielern aufzuschnappen. Enttarnt und gedemütigt, drängelte er sich nun hektisch an uns vorbei und sprintete davon. Normalerweise hätte ich ihn verspottet, laut ausgelacht – doch dafür war ich zu perplex. Einen solch erbärmlichen Reporter habe ich vorher und nachher nicht mehr getroffen.

Der Journalist war befreundet mit dem bisherigen Stammtorwart, einem leicht übergewichtigen Keeper namens Grimma. Er hatte die vergangenen Jahre das Tor gehütet. Viele hielten ihn für einen der Gründe des mäßigen Abschneidens in den Vorjahren – nur der Schmutzfink vom Klo nicht. Er machte in seinen Artikeln konsequent Stimmung gegen jeden, den er nicht mochte, und dazu gehörte zweifellos ich. Als wir bei einem Auswärtsspiel kurz vor dem Abpfiff per Elfmeter den Ausgleich zum 1:1 kassierten, hatte er den Schuldigen schnell ausgemacht. Der Ball, der genau neben dem Pfosten eingeschlagen hatte, sei «eindeutig haltbar» gewesen, schrieb er tags darauf. Aus dem guten Ruf deutscher Torhüter hatte er seine eigenen Schlüsse gezogen: Jeder Gegentreffer galt als mein persönliches Versagen. Erfolg hatte er damit keinen. Schulze ließ keinen Zweifel daran, dass ich sein unumstrittener Stammtorwart war.

Fußballprofis haben in Albanien keinen leichten Job, sie sind das Ventil dieses emotionalen Volkes. Im Vergleich zu albanischen Schiedsrichtern leben sie aber im Paradies. Immer wieder wurden die Spielleiter Opfer von prügelfreudigen Fans – nicht zuletzt dank der schreibenden Zunft: Die Spielberichte in den Zeitungen waren voller Hasstiraden auf die Männer in Schwarz. Das war manchmal übertrieben, manchmal aber nicht ganz unbegründet. Die Schiedsrichter waren Amateure und bekamen umgerechnet nur ein paar Euro für ihren Einsatz. Viele von ihnen hielten das für deutlich zu wenig Schmerzensgeld. Sie waren korrupt bis ins Mark, und das war längst ein offenes Geheimnis.

Vor einem Pokalspiel kam der Präsident in unseren Mannschaftsbus und zeigte auf acht Stammspieler, auch auf mich: «Ihr könnt hierbleiben. Wir kommen auch so zurecht.» Er hatte sich, so meine Vermutung, offenbar mit dem anderen Verein auf ein Ergebnis geeinigt. Wir stiegen aus, ohne wirklich überrascht zu wirken. Verschobene Spiele gehörten in Albanien zum Alltag. Nur dass unser Präsident in dieser Hinsicht ordentlich mitmischen könnte, war mir nicht bewusst.

Doch das gehörte hier zum Handwerk der Vereinsführung. Nicht nur bei uns. Einige Wochen später führten wir in einem Auswärtsspiel zur Pause mit 1:0, die Tribünen sahen aus wie entflammt, so viele Feuerwerkskörper waren bereits entzündet worden. Die Atmosphäre war erhitzt, aber wir konnten vom Spielfeld ungestört in die Katakomben gehen. Auf dem Weg in die Kabine hörten wir dann plötzlich aufgeregte Rufe. Um die Ecke hatte der gegnerische Präsident den Schiedsrichter abgefangen. Immer lauter redete er auf den Mann ein. Zwei Polizisten kamen hinzu, doch anstatt den Präsidenten zurückzuhalten, spielte sich eine bizarre Szene ab. Die Polizisten hielten den Schiedsrichter davon ab, zu gehen – sie hielten ihn fest. Der Präsident zog einen seiner edlen Designer-Schuhe aus und schlug damit auf den Kopf des armen Mannes. Wild schimpfend schlug er viermal zu, bis die Polizisten den Unparteiischen endlich losließen. Eilig lief er in seine Kabine. Ob der Präsident nur mit der Leistung unzufrieden war oder eine Absprache nicht eingehalten worden war, weiß ich bis heute nicht. In der Kabine konnte ich mich kaum auf die Ansprache von Schulze konzentrieren, dafür waren die Bilder, die ich eben gesehen hatte, zu verrückt.

Doch so funktionierte der Liga-Alltag in Albanien, auch an diesem Tag. Wir hielten die Führung bis kurz vor Schluss. Da kam eine harmlose Flanke an die Strafraumgrenze. Unser Verteidiger köpfte den Ball aus der Gefahrenzone, ohne dass ein Gegenspieler in seiner Nähe war. Ein Pfiff ertönte. Der Schiedsrichter zeigte auf den Elfmeterpunkt. «Was? Das ist ein Witz», schrie ich und stürmte wie alle meine Mitspieler auf ihn zu. Doch der Unparteiische duldete keine Diskussionen und legte den Ball auf den Elfmeterpunkt. Ich sprang nach rechts, der Stürmer schoss nach links – 1:1. Wieder brannten auf der Tribüne die bengalischen Feuer, diesmal vor Freude.

Nach dem Spiel waren wir es, die den Schiedsrichter in den Katakomben zur Rede stellten, auch wenn wir unsere Schuhe anbehielten. Er versuchte gar nicht erst, sich rauszureden: «Glaubt ihr, ich lasse mir von 3000 Zuschauern hier die Fresse polieren?» Er hatte schlicht zu große Angst vor einer Niederlage der Gastgeber gehabt und pfiff den Elfmeter wohl, ohne bestochen worden zu sein. So konnte er wenigstens unbehelligt nach Hause gehen.

Uli Schulze leistete großartige Arbeit, er lebte Tag und Nacht für diesen kuriosen Verein. Und doch standen wir kurz vor Ende der Hinrunde nur auf Rang drei. Grund genug für den Präsidenten, Schulze zu entlassen. Neuer Trainer wurde Mirel Josa, ein ehemaliger albanischer Nationaltrainer, temperamentvoll und mit einem mächtigen Organ ausgestattet. Er hätte auch Opernsänger werden können, so ausdauernd schrie er während des ganzen Spiels über den Platz. Ich hörte das nur aus der Ferne. Josa war ein Sympathisant meines Konkurrenten Grimma. Schon beim nächsten Spiel fand ich mich auf der Tribüne wieder. In der Winterpause verpflichtete er ein halbes Dutzend neue Spieler. Den Leuten, die von seinem Vorgänger Schulze geholt worden waren, gab er recht deutlich zu verstehen, dass ihre Dienste nicht länger vonnöten waren. Josa hat in seinem Leben nicht mehr als zehn Worte mit mir gesprochen. Aber seine Botschaft kam bei mir an.

Mein Wechsel nach Albanien stellte sich langsam, aber sicher als großer Fehler heraus. Wieder griff ich zum Telefon und sprach stundenlang mit Spielerberatern in aller Welt. Ich wollte weg. Egal wohin, nur weg und das so schnell wie möglich. Ich hörte mir jedes Angebot an, auch wenn es noch so abwegig klang. Zwei Vereine aus Armenien hatten Interesse, schrieb mir ein Berater aus dem Land. Beide Angebote hätten mir rund 4000 Dollar monatlich gesichert. Ich bin zu Gesprächen bereit, schrieb ich zurück.

Am kommenden Tag rief mich der Armenier an. Von den Angeboten als Torwart war plötzlich keine Rede mehr. Er habe einem Investor von mir erzählt. Der Mann plane seit längerem, die Lizenz eines Erstligisten zu erwerben und aus dem Nichts ein armenisches Profiteam aufzubauen. Am folgenden Tag sei ein Tisch in einem Restaurant reserviert. Der Investor wollte mir sein Konzept persönlich erläutern.

Dem neuen Trainer Josa war es ziemlich egal, ob ich am Training teilnahm oder nicht. Und so setzte ich mich am nächsten Morgen mit Amalia in ein Flugzeug, das in die armenische Hauptstadt Eriwan flog. Wir trafen uns in einem edlen Restaurant, der Investor saß bereits am Tisch. Ein höflicher Mann Mitte vierzig im anthrazitfarbenen Maßanzug. Er schien es tatsächlich ernst zu meinen. Satz für Satz übersetzte Amalia das Konzept des Armeniers. Sein Plan sah vor, junge, ablösefreie Spieler langfristig zu binden, sie ein bis zwei Jahre in der Liga reifen zu lassen und dann für Summen von einigen hunderttausend Dollar in größere Ligen zu transferieren.

Er wollte Geld mit diesem Verein verdienen, nicht mehr und nicht weniger. Für seine Investitionen erhoffte er sich einen klaren Gewinn – es gab keine Parallelen zu dem eitlen Engagement des russischen Öl-Milliardärs Roman Abramowitsch, der wie in ein teures Hobby rund 700 Millionen Euro in den FC Chelsea investiert hat. Dieser Mann hier war das Gegenteil. Ich sollte das Projekt als Torwart, Trainer und Manager leiten, bei einer Vertragsdauer von fünf Jahren – ich ahnte, dass ich mich bei dieser Belastung voraussichtlich bald auf die Tätigkeit als Trainer und Manager konzentrieren musste. Das Angebot bedeutete also das vorläufige Ende meiner Spielerkarriere. Doch ich witterte die Chance meines Lebens. Ich besprach mich kurz mit Amalia, dann willigte ich noch in dem Restaurant ein.

Drei Tage später zogen Amalia und ich nach Armenien. Ich trauerte Albanien keine Sekunde nach, von Trainer Josa verabschiedete ich mich erst gar nicht. Er hatte aus seiner Abneigung mir gegenüber nie ein Hehl gemacht, aber das beruhte auf Gegenseitigkeit. Ein Jahr später schmunzelte ich, als ich eine Meldung über ihn las. Der albanische Verband hatte ihn für ein halbes Jahr gesperrt, weil er seine Mannschaft nach der Halbzeitpause einfach nicht mehr auf das Feld ließ. Seine Begründung: Die Schiedsrichter seien geschmiert gewesen.

In Armenien erwartete mich eine Aufgabe, die mir lag. Wahrscheinlich ist mein Organisationstalent größer als mein fußballerisches Talent, das – so muss ich heute feststellen – doch nicht für die Bundesliga gereicht hat. In dieser Zeit machte es mir nichts aus, dass mein Arbeitstag morgens um sieben Uhr begann und frühestens um 21 Uhr endete – sieben Tage in der Woche.

Dieser Einsatz war unvermeidbar, ich verwaltete ein absolutes Low-Budget-Projekt. Der Investor und zukünftige Vereinspräsident kalkulierte für das erste Jahr mit einem Etat von gerade einmal einer Million Dollar, was auch in Armenien ohne jede vorhandene Vereinsstruktur nicht viel ist. Unser Verein sollte in Ijevan im Norden Armeniens angesiedelt werden, der Präsident ließ FC Betonit Ijevan ins Vereinsregister eintragen. Mehr als diesen Namen gab es erst einmal nicht. Ein Vakuum, aus dem ich einen erfolgreichen Verein schaffen sollte.

Nach ein paar Tagen reisten wir von Eriwan nach Ijevan. Der Präsident bestand darauf, mir seine Vision zu veranschaulichen und die Bauarbeiten des Stadions zu zeigen. Am Computer hatte ich die Animation einer modernen kleinen Arena für 12 000 Zuschauer gesehen. Ich war gespannt. Auf der Fahrt in dem luxuriösen Geländewagen zum künftigen Stadiongelände redete er ununterbrochen, so schnell, dass Amalia kaum mit dem Übersetzen hinterherkam. Von seinem Zweijahresplan, der mit dem Einzug in den UEFA-Cup enden sollte. Von ausverkauften Stadien und einem Fußballboom, den er in der Region entfachen wolle.

Dann hielt der Chauffeur. «Was ist los?», fragte ich Amalia. Vor uns lag eine große Wiese. Wir stiegen aus, und der Investor sprach weiter. Ein paar Bagger standen herum, der Boden war an einigen Stellen aufgegraben worden. Ein paar Metallpfosten, Sandhaufen, der Rest war Wiese. Der Investor zeigte feierlich auf die Stäbe: «Hier wird einmal dein Büro stehen.» «Großartig», sagte ich und versuchte, mir meine Zweifel nicht anmerken zu lassen. Recht erfolglos, ich fing an zu lachen. Man brauchte einige Phantasie, um die Vision des Armeniers zu teilen. Doch er hielt die Stadt für den optimalen Standort, weil es in der Region bislang keinen Profiverein gab. Dementsprechend schwach war allerdings auch die Struktur für Profisport. Der Ort war nicht viel mehr als ein Dorf, und diese Wiese hatte so wenig mit einem Profistadion gemein wie Zwiesel mit New York. Ich war froh, als ich hörte, dass er uns für die anstehende Saison und während der Bauarbeiten in Ijevan in der Hauptstadt Eriwan unterbrachte. Während des ersten Jahres sollten wir auch hier spielen, in einem schmucklosen, aber funktionalen Stadion mit 6000 Zuschauern am Rande der Stadt.

Ich organisierte ein Trainingslager, in dem wir 40 Spieler testeten. «Ich werde euch über die Berge laufen lassen, bis ihr mich hasst», begrüßte ich sie ein paar Tage nachdem ich von meinem Ausflug in das Phantomstadion von Ijevan zurückgekehrt war.

Es war mitten im Januar, minus fünf Grad, unser Atem gefror zu kleinen Wolken. «Wenn ihr das nicht möchtet, ist das in Ordnung. Aber dann solltet ihr hier nicht unterschreiben. Wenn ihr mitzieht, mache ich euch fit genug für die Meisterschaft und den Sprung in eine der großen Ligen.» Keiner ging. Innerhalb von drei Wochen filterten wir ein Team mit 19 Spielern aus elf Ländern und vier Kontinenten heraus, fast alle waren völlig unbekannt. Auch ich wusste nicht, wie hoch das Niveau dieser Mannschaft sein würde. Der Topverdiener bekam 4000 Dollar pro Monat, einige junge armenische Spieler ganze 200 Dollar. Am Stadtrand von Eriwan mietete ich ein großes Haus an, in dem das komplette Team wie in einem Internat lebte. Im Ort fand ich Ärzte und Physiotherapeuten, die auf Honorarbasis für uns arbeiteten. Allerdings tauschte ich den ersten Doktor schon nach vier Tagen aus. Er hatte die Knieverletzung eines Abwehrspielers behandelt, indem er eine frische Zwiebel aufgeschnitten und auf das Knie des Spielers gelegt hatte. Das ziehe die Entzündung aus dem Gelenk, erklärte er mir. Es war unser letztes Gespräch, zwei Minuten später stand er vor der Tür.

Ich war mit Amalia in ein Apartment im Zentrum von Eriwan gezogen. Meine Aufgabe war nicht leicht, die Dinge, die ich im Studium an der Fernuniversität Düsseldorf über Sportmanagement gelernt hatte, halfen in Armenien nicht viel. Einige Spieler verfügten noch nicht einmal über ein Bankkonto, und so ging ich immer am letzten Tag des Monats mit einem Rucksack zur Bank. Der Armenier hatte ein Konto eingerichtet, über das ich eine Vollmacht hatte. Ich hob dann 30 000 Dollar ab und bezahlte vom Top-Stürmer bis zur Putzfrau alle Beteiligten in bar, sie kamen nacheinander in mein Büro und holten sich das Geld in Briefumschlägen ab. Es klingt unglaublich, aber auf diese Art und Weise bin ich oft in meinem Leben bezahlt worden.

Der Trainingsplatz lag etwas außerhalb von Eriwan auf 2000 Meter Höhe, im Hintergrund erhob sich herrlich der Ararat-Berg mit seiner schneebedeckten Spitze. Wir befanden uns also im permanenten Höhentraining. Die Spieler hielten den Platz für ein gutes Omen, auf dem Berg wurde angeblich die Arche Noah gefunden, viele Armenier glauben deshalb, dass Jesus ein Armenier war. Der Blick auf diesen Berg würde uns eine gute Saison bescheren, glaubten auch die armenischen Fans.

Ich stellte ein Trainingsprogramm mit den härtesten Elementen zusammen, die ich bei den bisher 30 Trainern meiner Karriere erlebt hatte. Die Tage bestanden aus Dutzenden Intervallläufen in hoher Intensität. Für die Mexikaner war das kein Problem, sie waren in ähnlicher Höhe aufgewachsen. Die Brasilianer dagegen hingen bei den ersten Konditionsläufen weit zurück. Zwei Georgier im Team mussten sich mehrmals übergeben. Einige fingen tatsächlich an, mich zu hassen, so wie ich es ein paar Wochen zuvor angekündigt hatte. Ich konnte das regelrecht spüren, an ihren Blicken und Flüchen, die sie in ihrer Landessprache zischten.

Doch das war mir egal. Unser Budget war schmal, und wir hatten kaum Zeit, als Team zusammenzuwachsen. Unsere einzige Chance bestand darin, fitter als die anderen Mannschaften zu sein. Unsere Ärzte hatten alle Hände voll zu tun. Die Kombination aus Höhe, eisiger Kälte und Anstrengung sorgte für einige fiebrige Infekte innerhalb der Mannschaft. Sie ließen die Spieler warmen Tee nach dem Training trinken. Literweise. Spieler mit Magen-Darm-Infektionen bekamen einen hausgemachten Joghurt, um den Salzverlust auszugleichen. Unsere Haushälterin erzählte mir, dass der Joghurt in dieser Region erfunden wurde. Ob das stimmt oder nicht, weiß ich nicht. Aber er wirkte.

Je mehr sich die Saison näherte, desto mehr Wirbel verursachte unsere Mannschaft. Wir machten im Laufe der Saisonvorbereitung 14 Spiele, 13 davon gewannen wir – teilweise gegen absolute Meisterschaftsfavoriten wie MIKA Aschtarak. Der Pokalwettbewerb begann schon vor der Liga. Die Auslosung bescherte uns zunächst ein Auswärtsspiel bei Gandzasar Kapan im Süden Armeniens an der Grenze zum Iran, eine Woche später würde es in Eriwan ein Rückspiel geben. Ihr Trainer Souren Barseghyan war schon zu Sowjetzeiten einer der bekanntesten Trainer des Landes gewesen, ein fleischiger Kerl mit ergrautem, militärisch kurzem Haar und Augenlidern, die vom vielen Alkohol schwer geworden waren. Er hatte sein Handwerk in den siebziger Jahren gelernt, und es passte ihm nicht, dass sich unser neu zusammengestelltes Team mit seinem deutschen Trainer-Novizen schon jetzt in die Position des Geheimfavoriten geschoben hatte. Wir hatten einen ähnlichen Ruf wie später in Deutschland die TSG 1899 Hoffenheim, die im Jahr 2008 sensationell Herbstmeister wurde – einige verfolgten unser Projekt mit großem Respekt und Begeisterung, andere mit offenem Misstrauen.

Wir legten die 1200 Kilometer nach Kapan mit dem Bus zurück – nicht allein, um Kosten zu sparen, sondern auch, weil es im Umkreis von 200 Kilometern keinen Flughafen gab. Über 20 Stunden dauerte die Reise, wir kamen gerade noch rechtzeitig vor der Pressekonferenz an. Es war, wie in den meisten Ländern, auch in Armenien üblich, dass die beiden Trainer am Vortag des Spiels ihre Einschätzung abgaben. Souren Barseghyan nutzte die Gelegenheit für eine Hasstirade auf meinen Verein. Er drehte sich auf dem Podium zu mir um. «Du hältst dich für schlau, Deutscher», pöbelte er auf Englisch. «Aber wir werden dir und deinem Millionärsverein morgen deine Arroganz rausprügeln.» Ich musste lachen, schließlich arbeiteten wir unter Bedingungen, welche die Bezeichnung Millionärsverein wirklich nicht verdienten. «Viel Glück dabei», sagte ich nur und schüttelte dem verdutzten Trainer die Hand.

Wir verloren mit 1:0, das Gegentor fiel drei Minuten vor dem Abpfiff. Barseghyan diktierte den Reportern noch auf dem Spielfeld in die Mikrophone, wie er den «Retortenclub aus Eriwan» in die Schranken verwiesen hatte. Er hasste mich. Ich fand ihn nur lustig. «Offenbar fehlen diesem alten Mann die Gehirnwindungen, um an das Rückspiel nächste Woche zu denken», ließ ich Amalia übersetzen. «Dass wir dann eine Runde weiterkommen, ist so sicher wie das Amen in der Kirche.»

Eine Woche später war Barseghyan tatsächlich ruhig. Wir gewannen das Rückspiel mit 2:0, eine Partie, die sich sogar der deutsche Botschafter in Armenien nicht entgehen ließ. Betonit hatte damit eine der Traditionsmannschaften aus dem Wettbewerb geworfen. Nun war ich mir endgültig sicher, dass unser Konzept aufgehen würde, wir in der Liga bestehen konnten und dann vielleicht sogar bei der Qualifikation für den UEFA-Cup. Schon nach zwei Monaten hatten sich die ersten vier Fanclubs gebildet, ein armenisches Fußballmagazin bezeichnete uns in seiner Saisonvorschau als Mitfavoriten für die Meisterschaft. «König Lutz», titelten die Zeitungen. Die Menschen waren schon vorher unglaublich nett zu uns gewesen. Fast täglich wurden Amalia und ich zum Essen eingeladen, auch von Menschen, die kaum genug Geld für die eigene Mahlzeit hatten. Die Armenier sind stolze, großartige Menschen, wenn auch manchmal sehr von sich überzeugt. Sie tragen, wenn sie es sich irgendwie leisten können, auffallend schicke Kleidung und sind auf alles Mögliche stolz – und sei es nur die örtliche Limonade, die angeblich besser schmeckt als jede andere Limonade auf der Welt.

Die Saison begann Mitte März, und eigentlich war der größte Stress Ende Februar überstanden. Dachte ich. Bis zu einem sonnigen Dienstag. Wie üblich fuhr ich mit Amalia zur Bank, um das Geld für die monatlichen Ausgaben abzuholen. Als ich am Schreibtisch des Bankmitarbeiters saß, tippte der plötzlich hektisch in seine Tastatur. «Was ist los?», ließ ich Amalia übersetzen. «Ich weiß nicht, was hier passiert ist», antwortete der Mitarbeiter. «Das Konto ist auf null gesetzt worden.» Ich erschrak. «Das kann nicht wahr sein. Probieren Sie es erneut.» Doch es blieb dabei. Ein Zugriff auf das Konto war nicht mehr möglich.

Ich rief noch vom Handy aus beim Präsidenten an. Das Telefon war ausgeschaltet. Am Abend erreichte ich ihn endlich.

«Mir ist ein Geschäft geplatzt, und ich musste Geld umschichten», erklärte er. «In ein paar Tagen ist das Konto wieder flüssig. Habe bitte ein wenig Geduld.» Peinlich berührt erklärte ich der Mannschaft, was passiert war. Ihnen blieb nichts anderes übrig, als zu warten.

Doch auch nach ein paar Tagen war kein Geld auf dem Konto. Immer wieder wählte ich die Nummer des Armeniers an, immer wieder flüchtete er sich in Ausreden. Erst nach einer Woche rückte er mit der Sprache heraus: «Ich muss Insolvenz anmelden», sagte er. «Das Projekt endet leider. Es tut mir leid.»

So muss es sich in etwa anfühlen, wenn der Blitz einschlägt. Einer dieser mächtigen, der eine 100 Jahre alte Eiche zu spalten vermag. Es war an der Tagesordnung, dass Vereinen in Armenien das Geld ausging und sie einfach verschwanden. Auch, dass man betrogen wurde. Doch mir war das Projekt ans Herz gewachsen, die Situation war für mich alles andere als normal. Den Spielern erging es nicht anders. Am nächsten Morgen fuhren wir nicht direkt ins Training, sondern versammelten uns im Besprechungsraum. Einige weinten, als ich sie mit der Nachricht konfrontierte, die meisten starrten nur stumm auf den Boden. Auch ich schwieg. Mir fielen keine Worte ein, mit denen ich die Situation hätte entschärfen können.

Die kommenden Tage verbrachte ich damit, neue Vereine für Spieler zu finden, die nur über wenige Kontakte verfügten. Bei der Insolvenz eines Vereins erlaubt die FIFA auch Transfers außerhalb der Wechselperioden. Es war in den wenigsten Fällen ein Problem, sie alle hatten in den vergangenen Wochen in der Region einen hervorragenden Eindruck hinterlassen. Und doch tat mir jeder einzelne dieser Anrufe in der Seele weh.

Ich selbst bekam nach ein paar Tagen ein Angebot für einen Zweijahresvertrag von Bærum SK aus der zweiten norwegischen Division. Seit ich vor einigen Jahren dort Torhüter des Jahres geworden war, genoss ich einen guten Ruf im Norden. Auch den Trainingsrückstand, den meine Managementtätigkeit verursacht hatte, hielten sie für kein Problem. Und doch konnte ich mich über das Angebot nicht so recht freuen. Nie hatte ich ein Projekt aufgebaut, das mir so sehr am Herzen lag wie der FC Betonit Ijevan.

Kurz vor meinem Abflug war das letzte Vorbereitungsspiel für die Saison angesetzt. Erst vier Spieler hatten die Villa verlassen, die ganze Mannschaft befand sich nach der schlimmen Nachricht unserer Insolvenz in einer Art Schockstarre. «Ihr werdet für dieses Spiel keinen einzigen Dollar sehen», sagte ich den Spielern in der letzten Mannschaftsbesprechung einen Tag vor dem Spiel. «Wenn ihr spielt, dann nur für euch und eure Ehre. Es steht euch frei, ob ihr kommt oder nicht.» Eine Weile war Stille. Dann sagte unser serbischer Kapitän Damir Dakic: «Trainer, wir spielen morgen nicht für Betonit, wir spielen für dich.» Einen schöneren Satz habe ich selten gehört.

Sie kamen alle. Und spielten begeisternden Fußball. Am Ende gewannen wir gegen den Erstligisten FC Shirak mit 4:0. Noch Stunden später saßen wir in der Kabine, tranken Bier und großartigen armenischen Cognac, den die Spieler mitgebracht hatten. Es gab kaum einen, der nicht weinte, melancholisch ließen wir die vergangenen Monate Revue passieren. Dieses Spiel war eines der schmerzhaftesten meiner Karriere. Der letzte Auftritt meines Betonit.

BRASILIEN – DEN LETZTEN
SCHRITT SINGEND

Irgendwann ist es genug. Der Mensch sehnt sich nach Sicherheit. Ich hatte in zwölf Ländern, auf fünf Kontinenten und bei 22 Vereinen gespielt, das Schicksal und meine Neugier hatten mich immer weiter getrieben. Jahrelang konnte ich mir kein anderes Leben vorstellen. Vielleicht wegen meiner Sehnsucht, auch die abgeschiedensten Ecken des Planeten mit eigenen Augen zu sehen. Vielleicht aber auch, weil mir das ständige Weiterziehen, das immer neue Entdecken von Menschen und Orten erst gar nicht die Möglichkeit gab, über die wirklich wichtigen Dinge des Lebens nachzudenken. Die neuen Eindrücke wirkten wie eine Sucht. Je länger ich umherzog, desto weniger konnte ich mir vorstellen, dauerhaft sesshaft zu werden.

Nun, mit 34 Jahren und der Enttäuschung von Armenien, konnte ich es. Nachdem ich einige Monate in Norwegen gespielt hatte, verpflichteten mich die Vancouver Whitecaps mitten in der nordamerikanischen Saison. Ich unterzeichnete einen Vertrag bis zum Saisonende und mit der Möglichkeit, für ein Jahr zu verlängern. Der Verein bot mir an, danach das Torwarttraining zu übernehmen – es war eine Art Rentenvertrag. Vancouver zählte zu den schönsten Städten, die ich gesehen hatte, und die Whitecaps waren ein hervorragend geführter Verein.

Ich flog direkt von Oslo in die USA, wo der Verein zu einem Auswärtsspiel bei Charleston Battery antrat und ich dazustoßen sollte. Mich erwartete ein anstrengendes Programm. Am Abend zuvor hatte ich noch für Bærum bei einem Pokalspiel gegen Lillestrøm SK im Tor gestanden, übermüdet packte ich meine Sachen. Als wir uns Amerika näherten, geriet das Flugzeug in heftige Turbulenzen, ein Hurrikan spielte mit der Maschine wie ein Kind mit seinem Jo-Jo. Und doch hatte ich im Flugzeug das erste Mal in meiner Karriere das beruhigende und warme Gefühl, in meine neue Heimat zu fliegen.

Ungewohnt ruhig ließ ich das Chaos am katastrophalen John-F.-Kennedy-Flughafen in New York über mich ergehen. Generell zählt er zu den chaotischsten, die ich kenne. Doch durch den Sturm dauerte es sechs Stunden, bis ich meine Papiere hatte. Mein Anschlussflug nach Charleston war längst gestrichen. So konnte ich erst am nächsten Morgen in den Bundesstaat North Carolina weiterfliegen. Pünktlich zum Anpfiff war ich da und lernte direkt die Qualitäten von Bob Lilley kennen, dem schlechtesten Trainer meiner Karriere. Er setzte mich sofort auf die Bank – sie hatten erst gar keinen Ersatztorhüter mitgenommen, schließlich würde ich ja kommen. Nach dem Reisemarathon schlief ich zweimal auf der Bank ein, während Lilley von der Seitenlinie aus die Spieler beschimpfte. Er hätte das Organ eines Elefanten haben können – auch dann wäre ich nicht aufgewacht.

Obwohl der Start anstrengend war, schien sich das Leben in Kanada auf idyllische Weise zu entwickeln. Etwas, das ich nicht gewohnt war. Die Whitecaps stellten Amalia und mir ein schönes Apartment im sechsten Stock eines modernen Wohnkomplexes zur Verfügung, wir bekamen einen neuen Geländewagen als Dienstfahrzeug, und der Besitzer des Vereins lud uns an trainingsfreien Tagen zum Golfen ein. Ich hatte allen Grund, glücklich zu sein.

Doch ich begann zu grübeln, wie meistens, wenn Ruhe in mein Leben einkehrte. Meine Karriere war anders verlaufen, als ich mir das 1993 vorgestellt hatte. Nicht schlechter. Nicht besser. Aber anders. Ich hatte nie in einer großen Liga Fuß gefasst, ich war auch nicht reich geworden. Selbst der Traum meiner Jugend hatte sich nicht ganz erfüllt: Anders als Ratko Svilar übertrug Eurosport keine Spiele von mir, zumindest in Deutschland fieberten keine kleinen Jungs nachts heimlich vor dem Fernseher mit mir mit.

Aber ich hatte es trotzdem irgendwie geschafft, viele Menschen mit meinen Reisen zu inspirieren. Immer wieder bekam ich Post von Fans, die irgendwie meine Post- oder E-Mail-Adresse herausgefunden hatten und mir bewegende Briefe schrieben. Immer wieder schrieben Journalisten meine Geschichte auf und berichteten mir von vielen, vielen Leserbriefen, nachdem der Beitrag erschienen war. Immer wieder überlegte ich, woran das lag, schließlich hatte ich zwar große Spiele erlebt, aber oft genug vor nicht mehr als ein paar hundert Zuschauern gespielt. Vielleicht lag es daran, dass mich dieser Sport besitzt. Er hat mehr Kontrolle über mich als ich selbst. Amalia wachte nachts manchmal erschrocken auf, wenn ich neben ihr lag. Dann machte ich im Schlaf Paraden und wehrte Bälle ab. Ich drehte mich abrupt zu ihr um, und wenn ich im Schlaf einen Ball aus dem Winkel holen wollte, kam ich mit der Hand an ihren Kopf, sodass sie aufwachte. «Es ist gefährlich, neben dir zu schlafen», sagte sie oft.

Ich bin vielleicht der Gegenpol zu den mediengeschulten Profis der Bundesliga mit ihren gleichermaßen durchgeplanten wie langweiligen Karrieren. Sie gewinnen Titel und verdienen Millionen, aber wecken keine Emotionen, die über die Inszenierung von Bundesliga und Champions League hinausgehen. Sie schaffen nur noch selten Träume in den Köpfen der Fans. Das ist mir mit den Höhen und Tiefen meines Lebens offenbar einige Male gelungen.

Während ich mich in Kanada in meinem geregelten Leben einrichtete, wurde mir allmählich bewusst, dass ich meine Karriere nicht tauschen würde gegen die einiger Nationalspieler. Immer wieder hatte ich beobachtet, wie Arroganz proportional mit dem Bankkonto gewachsen war. Ich war stolz auf meine Karriere. Sie hatte es mir ermöglicht, einige der interessantesten Menschen und Orte der Welt kennenzulernen und den Fußball von Seiten zu erleben wie kaum einer zuvor. Wenn ich still daliege, höre ich die Vuvuzela-Trompeten Südafrikas, als würde ich immer noch bei den Orlando Pirates spielen. Wenn mich der Stadionsprecher von Bradford auf der Tribüne als den «Mann, der für uns gestorben ist» begrüßt, weckt das Emotionen in mir, die kein Titel hervorrufen könnte. Zu den Menschen, die mich nach meiner schweren Zeit in Singapur wiederaufgebaut haben, sind tiefe Freundschaften entstanden, die bis an mein Lebensende Bestand haben werden. In diesen Wochen wurde mir der Wert meiner Karriere erstmals wirklich bewusst.

Und gleichzeitig wehrte ich derartige Gedanken ab. Du sitzt hier auf deiner Terrasse und sinnierst wie ein alter Mann, dachte ich. So positiv ich mir die Vergangenheit auch ausmalte, sosehr spürte ich, wie dieser Keim der Unzufriedenheit, diese Unruhe in mir noch immer da war. Sie hatte mich all die Jahre begleitet, sich kurz versteckt, aber mich noch immer nicht verlassen. Manchmal wurde die Sehnsucht nach dem Neuen geringer, weniger fordernd. Einige Male hatte ich sogar kurz das Gefühl, sie sei verschwunden. Doch eigentlich wusste ich, dass sie immer da war und immer da sein würde. Wie ein Virus, der von den Zellen meines Körpers Besitz ergriffen hatte, sich lediglich mal mehr, mal weniger zeigte – ohne je zu gehen. Und insgeheim mochte ich diesen Virus.

Es bedurfte nicht viel, um ihn mit all seiner Stärke zu reaktivieren. Ein Anruf genügte. Immer wieder hatte in den Wochen vor meinem Wechsel nach Kanada mein deutscher Berater Joakim Olsen auf mich eingeredet und mir eingetrichtert, dass mir nur noch ein winziger Schritt zu einem Weltrekord fehle. Er arbeitete eng mit dem deutschen Spieleragenten Peter Vogler zusammen, der in Rio de Janeiro wohnte. «Der kriegt dich locker bei einem Verein unter», lockte Olsen.

Seit 1993 hatte ich Profifußball in Europa, Asien, Afrika, Ozeanien und Nordamerika gespielt, fünf Kontinente. Noch nie hatte ein Profi auf allen sechs Kontinentalverbänden des Weltverbandes FIFA unter Vertrag gestanden, mir fehlte nur noch Südamerika. Dieser Rekord war für mich nie ein bewusstes Ziel gewesen, mir ging es während meiner Karriere um die Reise und das Erleben selbst. Um das Leben und Leiden mit dem Fußball, das mich eher zufällig quer über den Globus geführt hatte.

Ich hatte mich für Kanada entschieden, doch mit jedem Tag in der Idylle Vancouvers bedauerte ich diesen Schritt insgeheim mehr. Mit meinen 34 Jahren, das war mir klar, blieb mir nicht mehr viel Zeit, bevor brasilianische Profivereine ihr Interesse an mir verlieren würden.

Nach vier Monaten stellte mich Vogler auf eine Probe, die ich nicht bestehen konnte. Er habe einen Kontakt mit dem Erstligaaufsteiger Macaé Esporte FC im Bundesstaat Rio de Janeiro hergestellt. Der Besitzer des Vereins hatte von mir gehört – auch portugiesischsprachige Fußballmagazine hatten Porträts von mir veröffentlicht. Der Verein trauerte noch den verpassten Chancen der Vorsaison hinterher, die er unter anderem seinem schwachen Torhüter zu verdanken hatte. Das war mein Glück: Macaé wollte mich sofort verpflichten. In einem Monat, dämmerte es mir, könnte ich auf dem letzten noch fehlenden Kontinent spielen. Da war er wieder, der Virus, dieses Fernweh, das mein Bedürfnis nach Sicherheit ganz schnell zur Seite schob. Ich sagte, ich werde alles versuchen.

In Vancouver war man wenig begeistert von meinen Plänen, schließlich hatte sich der Verein finanziell weit aus dem Fenster gelehnt, um meinen Transfer zu realisieren. Nach langen Diskussionen stimmten sie aber schließlich zu und erteilten mir die Freigabe. «Weißt du eigentlich, was du für diese Narrenidee aufgibst?», fragte mich der Manager und meinte damit nicht nur die paradiesischen Zustände in Vancouver.

Der brasilianische Profifußball genießt einen zweifelhaften

Ruf. Die wenigsten Vereine zahlen die Gehälter pünktlich, und Fußballprofis müssen auf jede Privatsphäre verzichten. In diesen Tagen bestimmte ein vermeintlicher Skandal um den ehemaligen Weltfußballer Ronaldo die Schlagzeilen. Er hatte sich in einem Club in Rio de Janeiro betrunken. Im Hotel zogen ihn dann drei vermeintliche Schönheiten in ein Zimmer, rissen ihm die Klamotten vom Leib und ließen sich mit ihm fotografieren. Es waren drei Transsexuelle. Sie wurden, so erfuhr ich später, von der Presse für die Inszenierung hoch bezahlt. Selbst in deutschen Medien war über Wochen von einem Sex-Skandal um Ronaldo die Rede. Aber das scherte mich nicht, ich hatte im Laufe meiner Karriere in ganz anderen Ländern gespielt. «Ja, ich weiß, was ich aufgebe», antwortete ich dem Manager, «aber ich kann nicht anders.»

Doch worauf man sich einlässt, realisiert man immer erst vor Ort. Langsam steuerte mein Fahrer, er hieß André, das Auto von Rio de Janeiro in die 180 Kilometer entfernte Ölstadt Macaé. Immer enger wurden die Straßen, immer dichter standen die kleinen Häuser beieinander. «Die Gegend ist nicht so schlecht», sagte er, ohne dass ich ihn danach gefragt hatte. Er hatte den Auftrag, mir die Unterkunft zu zeigen, in der mich der Verein unterbringen wollte.

André hielt vor einem kleinen Steinhaus, es lag mitten in einer Favela von Macaé. Die Armenviertel der Stadt verdanken ihren Namen der gleichnamigen brasilianischen Kletterpflanze, beide siedeln sich am Berg an und breiten sich immer weiter nach oben aus. Die meisten wohnen illegal hier, viele dieser Viertel werden von Drogenbossen kontrolliert. Wütend ging ich durch das Haus, in dessen Küche einige Schrankwände fehlten und die Isolation so schlecht war, dass man jedes Wort von der Straße hören konnte. Der Präsident von Macaé hatte mir ein Haus am Strand versprochen. Offenbar war er nach der Taktik vorgegangen, mich vor vollendete Tatsachen zu stellen, sobald ich in Brasilien angekommen war.

Denn an die Absprachen konnte er sich bei unserem ersten Treffen am Nachmittag nicht mehr erinnern. Er war ein kleiner Mann, der weder schreiben noch lesen konnte – was ihn nicht davon abhielt, ein recht einflussreicher Politiker in der Stadt zu sein. Ich war der erste europäische Ausländer, der jemals von seinem Verein verpflichtet worden war, und er hatte keine Ahnung, wie er die notwendigen bürokratischen Schritte einleiten sollte, damit ich hier spielen konnte. Normalerweise lief es umgekehrt. Für rund 100 Millionen Euro werden die begehrten brasilianischen Talente in alle Welt verkauft, knapp tausend sind es jedes Jahr. Sie sind die wahren Botschafter ihres Landes. Spieler wie Ronaldinho vom AC Mailand nehmen meistens erst beim Transfer ins Ausland ihre klingenden Namen an, sie benennen sich nach der Gegend, in der sie aufgewachsen sind. Der Nachschub für die heimische Profiliga ist endlos. Jedes Jahr werden die Vereine durch die Transfers komplett umgekrempelt und treten doch mit gleicher Stärke wieder an – kein Land der Welt bringt so viele Talente hervor.

Es gibt genügend Beispiele von brasilianischen Fußballspielern, die von Vereinen oder Spielerberatern betrogen wurden. Vor einigen Jahren hausten einmal sieben junge Brasilianer mehrere Tage am Frankfurter Flughafen. In einer kleinen europäischen Liga waren ihnen 3000 Euro Monatsgage versprochen worden, die Eltern verkauften Hab und Gut, um das One-Way-Ticket zu bezahlen. Doch der Verein überlegte es sich spontan anders und holte die mittellosen Spieler einfach nicht am Flughafen ab. Besonders Griechenland und die Türkei gelten in dieser Hinsicht als korrupte Ligen. Brasilianische Spieler haben schon komplette Existenzen aufgegeben, nur um vor Ort festzustellen, dass sie mit einem Bruchteil des Versprochenen abgespeist werden sollten.

Nun machte ich die gleiche Erfahrung in der Heimat dieser geprellten Spieler. Ich legte dem Präsidenten ein Formular vor, das ich für meine Arbeitserlaubnis brauchte. Seinen Namen konnte der Mann schreiben, aber er zögerte dennoch. Er stecke mitten im Wahlkampf. «Wenn ich das jetzt unterschreibe und du Ärger machst, dann riskiere ich meine politische Karriere.» Nicht einmal das Flugticket nach Brasilien wollte er nun wie eine Woche zuvor noch zugesagt bezahlen. So ging das immer weiter. Der Vorvertrag war unterschrieben, doch vor der Unterzeichnung des eigentlichen Vertrages wolle er noch einmal über die Gehaltshöhe reden. Dass der Verein wie viele in der Liga einen Großteil der Löhne bar als Schwarzgeld auszahlte, war ohnehin jedem in Brasilien bewusst. Diese Praxis wird seit jeher von der Politik geduldet – mit dem Fußball kann sich in diesem Land kein vom Volk gewählter Mensch anlegen.

Ich übernachtete in einem Hotel. Wütend hatte ich dem Präsidenten gedroht, mich über seinen Verein bei der FIFA zu beschweren. Doch was sollte das bringen? Meine Situation würde es nicht verbessern. Mir hatte dieses eine Treffen gereicht, um zu realisieren, dass ich mich nach Alternativen umschauen musste.

Ein paar Tage verbrachte ich beim Erstligisten Gama in der Nähe der Hauptstadt Brasilia, doch da waren die Verhältnisse nicht weniger chaotisch als bei Macaé. Ich hätte hier schon aus finanziellen Gründen nicht unterschreiben können, Gama konnte seinen Spielern oft nicht mehr als ein paar hundert Euro pro Monat bezahlen – für ein so geringes Gehalt hatte ich zu wenig Rücklagen, noch immer hatte ich den sechsstelligen Schuldenberg für Anwalts- und Gerichtskosten in Singapur nicht ganz abgetragen.

Mehrere Wochen dauerte meine Suche nach einem neuen Verein. Und so verbrachte ich viele Stunden auf der Straße – die eine Hälfte des Tages war ich im Büro meines Beraters Vogler, danach fuhr ich schnell in die Stadt, wo mich einer der Vereine mittrainieren ließ. Das Verkehrschaos in den brasilianischen Großstädten ist katastrophal – die einzige Chance, zügig in die Städte zu kommen, sind die überfüllten öffentlichen Verkehrsbusse. Für sie ist auf den Autobahnen nach Rio eine eigene Spur reserviert.

Ich setzte mich an einen Fensterplatz im hinteren Drittel des Busses, auf meinen Schoß hatte ich die Sporttasche gestellt. Je mehr wir uns der Stadt näherten, umso voller wurde der Bus. Ein junger Mann setzte sich neben mich, in der Hand hielt er eine Tüte mit Erdnüssen. Nach ein paar Minuten sprach er mich leise auf Portugiesisch an. Mir hatten in Brasilien schon zahllose Menschen Dinge zum Verkauf angeboten: Drogen, Früchte, Frauen und oft genug auch Erdnüsse. «Danke, ich brauche nichts», sagte ich auch diesmal. Doch der Mann ließ nicht locker und redete weiter auf mich ein. Ich schüttelte stur den Kopf, bis er plötzlich hektisch an einer Haltestelle ausstieg.

Zwei Reihen hinter mir saß eine Amerikanerin, die sich nun zu mir vorbeugte. Bleich sah sie aus. «Sie sind gerade überfallen worden und haben es nicht gemerkt», sagte sie. Seit Jahren lebte sie in Brasilien und hatte verstanden, was der vermeintliche Erdnussverkäufer gesagt hatte. Er habe eine Waffe in seiner Jackentasche und wolle mein Handy und meine Geldbörse haben. Auf diese Weise passieren in Rio täglich Dutzende Überfälle. In den engen Bussen bleibt den Opfern keine Fluchtmöglichkeit. Die Täter sprechen ihre Opfer in einem Tonfall an, als unterhielten sie sich über das Wetter. Selbst wenn andere Fahrgäste mitbekommen, was sich da neben ihnen abspielt, sind sie meistens zu verängstigt, um etwas zu sagen. Ich hatte in Brasilien nicht immer Glück – in diesem Moment aber hatten alle meine Schutzengel den Bus nach Rio genommen.

Ich bin nicht der Typ, den ein solches Erlebnis lange aufwühlt. Was mich dagegen wirklich belastet, ist eine Zeit ohne Verein. Dennoch versuchte ich, auch die positiven Seiten des Lebens in Brasilien zu genießen. Weihnachten verbrachte ich mit Amalia sowie Waisenkindern und mittellosen Menschen in einer der härtesten Favelas in Rio de Janeiro. Wir brachten Schokolade mit und erlebten einen Abend voller Lebensfreude.

Die Menschen wollten zusammen Spaß haben, und es spielte keine Rolle, ob sie die gleiche Sprache wie wir sprachen oder nicht.

Dann endlich kam das Angebot, auf das ich gewartet hatte. Im Süden war Atletico Hermann Aichinger Ibirama auf mich aufmerksam geworden, einer der größten Vereine im Bundesstaat Santa Catarina. Es war vielleicht die europäischste Gegend Südamerikas, hier hatten sich viele Menschen mit deutschen und italienischen Wurzeln niedergelassen. In der nahe gelegenen Stadt Blumenau fand sogar jedes Jahr ein großes Oktoberfest statt, das in ganz Brasilien bekannt war.

Ich merke schnell, ob es ein Mensch mit mir aufrichtig meint oder nicht. Nach fünf Minuten, die ich auf dem Vereinsgelände verbracht hatte, war ich mir sicher, dass mir mein Weltrekord nun doch noch gelingen würde. Der Club war mitten zwischen kleinen Wäldern gelegen, der Fußballplatz eingebettet in ein einziges Grün. Ich sagte sofort zu, und in der idyllischen Abgeschiedenheit Ibiramas vergaß ich den Ärger von Rio de Janeiro schnell.

Kaum hatte ich einen Halbjahresvertrag bis zum Ende der Regionalmeisterschaft unterschrieben, begann ein ungewohnter Trubel in dem kleinen Verein. Noch nie hatte ein Deutscher in Brasilien Profifußball gespielt, und auch die Kunde meines anstehenden Weltrekords sprach sich herum. Der beschauliche Alltag war nun vorbei. Jeden Tag kamen Fernsehteams vorbei. Der größte brasilianische Sender Globo drehte ein langes Porträt, und auch aus Deutschland reisten Journalisten an. Genesio Ayres Marchetti, der Vizepräsident des Vereins, formulierte es gegenüber einem Reporter der ARD ein bisschen pathetisch: «Lutz hat den Vorhang der Weltöffentlichkeit aufgemacht für unseren Verein.» Meinen Nachnamen vermied er. Den konnte in Brasilien keiner aussprechen.

Zum vierten Mal in meinem Leben riefen mich ununterbrochen Journalisten an. Im Vergleich zu meiner Haft in Singapur, meinem Unfall in Bradford und der kuriosen Geschichte mit dem gestohlenen Torwarttrikot in Neuseeland gab es allerdings einen gewaltigen Unterschied: Zum ersten Mal war ich wirklich stolz auf den Anlass.

Doch es dauerte einige quälende Wochen, bis ich endlich mein erstes Spiel machen konnte. Gleich in einer meiner ersten Trainingseinheiten hatte ich mir einen Kapselriss in einem Finger zugezogen. Zudem bewies die brasilianische Bürokratie bei der Bearbeitung meiner Arbeitserlaubnis einige Ausdauer. Und so schaute ich beim ersten Heimspiel nur von der Tribüne aus zu. Für 8000 Zuschauer war das Stadion konzipiert, aber in Brasilien ist das nicht mehr als graue Theorie. Es zählt, wie viele reinpassen, und das waren mindestens 12000. Die Fans saßen auf dem Dach, auf Mauern, sie drängelten sich zu zweit auf den Sitzen. Offen trugen sie ihre bengalischen Feuer durch die Tore, Eingangskontrollen gab es nicht. Man hätte hier ohne Probleme eine Atombombe mitbringen können, und keiner hätte etwas gesagt. Ein ohrenbetäubender, großartiger Lärm ging von dieser Menge aus.

Direkt hinter der Haupttribüne begann der Dschungel. Der Präsident erzählte mir, dass sich durch den Lärm viele Tiere gestört fühlten. Besonders Affen würden darauf aggressiv reagieren. «Ein besonders großer ist schon mehrfach aus dem Dschungel gekommen. Dann sitzt er auf einem Baum hinter dem Stadion und fängt an zu schreien. Das übertönt alles.» Er habe vor einiger Zeit schon einmal einen Zuschauer angefallen, ohne dass der allerdings nennenswert verletzt worden wäre.

Nach ein paar Tagen hatte ich mich von meinem Kapselriss erholt und stieg wieder ins Training ein. Wir verbrachten mindestens acht Stunden auf dem Trainingsgelände, und wäre da nicht diese chronisch gute Laune der Brasilianer, könnte man von Drill sprechen. Etwas später wurde Jürgen Klinsmann beim FC Bayern für die Einführung des Achtstundentages bewundert – hier war das längst Normalität, wie bei den meisten

Berufen dieser Welt. Diese Trainingseinheiten gehörten zu den härtesten meiner Karriere, so intensiv wie in Brasilien wird – entgegen dem Klischee – nirgends am Torwartspiel gefeilt.

Inmitten einer dieser mörderischen Einheiten sah ich den Affen selbst. Er näherte sich rasend schnell aus einem Wald, nur 100 Meter entfernt vom Trainingsplatz. Muskulös war er und an die zwei Meter groß. «Alle in die Kabine», rief der Trainer, und wir liefen los. Nach einer Viertelstunde war er verschwunden. Es blieb bei gelegentlichen Demonstrationen des Tieres gegen den Lieblingssport des Menschen. Da er nie jemanden verletzte, verzichteten die Behörden darauf, ihn zu jagen.

Zwei Wochen war ich nun bei Ibirama. Nach und nach lernte ich die anderen Spieler kennen. Bis dahin hatte ich mein Leben als nicht immer einfach erlebt, doch im Vergleich zu den Lebensläufen dieser Jungs war es geradezu idyllisch gewesen. Sie alle waren in den Favelas aufgewachsen, sechs aus Rio de Janeiro, vier aus São Paulo. In Ibirama selbst war niemand aufgewachsen. «Ohne den Fußball wäre ich längst tot», sagte mir ein Spieler namens Douglas einmal. Während seiner Jugend in Rio hatte er genau zwei Dinge gemacht: Fußball gespielt und Drogen verkauft. Für Schule blieb kein Platz mehr. Inzwischen hatte ihn der Fußball zu einem gutverdienenden Mann gemacht, nur in der Umkleidekabine waren die Narben dieser Zeit noch zu sehen. Er hatte in seiner Jugend während einer Schießerei mehrere Kugeln in den Bauch abbekommen. Er sprach nicht viel darüber, aber jeder wusste, dass er zu den Drogenbossen in Rio noch immer einen guten Draht hatte. Längst hätte er seinen Eltern ein großes Haus in einem edlen Stadtviertel von Rio finanzieren können. «Sie wollen nicht weg», erzählte er. «Warum sollten sie auch, wenn es ihnen gefällt?» Viele Familien leben seit Jahrzehnten in den gleichen Vierteln, und selbst wenn einer der Söhne zu Wohlstand kommt, bleiben sie dort wohnen.

Ich praktiziere seit Beginn meiner Karriere vor jedem Spiel die gleichen Rituale, die mir die Nervosität nehmen. Vor dem

Anpfiff betrete ich den Rasen zuerst mit dem linken Fuß, genauso wie ich zuerst den linken Schienbeinschoner anlege. Zweimal bete ich das Vaterunser vor dem Anpfiff, das hilft. Doch diesmal war ich nervös wie lange nicht mehr. Wir waren mit dem Bus zum Auswärtsspiel nach Jaraguá do Sul gereist. 20 000 Brasilianer sorgten für jene chaotische Lebensfreude, die den Fußball in diesem Land ausmacht. Sie tanzten in der Schwüle dieses Sonntagnachmittags auf der Tribüne und brannten Dutzende Feuerwerkskörper ab. Die wenigsten von ihnen wussten von meinem Weltrekord, aber ich redete mir ein, dass sie sich mit mir freuten.

Der Torwarttrainer schoss ein paar Bälle auf mein Tor, während die Feldspieler sich vor mir warm machten. Tausende Male hatte ich das schon erlebt, es war mein Alltag. Doch dieser Moment brannte sich in meinen Kopf ein. Ich war in meinem Leben mehrere Millionen Kilometer für den Fußball gereist, 15 Jahre lang. In diesem Moment hatte ich das Gefühl anzukommen. Mir schossen Bilder meiner Kindheit durch den Kopf, der Nachmittag, an dem ich mit meinem Kumpel Tobias Probst geschworen hatte, eines Tages in Brasilien zu spielen. Ein Vierteljahrhundert später war es nun tatsächlich so weit.

Das Spiel begann, und ich spürte einen großen Stolz in mir. Mich hatte es nie interessiert, was andere über mich sagten oder wie sie meine Karriere beurteilten. In diesem Moment aber war ich zufrieden mit dem, was der Fußball mir alles gegeben hatte, trotz allem Schmerz und aller Entbehrungen. Und ich bildete mir ein, dass ich mit meiner wechselhaften Karriere diesem Sport, der das Leben so zu spiegeln vermag, einen Teil seiner Faszination zurückgegeben hatte.

Viel Zeit für solche Gedanken blieb mir während der 90 Minuten allerdings nicht. Während die Nationalmannschaft längst taktisch modernen Fußball praktiziert, stimmt in der brasilianischen Regionalmeisterschaft das Klischee noch, nach dem in Südamerika wenig Wert auf Abwehrarbeit gelegt wird. Angriff auf Angriff rollte auf mich zu. Ich musste hochkonzentriert bleiben, in dieser Partie durfte ich mir keinen Patzer erlauben. Das gelang mir, auch wenn wir mit 0:1 verloren. Der übertragende TV-Sender kürte mich zum Spieler des Tages.

Normalerweise bin ich nach Niederlagen mindestens zwei Tage lang schlecht drauf, so war es seit meiner Jugend. Diesmal war es anders, schon Minuten nach dem Abpfiff. Die Zufriedenheit wollte einfach nicht weichen. Meine Mitspieler spürten, dass dieser Sonntag ein besonderer Tag für mich war. Auf dem Rückweg nach Ibirama holte einer eine Kühltruhe mit Bierflaschen hervor. Zwei hatten Trommeln dabei, und sie begannen zu singen. Andere hatten Sand und Steinchen in leere Plastikflaschen gefüllt und begleiteten die Musik. Ein paar standen von ihren Sitzen auf und tanzten im Gang des Busses. Sie sangen eigentlich immer, in der Kabine, vor und nach dem Training, im Bus. Ich habe davon noch heute Videobilder auf meinem Handy, sie sind meine beste Waffe gegen schlechte Laune. Bisher war ich meistens damit davongekommen, dass man mir eine Trommel in die Hand gedrückt hatte und ich das Ganze begleitete. Nun musste auch ich mitsingen. «Alemão, Alemão», riefen sie immer wieder, bis ich endlich einstimmte und mittanzte. Ich hatte ein paar Brocken Portugiesisch gelernt, man hat keine andere Wahl in diesem Land – und es reichte für diese brasilianischen Volkslieder. Wir tanzten und sangen die komplette Fahrt hindurch.

Gäbe es im Leben eine Möglichkeit, einen Moment einzufrieren, ihn in der Endlosschleife bis zum Tod immer wieder zu wiederholen, ich hätte mich für diese beiden Stunden in einem klapprigen Bus entschieden. Auch wenn ich singe, wie ich lebe: auf meine Weise.

EPILOG
«EIN GROSSES ZIEL –
FÜR UNS ALLE»

«Keine Schuhe» steht auf dem Linoleumflur von Greenpeace Norwegen geschrieben, die Buchstaben mit Papierklebeband geformt, dahinter eine gerade Linie. Klare Botschaft: bis hierhin und nicht weiter mit den schneeverschmierten Schuhen, dem Dreck dieser Welt. Also Schuhe aus, der Dreck bleibt draußen.

Frieder trägt dicke Baumwollsocken. Truls Gulowsen komme gleich, der sei noch am Telefon. Ob er uns inzwischen einen Kaffee anbieten dürfe, «den stärksten des nördlichen Europa»? Gerne. Wir blicken uns um. Der Raum ist vielleicht 30 Quadratmeter groß und Besprechungsraum, Lager, Umkleide und Küche in einem. In einer Ecke steht eine mobile Dusche, daneben ein offener Schrank mit einem Dutzend Anoraks.

Auch Truls Gulowsen trägt graue, dicke Baumwollsocken. «Entschuldigt die Verspätung. Schön, dass wir uns kennenlernen», sagt er. Gulowsen leitet Greenpeace Norwegen, der drahtige Mann mit den jugendlichen Gesichtszügen ist einer der führenden Meeresexperten des Landes. Er weiß, wie man auf Missstände aufmerksam macht. Und er will uns helfen.

Ich kann mich noch gut daran erinnern, für wie verrückt mich die Menschen erklärten, als ich vor einigen Jahren das erste Mal von meiner Idee erzählte: einem Benefizspiel in der Antarktis mit aktuellen und ehemaligen Fußballstars. Ich fand, es war für uns an der Zeit, ein Zeichen gegen die Klimaerwärmung zu setzen.

Ausgerechnet, sagten die Leute. Wir Profis gehören sicherlich nicht zu den Bewahrern dieses Planeten. Ich selbst bin in meinem Leben unzählige Male um den Globus geflogen. Der Stadionbau ist immer wieder eine Belastung für die Natur. Und gäbe es ohne uns überhaupt Benzinschleudern wie den Hummer-Geländewagen? In dieses überdimensionale Auto, das zum Beispiel Nationalspieler Torsten Frings fährt, kann man das Benzin gar nicht so schnell schütten, wie es verbrannt wird. Wie dramatisch würde der Absatz deutscher Luxus-Autofirmen und Tankstellen einbrechen, gäbe es keine Fußballprofis? Die Bundesregierung müsste einige Rettungspakete schnüren, so viel ist klar. Kurz: Es gibt umweltfreundlichere Berufe. Und uns haftet nicht gerade das Image an, damit ein großes Problem zu haben.

Und doch hat mich dieses Thema über die Jahre immer wieder beschäftigt. Wer eine Weile durch die Gegend reist, der muss nur seine Augen aufmachen, um zu erkennen, was derzeit passiert. Besonders deutlich wurde mir das in Norwegen, wo ich viermal in meiner Karriere gespielt und mich so wohl wie nirgends gefühlt habe. Das Land hat eine herausragende Lebensqualität. Normalerweise bekommen Fußballprofis vom Verein ein Auto gestellt. Während meines Engagements im Ferienparadies Flekkerøy stellte mir der Verein neben einem malerischen Haus am Ufer auch noch ein Fischerboot zur Verfügung. Es bedarf einiger Anstrengung, mich zur Ruhe zu bringen – doch ein paar Stunden auf diesem Holzkahn machen mich zum ausgeglichensten Menschen auf Erden. Es zieht mich immer wieder dorthin zurück. Ich könnte mir schwer vorstellen, im Norden des Landes zu wohnen, wo in einigen Gegenden monatelang die Sonne nicht zu sehen ist. Keiner will das, die Regierung versucht mit Steuerbefreiungen Menschen in Gebiete wie die Insel Spitzbergen zu locken. Aber Oslo? Jederzeit wieder, gerne auch für immer. Im Jahr 2009 unterschrieb ich hier erneut einen Vertrag in der zweiten norwegischen Division bei Manglerud, wo ich auch im Trainerstab und Management Aufgaben übernahm.

In meinem letzten Leben muss ich ein Wikinger gewesen sein – in keinem anderen Land gelingt es mir, so gut meine Leistung abzurufen. In keinem anderen Land treffe ich so viele nette Menschen. Und in keinem anderen Land genieße ich die

Natur so wie dort. Klimaforscher sagen voraus, dass die 1600 Gletscher des Landes innerhalb der kommenden 100 Jahre alle schmelzen könnten. Die Folge wären Wassermangel im Sommer und Energienotstand, da das Land vor allem Wasserkraft nutzt. Auch der Bestand der Nager wird immer kleiner, unzählige Tiere sind betroffen.

Ähnlich ist die Situation in Neuseeland, besonders auf der Südinsel, wo ich gespielt habe. Innerhalb der letzten 30 Jahre haben die gewaltigen 50 Gletscher fast 20 Prozent ihrer Masse verloren, es sind noch gut 40 Kubikkilometer übrig. Sie bieten unabhängig von ihrer ökologischen Faszination ein gigantisches Naturschauspiel. Ich habe selten etwas so Schönes wie den Mount Cook mit seinen fast 4000 Metern Höhe gesehen.

Die Auswirkungen der Klimakatastrophe sind an fast jedem Ort zu spüren, an dem ich unter Vertrag stand. In Asien ist der Aralsee wegen Austrocknung inzwischen in mehrere Teile zerfallen. Als ich ihn sah, dachte ich an eine Mondlandschaft. Bei Spielen auf den Malediven bekam ich mit, wie bei Stürmen ganze Inselteile untergingen. Oder Kanada. Dort leben etwa zwei Drittel der 25 000 Eisbären weltweit. Sie ernähren sich von Robben, die sie allerdings nur fangen können, wenn diese kurz zum Luftschnappen in einem Eisloch auftauchen. Die Hudson Bay ist aber nur noch wenige Monate im Jahr zugefroren, die Zeit verkürzt sich immer mehr, in den vergangenen 20 Jahren um drei Wochen. Und so hungern die Eisbären, und ihr Bestand verringert sich zunehmend. Diese Liste ließe sich unendlich fortführen.

Als ich das Projekt mit dem ehemaligen norwegischen Nationalspieler Tommy Stenersen bei Greenpeace vorstellte, war ich längst über den Punkt hinweg, ausgelacht zu werden. Die Erfahrungen der Vormonate hatten mich und meine Partner in diesem Projekt gelehrt, dass viele Klischees einfach nicht stimmten. Unermüdlich hatten wir Fußballprofis kontaktiert. Einige kannte ich, einige nicht. Ich besorgte mir die Nummern von Spielern wie Maradona oder Beckham, auch wenn ihr Mitwirken noch so utopisch klang. Und einer nach dem anderen erklärte sich bereit mitzumachen: Solskjær aus Norwegen, Balakov aus Bulgarien, Soldo aus Kroatien, Töfting aus Dänemark, Oliseh aus Nigeria, Elber aus Brasilien und die argentinische Torwartlegende Ubaldo Fillol. Aus Deutschland sagten ehemalige Nationalspieler wie Lothar Matthäus, Fredi Bobic, Jörg Heinrich und Marko Rehmer spontan zu.

Ich lasse keinen Trick aus, um auch die ganz großen Namen für das Projekt zu gewinnen. Maradona zum Beispiel. Ich war überrascht, wie leicht es war, ihn in Buenos Aires deswegen zu treffen. Es bedurfte lediglich einiger Telefonate ehemaliger argentinischer Mitspieler. Doch kaum saß ich ihm gegenüber, gerieten die Verhandlungen ins Stocken, er hatte sich offenbar mehr Entschädigung erhofft als die Übernahme der Reisekosten. Doch Geld wollen wir niemandem bezahlen, auch nicht Zinedine Zidane oder David Beckham, um die wir uns ebenfalls bemühen – der Antrieb muss von den Spielern selbst kommen. Nun nutzte ich meine Kontakte nach Kuba, wo ich im Jahr 2008 für den damaligen Nationaltrainer Reinhold Fanz die Torwarte geschult hatte. Ich erinnerte mich, dass Maradona auf der kommunistischen Insel einige Entziehungskuren gemacht hatte, und setzte einige kubanische Funktionäre darauf an, über die Regierung noch einmal auf Maradona zuzugehen. Mit Erfolg: Nach jetzigem Stand hat er versprochen, bei mindestens einem Spiel mitzuwirken.

Denn wir werden bis 2013 jedes halbe Jahr, möglichst in den Spielpausen der großen Ligen, in immer wechselnden Besetzungen antreten. In Tansania, Australien, Nepal, am Amazonas und in Seattle. Auf allen Kontinenten soll mindestens ein Spiel stattfinden.

Die größte Aufmerksamkeit wird aber wohl die Partie auf King George Island erzeugen. Sie ist die größte der Südlichen Shetlandinseln, 120 Kilometer vor der Küste der Antarktis. Dort ist bereits polares Gebiet mit vielen Forschungsstationen, und es eignen sich nur wenige Wochen im Jahr für ein Fußballspiel. Wir treten auf dem Flughafengelände an, weil die Landebahn ungefähr so breit ist wie ein Fußballplatz. Das Spiel muss im Dezember stattfinden, dem arktischen Sommer. Die Temperaturen erreichen dann zwei bis sieben Grad und ermöglichen eine Fußballpartie.

Wir werden dort keine Zuschauer haben, wichtiger als das Spiel ist der Film dazu: Von jedem Ereignis wird ein 90-minütiger Film produziert, in dem prominente Sportler konkret die Probleme ansprechen, die es an diesen Orten jetzt schon gibt: welche Folgen die Eisschmelze hat, wie sich das auf die Tierwelt auswirkt und wie am Ende die Malediven davon betroffen sind, dass der Meeresspiegel steigt.

Keiner der Spieler bekommt etwas von dem Geld, das gespendet wird. Lediglich Reise und Unterkunft werden organisiert. Wir wollen nur Spieler dabeihaben, die sich mit der Sache identifizieren können und ihren Teil dazu beitragen wollen, damit auch der Fan, der vom Politikteil schnell zum Sport weiterblättert, das Problem erkennt.

Bisher hat sich rund ein Dutzend Unternehmen bereit erklärt, das Projekt zu unterstützen, und wir hoffen, möglichst viel Geld an Organisationen wie die Klima-Allianz in Berlin oder den World Wide Fund For Nature überweisen zu können, aber auch gezielt an kleinere Projekte.

Das Spiel, das die Welt umspannt, soll auf das größte globale Problem überhaupt aufmerksam machen. Viele Fußballprofis haben mehr Einfluss auf die meisten Normalbürger als Politiker. Der normale Fußballfan im englischen Newcastle trinkt lieber sein Pint im Pub und schaut Fußball, als sich mit der globalen Erderwärmung zu befassen. Ich habe in Brasilien erlebt, wie der Fernseher leiser gestellt wurde, wenn Politiker über dieses Thema sprachen. Wenn aber Romario oder Bebeto über die banalsten Dinge sprachen, hing ein ganzes Volk an ihren Lippen.

Chelseas Stürmerstar Didier Drogba hören an der Elfenbeinküste mehr Menschen zu als jedem Politiker. Über Weltklassespieler könnte man einem großen Teil der Bevölkerung die Problematik, die uns alle betrifft, bewusstmachen. Einen Versuch ist es jedenfalls wert. Ich will nicht mehr, als für Organisationen, die seit Jahren um mehr Gehör für dieses Thema kämpfen, neue Zielgruppen zu erschließen.

Mich hat das Thema in den vergangenen Jahren begleitet. Nach der schweren Zeit im Gefängnis von Singapur und erst recht nach der Wiederbelebung in England ist mir bewusst geworden, dass das Leben nicht allein aus Weltreisen und Profifußball besteht. Diese beiden Ereignisse waren so etwas wie der Wendepunkt in meinem Leben. Und so werde ich dieses Thema weiterverfolgen – mindestens mit der gleichen Intensität wie meine Spielerkarriere, die ich nicht vor meinem 40. Lebensjahr beenden möchte. Und meine Kontakte von Bolivien bis Burundi werden mir dabei helfen, so wie sie mir hoffentlich auch helfen werden, mir danach im Fußballgeschäft eine Existenz aufzubauen.

Als Kind reichte meine Vorstellungskraft in die Zukunft bis Mitte, Ende dreißig, jenes Alter, bis in das man Profifußball spielen kann. Noch mit Anfang zwanzig konnte ich mir nur schwer vorstellen, was danach kommen könnte. Nun bin ich in diesem Alter. Und ich ahne, dass die wirklich wichtigen Aufgaben meines Lebens gerade erst beginnen.